应急管理（地震）行政执法资格培训参考教材

麻晓婧 主编

中国法治出版社
CHINA LEGAL PUBLISHING HOUSE

编委会

主　编：麻晓婧

副主编：强　玫　吕郁昕

编　委：许世阳　杨立庭　李一行　张　干
　　　　王沛华　王双洪

顾　问：石玉成　高晓明　陈家乐　陈文凯

前言

新时代全面推进依法治国，必须坚持以习近平法治思想为指导，坚定不移走中国特色社会主义法治道路，坚持依法治国、依法执政、依法行政共同推进，坚持法治国家、法治政府、法治社会一体建设。党的十八大以来，习近平总书记反复强调必须坚持严格执法，切实维护公共利益、人民权益和社会秩序，深刻指出“全面推进依法治国，必须坚持严格执法”“要规范政府行为，切实做到严格规范公正文明执法”。

《法治政府建设实施纲要（2021—2025年）》提出，加强行政执法队伍专业化职业化建设，统一行政执法人员资格管理，加强对本系统执法人员的专业培训，完善相关规范标准。近年来，随着防震减灾法治建设的不断深入、应急管理综合行政执法改革的逐步推进，对地震行政执法人员的专业素质和执法能力提出了更新更高的要求。

为进一步深入贯彻落实习近平法治思想，顺应应急管理综合行政执法改革，加强应急管理（地震）行政执法标准化规范化建设，完善应急管理（地震）行政执法资格培训考核体系，切实推进应急管理（地震）行政执法队伍正规化、专业化、职业化建设，着力提升地震行政执法人员职业素养和专业水平，自2021年起，中国地震局组织开展应急管理（地震）行政执法资格培训，指导甘肃省地震局结合地震行政执法实际和各层级地震行政执法人员需求，牵头编写了《应急管理（地震）行政执法资格培训参考教材》。

本书内容共分为七个板块，内容涵盖：法治理论知识、防震减灾法律法规规章、相关法律法规、国家政策性文件、地震行政执法实务、地震行政执法典型案例、地震业务基础知识。七个板块共715道题，题型包括单选题、多选题和判断题三种。每道题均配有详尽清晰的出题依据，确保题目的有效性和针对性，方便执法人员理解题目背后的学习目标和考查的知识点。

本书作为地震行政执法系列图书之一，适用于全国各级地震行政执法人员的资格考试培训，也可与《地震行政执法指南》《地震行政执法手册》配套使用，作为开展地震行政执法实践的指导用书。希望通过本书的学习，能够进一步提升地震行政执法人员整体素质，确保“十四五”期间全国省级地震部门一线执法人员培训全覆盖，推动地震行政执法深度融入应急管理综合行政执法体系。

本书编写工作中，得到有关领导、专家、各级地震部门和一线行政执法人员的大力支持和帮助，同时也在前期培训中收到了培训人员和授课老师的意见建议，在此一并感谢。由于水平有限，不足之处在所难免，敬请批评指正。

本书编委会

目　录

一、法治理论知识

单选题

1. 2013 年 5 月，习近平总书记就芦山地震抗震救灾工作作出重要指示。习近平指出，要坚持（　　）两手抓、两不误，大力弘扬伟大抗震救灾精神。

A. 抗震救灾工作和经济社会发展

B. 灾害监测预警和风险防范

C. 救援应急和重大防灾减灾工程建设

答案：A

依据：2013 年 5 月，习近平总书记就芦山地震抗震救灾工作作出重要指示，要坚持抗震救灾工作和经济社会发展两手抓、两不误，大力弘扬伟大抗震救灾精神，大力发挥各级党组织领导核心和战斗堡垒作用、广大党员先锋模范作用，引导灾区群众广泛开展自力更生、生产自救活动，在中央和四川省大力支持下，积极发展生产、建设家园，用自己的双手创造幸福美好的生活。

2. 2015 年 5 月，习近平总书记在中共中央政治局第二十三次集体学习时强调，要切实增强抵御和应对自然灾害能力，坚持（　　）的方针。

A. 以防为主、防抗救相结合

B. 以救为主、防抗救相结合

C. 常态减灾和非常态救灾

答案：A

依据：2015 年 5 月，习近平总书记在中共中央政治局第二十三次集体学习时的讲话强调，要切实增强抵御和应对自然灾害能力，坚持以防为主、防抗救相结合的方针，坚持常态减灾和非常态救灾相统一，全面提高全社会抵御自然灾害的综合防范能力。

3. 2015 年 12 月 20 日，习近平总书记对广东省深圳市恒泰裕工业园山体滑坡灾害抢险救援工作作出重要指示，中央有关部门指导地方加强各类灾害和安全生产隐患排查，制定预案，加强预警及（　　）等工作，确保人民群众生命财产安全。

A. 应急处置　　B. 资金保障　　C. 专家队伍建设

答案：A

依据：2015 年 12 月 20 日，习近平总书记对广东省深圳市恒泰裕工业园山体滑坡灾害抢险救援工作作出重要指示：中央有关部门指导地方加强各类灾害和安全生产隐患排查，制定预案，加强预警及应急处置等工作，确保人民群众生命财产安全。

4. 2016 年，习近平总书记对加强安全生产和汛期安全防范工作作出重要指示强调，要加强城市运行管理，增强（　　）意识，加强源头治理。

A. 隐患治理　　B. 应急救援　　C. 安全风险

答案：C

依据：2016 年，习近平总书记对加强安全生产和汛期安全防范工作作出的重要指示强调，要加强城市运行管理，增强安全风险意识，加强源头治理。

5. 2015 年 5 月，习近平总书记在中共中央政治局第二十三次集体学习时强调，要切实增强抵御和应对自然灾害能力，坚持以防为主、防抗救相结合的方针，坚持（　　）相统一。

A. 常态救灾和非常态减灾

B. 常态防灾和非常态救灾

C. 常态减灾和非常态救灾

答案：C

依据： 2015 年 5 月，习近平总书记在中共中央政治局第二十三次集体学习时的讲话强调，要切实增强抵御和应对自然灾害能力，坚持以防为主、防抗救相结合的方针，坚持常态减灾和非常态救灾相统一，全面提高全社会抵御自然灾害的综合防范能力。

6. 2015 年 5 月，习近平总书记在中共中央政治局第二十三次集体学习时强调，要切实增强抵御和应对自然灾害能力，全面提高（　　）。

A. 物资储运调配能力

B. 军地协同联动能力

C. 全社会抵御自然灾害的综合防范能力

答案： C

依据： 2015 年 5 月，习近平总书记在中共中央政治局第二十三次集体学习时的讲话强调，要切实增强抵御和应对自然灾害能力，坚持以防为主、防抗救相结合的方针，坚持常态减灾和非常态救灾相统一，全面提高全社会抵御自然灾害的综合防范能力。

7. 2018 年 10 月，习近平总书记主持召开中央财经委员会第三次会议强调，加强自然灾害防治关系国计民生，要（　　），提高全社会自然灾害防治能力，为保护人民群众生命财产安全和国家安全提供有力保障。

A. 实施精准治理

B. 健全风险防范化解机制

C. 建立高效科学的自然灾害防治体系

答案： C

依据： 2018 年 10 月，习近平总书记主持召开中央财经委员会第三次会议，在会上发表重要讲话并强调，加强自然灾害防治关系国计民生，要建立高效科学的自然灾害防治体系，提高全社会自然灾害防治能力，为保护人民群众生命财产安全和国家安全提供有力保障。

8. 2019 年 11 月，习近平总书记主持中共中央政治局第十九次集体学习时强调，应急管理是国家治理体系和治理能力的重要组成部分，承担（　　）的重要职责，担负保护人民群众生命财产安全和维护社会稳定的重要使命。

A. 健全应急预案体系、加强应急救援队伍建设

B. 防范化解重大安全风险、及时应对处置各类灾害事故

C. 健全救灾物资储备、及时处置各类灾害事故

答案：B

依据：2019 年 11 月，习近平总书记主持中共中央政治局第十九次集体学习时强调，应急管理是国家治理体系和治理能力的重要组成部分，承担防范化解重大安全风险、及时应对处置各类灾害事故的重要职责，担负保护人民群众生命财产安全和维护社会稳定的重要使命。

9. 2019 年 1 月，习近平总书记在省部级主要领导干部坚持底线思维着力防范化解重大风险专题研讨班开班式上讲话时强调，要强化（　　），常观大势、常思大局。

A. 风险意识　　B. 政治意识　　C. 责任意识

答案：A

依据：2019 年 1 月，习近平总书记在省部级主要领导干部坚持底线思维着力防范化解重大风险专题研讨班开班式上讲话时强调，要强化风险意识，常观大势、常思大局，科学预见形势发展走势和隐藏其中的风险挑战，做到未雨绸缪。

10. 2018 年 10 月，中央财经委员会第三次会议指出，提高（　　）能力，是实现“两个一百年”奋斗目标、实现中华民族伟大复兴中国梦的必然要求，是关系人民群众生命财产安全和国家安全的大事，也是对我们党执政能力的重大考验，必须抓紧抓实。

A. 防震减灾救灾　　B. 自然灾害救援　　C. 自然灾害防治

答案：C

依据：2018 年 10 月，中央财经委员会第三次会议指出，我国自然灾害防治能力总体还比较弱，提高自然灾害防治能力，是实现“两个一百年”奋斗目标、实现中华民族伟大复兴中国梦的必然要求，是关系人民群

众生命财产安全和国家安全的大事，也是对我们党执政能力的重大考验，必须抓紧抓实。

11. 2018 年 10 月，中央财经委员会第三次会议指出，要针对关键领域和薄弱环节，推动建设若干重点工程。要实施（　　）工程，提高抗震防灾能力。

A. 地震易发区房屋设施加固

B. 地质灾害综合治理

C. 避险移民搬迁

答案：A

依据：2018 年 10 月，中央财经委员会第三次会议指出，要针对关键领域和薄弱环节，推动建设若干重点工程。要……实施地震易发区房屋设施加固工程，提高抗震防灾能力。

12. 2018 年 5 月，习近平主席向汶川地震十周年国际研讨会暨第四届大陆地震国际研讨会致信并强调，人类对自然规律的认知没有止境，（　　）是人类生存发展的永恒课题。

A. 抗震救灾

B. 防灾减灾、抗灾救灾

C. 自然灾害防治

答案：B

依据：2018 年 5 月，习近平主席向汶川地震十周年国际研讨会暨第四届大陆地震国际研讨会致信并强调：人类对自然规律的认知没有止境，防灾减灾、抗灾救灾是人类生存发展的永恒课题。科学认识致灾规律，有效减轻灾害风险，实现人与自然和谐共处，需要国际社会共同努力。

13. 2015 年 10 月，习近平总书记在党的十八届五中全会第二次全体会议上指出，我们必须把（　　）摆在突出位置，“图之于未萌，虑之于未有”。

A. 遏事故　　　　B. 治隐患　　　　C. 防风险

答案：C

依据：2015年10月，习近平总书记在党的十八届五中全会第二次全体会议上强调："我们必须把防风险摆在突出位置，'图之于未萌，虑之于未有'。"

14. 2024年1月，习近平总书记对政法工作作出重要指示，要坚决维护社会稳定，坚持和发展新时代"（　　）"，正确处理人民内部矛盾，维护群众合法权益。

A. 桐乡经验　　B. 管理经验　　C. 枫桥经验

答案：C

依据：2024年1月，习近平总书记对政法工作作出的重要指示强调，要坚决维护国家安全，提高政治敏锐性和政治鉴别力，防范化解重大安全风险。要坚决维护社会稳定，坚持和发展新时代"枫桥经验"，正确处理人民内部矛盾，维护群众合法权益。

15. 2014年10月，习近平总书记在北京人民大会堂会见全国公安机关爱民模范集体代表和爱民模范时指出，（　　）是老百姓解决温饱后的第一需求，是极重要的民生，也是最基本的发展环境。

A. 平安　　B. 稳定　　C. 生活富裕

答案：A

依据：2014年10月，习近平总书记在北京人民大会堂会见全国公安机关爱民模范集体代表和爱民模范时发表重要讲话，指出："平安是老百姓解决温饱后的第一需求，是极重要的民生，也是最基本的发展环境。"

16. 2014年10月，党的十八届四中全会明确要求，把法治建设成效作为衡量各级领导班子和领导干部工作实绩重要内容，纳入（　　）。

A. 中国特色社会主义法律体系

B. 政绩考核指标体系

C. 依法执政理论体系

答案：B

依据：2014 年 10 月，党的十八届四中全会通过的《中共中央关于全面推进依法治国若干重大问题的决定》：七、加强和改进党对全面推进依法治国的领导。（三）提高党员干部法治思维和依法办事能力。把法治建设成效作为衡量各级领导班子和领导干部工作实绩重要内容，纳入政绩考核指标体系。

17. 2012 年 11 月，党的十八大要求，深入开展（　　），弘扬社会主义（　　），树立社会主义（　　），增强全社会（　　）意识。以下选项正确的是（　　）。

A. 学法尊法守法用法　法治理念　法制宣传教育　法治精神

B. 法治精神　法治理念　法制宣传教育　学法尊法守法用法

C. 法制宣传教育　法治精神　法治理念　学法尊法守法用法

答案：C

依据：2012 年 11 月，党的十八大报告：五、坚持走中国特色社会主义政治发展道路和推进政治体制改革。（四）全面推进依法治国。深入开展法制宣传教育，弘扬社会主义法治精神，树立社会主义法治理念，增强全社会学法尊法守法用法意识。

18. 2014 年 10 月，党的十八届四中全会明确要求，要自觉提高运用法治思维和法治方式深化改革、推动发展、化解矛盾、维护稳定能力，高级干部尤其要（　　）。

A. 以德服人、下不为例

B. 以德服人、树立典型

C. 以身作则、以上率下

答案：C

依据：2014 年 10 月，党的十八届四中全会通过的《中共中央关于全面推进依法治国若干重大问题的决定》：七、加强和改进党对全面推进依法治国的领导。（三）提高党员干部法治思维和依法办事能力。党员干部是全面推进依法治国的重要组织者、推动者、实践者，要自觉提高运用法治思维和法治方式深化改革、推动发展、化解矛盾、维护稳定能力，高级干部尤其要以身作则、以上率下。

19. 2018 年 11 月，习近平总书记主持召开中央全面深化改革委员会第五次会议。会议强调，要着力推进行政执法（　　）。

A. 高效、规范、公平、公正

B. 透明、规范、公平、公正

C. 透明、规范、合法、公正

答案：C

依据：2018 年 11 月，中央全面深化改革委员会第五次会议强调，要着力推进行政执法透明、规范、合法、公正，不断健全执法制度、规范执法程序、创新执法方式、加强执法监督，全面提高执法效能，推动形成权责统一、权威高效的行政执法体系，切实维护人民群众合法权益。

20. 2020 年 11 月 16 日至 17 日，习近平总书记在中央全面依法治国工作会议上强调，要坚持（　　）。党领导人民制定宪法法律，领导人民实施宪法法律，党自身要在宪法法律范围内活动。

A. 依宪治国、依宪执政

B. 依法治国、依宪执政

C. 依宪治国、依法执政

答案：A

依据：2020 年 11 月 16 日至 17 日，习近平总书记在中央全面依法治国工作会议上的讲话强调，要坚持依宪治国、依宪执政。党领导人民制定宪法法律，领导人民实施宪法法律，党自身要在宪法法律范围内活动。

21. 2018 年 11 月，习近平总书记主持召开中央全面深化改革委员会第五次会议。会议指出，推动形成（　　）的行政执法体系，切实维护人民群众合法权益。

A. 透明公正、权威高效

B. 权责统一、透明公正

C. 权责统一、权威高效

答案：C

依据：2018 年 11 月，中央全面深化改革委员会第五次会议强调，要着力推进行政执法透明、规范、合法、公正，不断健全执法制度、规范执法程序、创新执法方式、加强执法监督，全面提高执法效能，推动形成权责统一、权威高效的行政执法体系，切实维护人民群众合法权益。

22. 2024 年 5 月，习近平总书记对广东梅州市梅大高速茶阳路段塌方灾害作出重要指示，各地区和有关部门要坚持底线思维，压实工作责任，（　　），及时排查处置重点地区和关键领域风险隐患，确保人民群众生命财产安全和社会大局稳定。

A. 加强监测预警，完善应急预案

B. 提升快速反应，强化果断处置

C. 统一领导指挥、健全工作制度

答案：A

依据：2024 年 5 月，习近平总书记对广东梅州市梅大高速茶阳路段塌方灾害作出重要指示，各地区和有关部门要坚持底线思维，压实工作责任，加强监测预警，完善应急预案，及时排查处置重点地区和关键领域风险隐患，确保人民群众生命财产安全和社会大局稳定。

23. 2020 年 11 月 16 日至 17 日，习近平总书记在中央全面依法治国工作会议上强调，坚定不移走中国特色社会主义法治道路，在（　　）轨道上推进国家治理体系和治理能力现代化。

A. 法治　　B. 制度　　C. 法制

答案：A

依据：2020 年 11 月 16 日至 17 日，习近平总书记在中央全面依法治国工作会议上的讲话强调，坚定不移走中国特色社会主义法治道路，在法治轨道上推进国家治理体系和治理能力现代化，为全面建设社会主义现代化国家、实现中华民族伟大复兴的中国梦提供有力法治保障。

24. 2020年11月16日至17日，习近平总书记在中央全面依法治国工作会议上指出，要坚持（　　）相结合，实现（　　）相辅相成、相得益彰。以下选项正确的是（　　）。

A. 依法治国和以德治国　法治和德治

B. 依法治国和依法执政　法治和执政

C. 依法治国和依法行政　法治和行政

答案：A

依据：2020年11月16日至17日，习近平总书记在中央全面依法治国工作会议上的讲话指出，要坚持建设中国特色社会主义法治体系。中国特色社会主义法治体系是推进全面依法治国的总抓手。要加快形成完备的法律规范体系、高效的法治实施体系、严密的法治监督体系、有力的法治保障体系，形成完善的党内法规体系。要坚持依法治国和以德治国相结合，实现法治和德治相辅相成、相得益彰。

25. 2020年11月16日至17日，习近平总书记在中央全面依法治国工作会议上强调，要推进（　　）执法，提高司法公信力。

A. 透明规范公平公正

B. 严格规范公正文明

C. 严格透明公平公正

答案：B

依据：2020年11月16日至17日，习近平总书记在中央全面依法治国工作会议上的讲话强调，要坚持依法治国、依法执政、依法行政共同推进，法治国家、法治政府、法治社会一体建设。全面依法治国是一个系统工程，要整体谋划，更加注重系统性、整体性、协同性。法治政府建设是重点任务和主体工程，要率先突破，用法治给行政权力定规矩、划界限，规范行政决策程序，加快转变政府职能。要推进严格规范公正文明执法，提高司法公信力。

26. 2020年11月16日至17日，习近平总书记在中央全面依法治国工作会议上指出，要加强理想信念教育，深入开展社会主义核心价值观和社会主义法治理念教育，推进法治专门队伍（　　）。

A. 革命化、正规化、专业化、职业化

B. 科学化、正规化、专业化、职业化

C. 革命化、正规化、专业化、公正化

答案：A

依据：2020 年 11 月 16 日至 17 日，习近平总书记在中央全面依法治国工作会议上的讲话指出，要坚持建设德才兼备的高素质法治工作队伍。要加强理想信念教育，深入开展社会主义核心价值观和社会主义法治理念教育，推进法治专门队伍革命化、正规化、专业化、职业化，确保做到忠于党、忠于国家、忠于人民、忠于法律。

27. 2020 年 11 月 16 日至 17 日，习近平总书记在中央全面依法治国工作会议上强调，要坚持抓住（　　）这个“关键少数”，做尊法学法守法用法的模范。

A. 领导干部　　　　B. 执法人员　　　　C. 执法干部

答案：A

依据：2020 年 11 月 16 日至 17 日，习近平总书记在中央全面依法治国工作会议上的讲话强调，要坚持抓住领导干部这个“关键少数”。各级领导干部要坚决贯彻落实党中央关于全面依法治国的重大决策部署，带头尊崇法治、敬畏法律，了解法律、掌握法律，不断提高运用法治思维和法治方式深化改革、推动发展、化解矛盾、维护稳定、应对风险的能力，做尊法学法守法用法的模范。

28. 2017 年 10 月，党的十九大报告中指出，（　　）是中国特色社会主义的本质要求和重要保障。

A. 全面依法治国

B. 建设法治国家

C. 建设平安中国

答案：A

依据： 2017年10月，党的十九大报告：三、新时代中国特色社会主义思想和基本方略。（六）坚持全面依法治国。全面依法治国是中国特色社会主义的本质要求和重要保障。

29. 2014年10月，党的十八届四中全会明确要求“行政机关要坚持（　　）”。

A. 法定职责可作为，法无授权不可为

B. 法定职责必作为，法无授权可以为

C. 法定职责必须为，法无授权不可为

答案：C

依据： 2014年10月，党的十八届四中全会通过的《中共中央关于全面推进依法治国若干重大问题的决定》：三、深入推进依法行政，加快建设法治政府。（一）依法全面履行政府职能。完善行政组织和行政程序法律制度，推进机构、职能、权限、程序、责任法定化。行政机关要坚持法定职责必须为、法无授权不可为，勇于负责、敢于担当，坚决纠正不作为、乱作为，坚决克服懒政、怠政，坚决惩处失职、渎职。

30. 《法治政府建设实施纲要（2021—2025年）》指出，着力实现政府职能深刻转变，把该管的事务管好、管到位，基本形成（　　）的政府机构职能体系。

A. 边界清晰、分工合理、职能科学、运行高效、法治保障

B. 边界清晰、分工合理、权责一致、运行高效、法治保障

C. 放管结合、分工合理、权责一致、廉洁高效、执法严明

答案：B

依据： 《法治政府建设实施纲要（2021—2025年）》：二、健全政府机构职能体系，推动更好发挥政府作用。坚持法定职责必须为、法无授权不可为，着力实现政府职能深刻转变，把该管的事务管好、管到位，基本形成边界清晰、分工合理、权责一致、运行高效、法治保障的政府机构职能体系。

31.《法治政府建设实施纲要（2021—2025年）》要求，坚持（　　），着力实现政府立法质量和效率并重并进。

A. 科学立法、民主立法、依法立法

B. 科学立法、公正立法、依法立法

C. 科学立法、民主立法、文明立法

答案：A

依据：《法治政府建设实施纲要（2021—2025年）》：三、健全依法行政制度体系，加快推进政府治理规范化程序化法治化。坚持科学立法、民主立法、依法立法，着力实现政府立法质量和效率并重并进，增强针对性、及时性、系统性、可操作性，努力使政府治理各方面制度更加健全、更加完善。

32.《法治政府建设实施纲要（2021—2025年）》要求，健全依法行政制度体系，加快推进政府治理规范化程序化法治化，增强（　　），努力使政府治理各方面制度更加健全、更加完善。

A. 针对性、实效性、系统性、可操作性

B. 持续性、及时性、系统性、可操作性

C. 针对性、及时性、系统性、可操作性

答案：C

依据：《法治政府建设实施纲要（2021—2025年）》：三、健全依法行政制度体系，加快推进政府治理规范化程序化法治化。坚持科学立法、民主立法、依法立法，着力实现政府立法质量和效率并重并进，增强针对性、及时性、系统性、可操作性，努力使政府治理各方面制度更加健全、更加完善。

33.《法治政府建设实施纲要（2021—2025年）》指出，各级行政机关负责人要牢固树立依法决策意识，严格遵循（　　）作出决策，确保决策内容符合法律法规规定。

A. 法定程序和条件　　B. 法定权限和条件　　C. 法定权限和程序

答案：C

依据：《法治政府建设实施纲要（2021—2025 年）》：四、健全行政决策制度体系，不断提升行政决策公信力和执行力。（十）强化依法决策意识。各级行政机关负责人要牢固树立依法决策意识，严格遵循法定权限和程序作出决策，确保决策内容符合法律法规规定。

34.《法治政府建设实施纲要（2021—2025 年）》要求，着眼提高人民群众满意度，着力实现行政执法水平普遍提升，努力让人民群众（　　）。

A. 在每一个执法行为中都能看到风清气正、从每一项执法决定中都能感受到公平正义

B. 在每一个执法行为中都能看到公平正义、从每一项执法决定中都能感受到执法严明

C. 在每一个执法行为中都能看到风清气正、从每一项执法决定中都能感受到执法严明

答案：A

依据：《法治政府建设实施纲要（2021—2025 年）》：五、健全行政执法工作体系，全面推进严格规范公正文明执法。着眼提高人民群众满意度，着力实现行政执法水平普遍提升，努力让人民群众在每一个执法行为中都能看到风清气正、从每一项执法决定中都能感受到公平正义。

35. 加强（　　），是贯彻党的十九大精神、落实中央全面依法治国战略部署的重要举措，是推进新时代防震减灾事业现代化建设和地震系统全面深化改革的必然要求。

A. 防震减灾法治建设　　B. 全面依法治国　　C. 依法行政

答案：A

依据：《关于加强防震减灾法治建设的意见》：一、深刻认识全面推进防震减灾法治建设的重要意义和总体要求。加强防震减灾法治建设，是贯彻党的十九大精神、落实中央全面依法治国战略部署的重要举措，是推进新时代防震减灾事业现代化建设和地震系统全面深化改革的必然要求。

36. 2022 年 9 月 5 日，习近平总书记对四川甘孜泸定县 6. 8 级地震作出重要指示，要加强（　　），防范发生次生灾害，妥善做好受灾群众避险安置等工作。

A. 地震预测　　B. 震情监测　　C. 风险监测

答案：B

依据：2022 年 9 月 5 日，习近平总书记对四川甘孜泸定县 6.8 级地震作出重要指示，要把抢救生命作为首要任务，全力救援受灾群众，最大限度减少人员伤亡。要加强震情监测，防范发生次生灾害，妥善做好受灾群众避险安置等工作。

37. 2023 年 2 月 22 日，习近平总书记对内蒙古阿拉善左旗一露天煤矿坍塌事故作出重要指示，要科学组织施救，加强（　　），防止发生次生灾害。

A. 风险监测　　B. 灾害预警　　C. 监测预警

答案：C

依据：2023 年 2 月 22 日，习近平总书记对内蒙古阿拉善左旗一露天煤矿坍塌事故作出重要指示，要科学组织施救，加强监测预警，防止发生次生灾害。要尽快查明事故原因，严肃追究责任，并举一反三，杜绝管理漏洞。

38. 2022 年 10 月 16 日，党的二十大报告中指出，要提高（　　）和重大突发公共事件处置保障能力，加强国家区域应急力量建设。

A. 防灾减灾　　B. 防灾减灾救灾　　C. 防震减灾

答案：B

依据：2022 年 10 月 16 日，党的二十大报告：十一、推进国家安全体系和能力现代化，坚决维护国家安全和社会稳定。（三）提高公共安全治理水平。坚持安全第一、预防为主，建立大安全大应急框架，完善公共安全体系，推动公共安全治理模式向事前预防转型。提高防灾减灾救灾和重大突发公共事件处置保障能力，加强国家区域应急力量建设。

39. 2020 年 10 月 10 日，习近平总书记在中央党校（国家行政学院）中青年干部培训班开班式上讲话时强调，年轻干部要提高（　　）能力，增强风险意识，下好先手棋、打好主动仗，做好随时应对各种风险挑战的准备，不断提高应急处突的见识和胆识。

A. 科学决策　　B. 调查研究　　C. 应急处突

答案：C

依据：2020 年 10 月 10 日，习近平总书记在中央党校（国家行政学院）中青年干部培训班开班式上的讲话强调，年轻干部要提高应急处突能力。预判风险是防范风险的前提，把握风险走向是谋求战略主动的关键。要增强风险意识，下好先手棋、打好主动仗，做好随时应对各种风险挑战的准备。要努力成为所在工作领域的行家里手，不断提高应急处突的见识和胆识，对可能发生的各种风险挑战，要做到心中有数、分类施策、精准拆弹，有效掌控局势、化解危机。

40. 2021 年国务院部署第一次全国自然灾害综合风险普查工作，指出：我国自然灾害多发频发，提高防灾减灾救灾能力至关重要，开展（　　）是重要的基础性工程。

A. 全国地震预警系统普及

B. 全国自然灾害综合风险普查

C. 大震巨灾保险

答案：B

依据：2021 年国务院部署第一次全国自然灾害综合风险普查工作，指出：我国自然灾害多发频发，提高防灾减灾救灾能力至关重要，开展全国自然灾害综合风险普查是重要的基础性工程。

41. 2019 年 11 月 29 日，习近平总书记在中共中央政治局第十九次集体学习时强调，各级党委和政府要切实担负起“促一方发展、保一方平安”的政治责任，严格落实责任制。要建立健全（　　）制度，对玩忽职守造成损失或重大社会影响的，依纪依法追究当事方的责任。

A. 应急预案管理

B. 自然灾害综合风险普查

C. 重大自然灾害和安全事故调查评估

答案：C

依据：2019 年 11 月 29 日，习近平在中共中央政治局第十九次集体学习时的讲话强调，各级党委和政府要切实担负起“促一方发展、保一方平安”的政治责任，严格落实责任制。要建立健全重大自然灾害和安全事故调查评估制度，对玩忽职守造成损失或重大社会影响的，依纪依法追究当事方的责任。

42. 大力推进新时代防震减灾事业现代化建设，是贯彻落实习近平新时代中国特色社会主义思想的重要举措，是提高（　　）的必由之路。

A. 地震灾害风险防治能力

B. 监测预警能力

C. 紧急救援能力

答案：A

依据：《新时代防震减灾事业现代化纲要（2019—2035 年）》：一、纲要背景。防震减灾事业是国家公共安全的重要组成部分，是基础性、公益性事业，事关人民群众生命财产安全和经济社会可持续发展。大力推进新时代防震减灾事业现代化建设，是贯彻落实习近平新时代中国特色社会主义思想的重要举措，是提高地震灾害风险防治能力的必由之路，是防范化解地震灾害风险的必然要求。

43. 2024 年 9 月 12 日，习近平总书记主持召开全面推动黄河流域生态保护和高质量发展座谈会并强调，要完善（　　），全力保障黄河安澜。

A. 水沙调节机制　　B. 调控体系　　C. 防灾减灾体系

答案：C

依据：2024 年 9 月 12 日，习近平总书记主持召开全面推动黄河流域生态保护和高质量发展座谈会并发表重要讲话。习近平总书记强调，要完善防灾减灾体系，全力保障黄河安澜。

44. 2024 年 9 月 12 日，习近平总书记主持召开全面推动黄河流域生态保护和高质量发展座谈会并强调，要完善防灾减灾体系，全力保障黄河安澜。加强灾害监测预警，强化（　　）。

A. 常态化、实战化协同动员演练

B. 预警和应急响应联动

C. 重要堤防水库和基础设施安全

答案：B

依据：2024 年 9 月 12 日，习近平总书记主持召开全面推动黄河流域生态保护和高质量发展座谈会并发表重要讲话。习近平总书记强调，要完善防灾减灾体系，全力保障黄河安澜……加强灾害监测预警，强化预警和应急响应联动。

45.《新时代防震减灾事业现代化纲要（2019—2035 年）》指出，坚持（　　），始终保持防震减灾事业现代化正确方向。

A. 党的全面领导　　B. 以人为本　　C. 改革创新

答案：A

依据：《新时代防震减灾事业现代化纲要（2019—2035 年）》：二、总体要求。（二）基本原则。坚持党的全面领导，始终保持防震减灾事业现代化正确方向。

46. 2022 年 9 月 5 日，习近平总书记对四川甘孜泸定县 6.8 级地震作出重要指示，要把（　　）作为首要任务，全力救援受灾群众，最大限度减少人员伤亡。

A. 恢复重建　　B. 抢救生命　　C. 应急救援

答案：B

依据：2022 年 9 月 5 日，习近平总书记对四川甘孜泸定县 6.8 级地震作出重要指示，要把抢救生命作为首要任务，全力救援受灾群众，最大限度减少人员伤亡。要加强震情监测，防范发生次生灾害，妥善做好受灾群众避险安置等工作。

47. 2022 年 10 月 16 日，党的二十大报告中指出，（　　）是全面依法治国的重点任务和主体工程。

A. 法治政府建设

B. 优化政府职责体系和组织结构

C. 行政执法体制改革

答案：A

依据：2022 年 10 月 16 日，党的二十大报告：七、坚持全面依法治国，推进法治中国建设。（二）扎实推进依法行政。法治政府建设是全面依法治国的重点任务和主体工程。

48. 2018 年 5 月 12 日，习近平主席向汶川地震十周年国际研讨会暨第四届大陆地震国际研讨会致信并强调，中国将坚持以人民为中心的发展理念，坚持（　　），全面提升综合防灾能力，为人民生命财产安全提供坚实保障。

A. 以预防为主

B. 预防为主，防御与救助相结合

C. 以防为主、防灾抗灾救灾相结合

答案：C

依据：2018 年 5 月 12 日，习近平主席向汶川地震十周年国际研讨会暨第四届大陆地震国际研讨会致信：科学认识致灾规律，有效减轻灾害风险，实现人与自然和谐共处，需要国际社会共同努力。中国将坚持以人民为中心的发展理念，坚持以防为主、防灾抗灾救灾相结合，全面提升综合防灾能力，为人民生命财产安全提供坚实保障。

49. 2017 年 10 月 18 日，党的十九大报告中指出，（　　），增强忧患意识，做到居安思危，是我们党治国理政的一个重大原则。

A. 整合资源统筹力量　　B. 统筹发展和安全　　C. 抵御自然灾害

答案：B

依据：2017 年 10 月 18 日，党的十九大报告：三、新时代中国特色社会主义思想和基本方略。（十）坚持总体国家安全观。统筹发展和安全，增强忧患意识，做到居安思危，是我们党治国理政的一个重大原则。

50. 2022年10月16日，党的二十大报告中指出，提高公共安全治理水平，要坚持安全第一、预防为主，建立大安全大应急框架，完善公共安全体系，推动公共安全治理模式向（　　）转型。

A. 事前预防　　B. 事中监管　　C. 事后监督

答案：A

依据：2022年10月16日，党的二十大报告：十一、推进国家安全体系和能力现代化，坚决维护国家安全和社会稳定。（三）提高公共安全治理水平。坚持安全第一、预防为主，建立大安全大应急框架，完善公共安全体系，推动公共安全治理模式向事前预防转型。

51. 2022年10月16日，党的二十大报告中指出，提高防灾减灾救灾和重大突发公共事件处置保障能力，加强国家（　　）建设。

A. 公共卫生力量　　B. 区域应急力量　　C. 抗震设防力量

答案：B

依据：2022年10月16日，党的二十大报告：十一、推进国家安全体系和能力现代化，坚决维护国家安全和社会稳定。（三）提高公共安全治理水平。提高防灾减灾救灾和重大突发公共事件处置保障能力，加强国家区域应急力量建设。

52. 2022年10月16日，党的二十大报告中指出，提高各级领导干部（　　）能力，增强全民国家安全意识和素养，筑牢国家安全人民防线。

A. 公共安全治理　　B. 忧患意识　　C. 统筹发展和安全

答案：C

依据：2022年10月16日，党的二十大报告：十一、推进国家安全体系和能力现代化，坚决维护国家安全和社会稳定。（二）增强维护国家安全能力……全面加强国家安全教育，提高各级领导干部统筹发展和安全能力，增强全民国家安全意识和素养，筑牢国家安全人民防线。

53. 2019 年 11 月 29 日，习近平总书记在中共中央政治局第十九次集体学习时的讲话中指出，要健全（　　）机制，坚持从源头上防范化解重大安全风险，真正把问题解决在萌芽之时、成灾之前。

A. 公共安全治理　　B. 风险防范化解　　C. 灾害风险防范

答案：B

依据：2019 年 11 月 29 日，习近平总书记在中共中央政治局第十九次集体学习时的讲话中指出，要健全风险防范化解机制，坚持从源头上防范化解重大安全风险，真正把问题解决在萌芽之时、成灾之前。

54. 2019 年 1 月 21 日，习近平总书记在省部级主要领导干部坚持底线思维着力防范化解重大风险专题研讨班开班式上发表重要讲话时强调，坚持底线思维，（　　），提高防控能力，着力防范化解重大风险，保持经济持续健康发展和社会大局稳定。

A. 增强忧患意识

B. 维护社会大局稳定

C. 强化政治意识

答案：A

依据：2019 年 1 月 21 日，习近平总书记在省部级主要领导干部坚持底线思维着力防范化解重大风险专题研讨班开班式上发表重要讲话时强调，深刻认识和准确把握外部环境的深刻变化和我国改革发展稳定面临的新情况新问题新挑战，坚持底线思维，增强忧患意识，提高防控能力，着力防范化解重大风险，保持经济持续健康发展和社会大局稳定，为决胜全面建成小康社会、夺取新时代中国特色社会主义伟大胜利、实现中华民族伟大复兴的中国梦提供坚强保障。

55. 2018 年 5 月 12 日，习近平主席向汶川地震十周年国际研讨会暨第四届大陆地震国际研讨会致信并强调，科学认识致灾规律，有效减轻灾害风险，实现（　　），需要国际社会共同努力。

A. 人类命运共同体

B. 人与自然和谐共处

C. 重大安全风险化解

答案：B

依据：2018 年 5 月 12 日，习近平主席向汶川地震十周年国际研讨会暨第四届大陆地震国际研讨会致信：科学认识致灾规律，有效减轻灾害风险，实现人与自然和谐共处，需要国际社会共同努力。

56.《“十四五”国家防震减灾规划》指出，习近平总书记对防灾减灾救灾和防震减灾作出一系列重要指示批示，为防震减灾提供根本遵循。人民对包括（　　）在内的日益增长的美好生活需要，经济社会高质量发展，对防震减灾提出新任务。

A. 防震减灾公共服务

B. 智慧防震减灾

C. 地震安全

答案：C

依据：《“十四五”国家防震减灾规划》：一、发展环境。（二）机遇挑战。习近平总书记对防灾减灾救灾和防震减灾作出一系列重要指示批示，为防震减灾提供根本遵循。全面建成小康社会，实现第一个百年奋斗目标为防震减灾事业奠定了坚实基础。人民对包括地震安全在内的日益增长的美好生活需要，经济社会高质量发展，对防震减灾提出新任务。

57. 党的二十届三中全会提出，要深化（　　）领域改革，深入推进依法行政，健全公正执法司法体制机制，完善推进法治社会建设机制，加强涉外法治建设。

A. 立法　　B. 司法　　C. 执法

答案：A

依据：2024 年 7 月 18 日，党的二十届三中全会公报：全会提出，要深化立法领域改革，深入推进依法行政，健全公正执法司法体制机制，完善推进法治社会建设机制，加强涉外法治建设。

58. 党的二十届三中全会提出，（　　）是中国式现代化的重要保障，必须全面贯彻实施宪法，维护宪法权威，协同推进立法、执法、司法、守法各环节改革，健全法律面前人人平等保障机制，弘扬社会主义法治精神，维护社会公平正义，全面推进国家各方面工作法治化。

A. 宪法　　B. 法治　　C. 依法行政

答案：B

依据：2024年7月18日，党的二十届三中全会公报：全会提出，法治是中国式现代化的重要保障。必须全面贯彻实施宪法，维护宪法权威，协同推进立法、执法、司法、守法各环节改革，健全法律面前人人平等保障机制，弘扬社会主义法治精神，维护社会公平正义，全面推进国家各方面工作法治化。

59. 2023年6月30日，习近平总书记在主持中共中央政治局第六次集体学习时强调，开辟马克思主义（　　）新境界的重大任务，是当代中国共产党人的庄严历史责任。

A. 中国化　　B. 中国化时代化　　C. 现代化

答案：B

依据：2023年6月30日下午，中共中央政治局就开辟马克思主义中国化时代化新境界进行第六次集体学习。习近平总书记在主持学习时强调，开辟马克思主义中国化时代化新境界的重大任务，是当代中国共产党人的庄严历史责任。

60. 2023年6月30日，习近平总书记在中共中央政治局第六次集体学习时的讲话中强调，推进理论的体系化、（　　），是理论创新的内在要求和重要途径。

A. 学理化　　B. 中国化　　C. 时代化

答案：A

依据：2023年6月30日，习近平总书记在中共中央政治局第六次集体学习时的讲话中强调，推进理论的体系化、学理化，是理论创新的内在要求和重要途径。马克思主义之所以影响深远，在于其以深刻的学理揭示人类社会发展的真理性、以完备的体系论证其理论的科学性。

61. 2023年7月7日，习近平总书记在江苏考察时的讲话中指出，中国式现代化关键在科技现代化，要深化科技体制改革和人才发展体制机制改革，形成支持全面创新的基础制度，多元化加大科技投入，加强（　　），充分激发各类人才创新活力。

A. 科技创新法治保障

B. 法制保障体系建设

C. 知识产权法治保障

答案：C

依据：2023年7月7日，习近平总书记在江苏考察时的讲话中指出，中国式现代化关键在科技现代化……要深化科技体制改革和人才发展体制机制改革，形成支持全面创新的基础制度，多元化加大科技投入，加强知识产权法治保障，充分激发各类人才创新活力。

62. 2023年7月7日，习近平总书记在江苏考察时发表讲话并强调，要推进应急管理体系和（　　），深入开展安全生产专项整治，坚决防范重特大安全事故发生。

A. 服务标准化　　B. 能力现代化　　C. 能力均等化

答案：B

依据：2023年7月7日，习近平总书记在江苏考察时的讲话中强调，江苏必须在保障和改善民生、推进社会治理现代化上走在前列……要推进应急管理体系和能力现代化，深入开展安全生产专项整治，坚决防范重特大安全事故发生。

63. 2023年7月4日，习近平总书记对防汛救灾工作作出重要指示并要求，各级党委和政府要全面落实防汛救灾主体责任，各级领导干部要加强（　　），坚持人民至上、生命至上，守土有责、守土负责、守土尽责，切实把保障人民生命财产安全放到第一位，努力将各类损失降到最低。

A. 统筹协调、强化会商研判

B. 监测预警、精准指导

C. 应急值守、靠前指挥

答案：C

依据：2023 年 7 月 4 日，习近平总书记对防汛救灾工作作出重要指示：各级党委和政府要全面落实防汛救灾主体责任，各级领导干部要加强应急值守、靠前指挥，坚持人民至上、生命至上，守土有责、守土负责、守土尽责，切实把保障人民生命财产安全放到第一位，努力将各类损失降到最低。

64. 2023 年 6 月 30 日，习近平总书记在中共中央政治局第六次集体学习时的讲话中指出，无论是毛泽东思想、中国特色社会主义理论体系，还是新时代中国特色社会主义思想，无不源自于人民的智慧、人民的探索、（　　）。

A. 人民的劳动　　B. 人民的创造　　C. 人民的结晶

答案：B

依据：2023 年 6 月 30 日，习近平总书记在中共中央政治局第六次集体学习时的讲话中指出，要注重从人民群众的创造中汲取理论创新智慧……无论是毛泽东思想、中国特色社会主义理论体系，还是新时代中国特色社会主义思想，无不源自于人民的智慧、人民的探索、人民的创造。

65. 2023 年 5 月 17 日，习近平总书记在听取陕西省委和省政府工作汇报时发表重要讲话并指出，（　　），就是要从党的科学理论中悟规律、明方向、学方法、增智慧，把看家本领、兴党本领、强国本领学到手。

A. 以学增智　　B. 以学促干　　C. 以学铸魂

答案：A

依据：2023 年 5 月 17 日，习近平总书记在听取陕西省委和省政府工作汇报时的讲话中指出，学习贯彻新时代中国特色社会主义思想主题教育正在全党深入开展，各级党组织务必在深入、扎实上下功夫，在以学铸魂、以学增智、以学正风、以学促干上见实效。以学增智，就是要从党的科学理论中悟规律、明方向、学方法、增智慧，把看家本领、兴党本领、强国本领学到手。

66. 2023 年 6 月 26 日，习近平总书记在同团中央新一届领导班子成员集体谈话时的讲话中指出，要加强对广大青年的（　　），引导广大青年树立共产主义远大理想，坚定中国特色社会主义共同理想，坚定听党话、跟党走的政治信念，在强国建设、民族复兴的历史潮流中确立正确的人生目标，为一生的奋斗奠定基石。

A. 核心价值观教育　　B. 理想信念教育　　C. 爱国主义教育

答案：B

依据：2023 年 6 月 26 日，习近平总书记在同团中央新一届领导班子成员集体谈话时的讲话中指出，要着力加强对广大青年的政治引领……要加强对广大青年的理想信念教育，引导广大青年树立共产主义远大理想，坚定中国特色社会主义共同理想，坚定听党话、跟党走的政治信念，在强国建设、民族复兴的历史潮流中确立正确的人生目标，为一生的奋斗奠定基石。

67. 2023 年 6 月 7 日至 8 日，习近平总书记在内蒙古考察时发表重要讲话并强调，要大兴务实之风，抓好调查研究，在察实情、出实招、求实效上下功夫，把工作抓实、基础打实、步子迈实，在力戒（　　）上取得明显实质性进展，以这次主题教育为契机，将调查研究发扬光大。以下说法不正确的是（　　）。

A. 形式主义　　B. 官僚主义　　C. 唯心主义

答案：C

依据：2023 年 6 月 7 日至 8 日，习近平总书记在内蒙古考察时的讲话中强调，通过集中教育推动全党以自我革命精神解决党风方面的突出问题，是一条重要历史经验……要大兴务实之风，抓好调查研究，在察实情、出实招、求实效上下功夫，把工作抓实、基础打实、步子迈实，在力戒形式主义、官僚主义上取得明显实质性进展，以这次主题教育为契机，将调查研究发扬光大。

68. 2023 年 5 月 30 日，习近平总书记在二十届中央国家安全委员会第一次会议上发表重要讲话并强调，要全面贯彻党的二十大精神，深刻认识国家安全面临的复杂严峻形势，正确把握重大国家安全问题，加快推进（　　），以新安全格局保障新发展格局，努力开创国家安全工作新局面。

A. 国家安全体系和能力现代化

B. 全面建设社会主义现代化国家

C. 国家安全战线

答案：A

依据：2023 年 5 月 30 日，习近平总书记在二十届中央国家安全委员会第一次会议上的讲话中强调，要全面贯彻党的二十大精神，深刻认识国家安全面临的复杂严峻形势，正确把握重大国家安全问题，加快推进国家安全体系和能力现代化，以新安全格局保障新发展格局，努力开创国家安全工作新局面。

69. 2023 年 3 月 30 日，习近平总书记在二十届中央政治局第四次集体学习时的讲话中指出，党员、干部特别是各级领导干部要主动把自己的思想摆进去，学习掌握党的创新理论关于（　　）的一系列要求，始终保持共产党人的政治本色。

A. 坚定理想信念、提升思想境界、加强党性锻炼

B. 提高政治判断力、政治领悟力、政治执行力

C. 不忘初心、牢记使命，胸怀“国之大者”

答案：A

依据：2023 年 3 月 30 日，习近平总书记在二十届中央政治局第四次集体学习时的讲话中指出，在这次主题教育中，党员、干部特别是各级领导干部要主动把自己的思想摆进去，学习掌握党的创新理论关于坚定理想信念、提升思想境界、加强党性锻炼的一系列要求，包括不忘初心、牢记使命，胸怀“国之大者”，提高政治判断力、政治领悟力、政治执行力，“三严三实”，忠诚干净担当，为民务实清廉等等，始终保持共产党人的政治本色。

多选题

1. 2016 年 7 月 28 日，习近平总书记在河北唐山市考察时指出，要总结经验，进一步增强忧患意识、责任意识，坚持以防为主、防抗救相结合，坚持常

态减灾和非常态救灾相统一，努力实现（　　），全面提升全社会抵御自然灾害的综合防范能力。

A. 从注重灾后救助向注重灾前预防转变

B. 从应对单一灾种向综合减灾转变

C. 从减少灾害损失向减轻灾害风险转变

D. 从安全生产向应急管理转变

答案：ABC

依据：2016 年 7 月 28 日，习近平总书记在河北唐山市考察时的讲话中指出，我国是世界上自然灾害最为严重的国家之一，灾害种类多，分布地域广，发生频率高，造成损失重，这是一个基本国情。新中国成立以来特别是改革开放以来，我们不断探索，确立了以防为主、防抗救相结合的工作方针，国家综合防灾减灾救灾能力得到全面提升。要总结经验，进一步增强忧患意识、责任意识，坚持以防为主、防抗救相结合，坚持常态减灾和非常态救灾相统一，努力实现从注重灾后救助向注重灾前预防转变，从应对单一灾种向综合减灾转变，从减少灾害损失向减轻灾害风险转变，全面提升全社会抵御自然灾害的综合防范能力。

2. 2018 年 11 月 9 日，习近平总书记在国家综合性消防救援队伍授旗仪式上致训词并强调，国家消防救援队伍要（　　），在人民群众最需要的时候冲锋在前，救民于水火，助民于危难，给人民以力量，为维护人民群众生命财产安全而英勇奋斗。

A. 对党忠诚　　B. 纪律严明　　C. 赴汤蹈火　　D. 竭诚为民

答案：ABCD

依据：2018 年 11 月 9 日，习近平总书记在国家综合性消防救援队伍授旗仪式上致训词并强调，国家消防救援队伍要对党忠诚、纪律严明、赴汤蹈火、竭诚为民，在人民群众最需要的时候冲锋在前，救民于水火，助民于危难，给人民以力量，为维护人民群众生命财产安全而英勇奋斗。

3. 习近平总书记强调，重特大突发事件，不论是自然灾害还是责任事故，其中都不同程度存在（　　）、安全监管执法不严格、监管体制机制不完善、安全基础薄弱、应急救援能力不强等问题。

A. 主体责任不落实

B. 领导体制不完善

C. 隐患排查治理不彻底

D. 法规标准不健全

答案：ACD

依据：习近平总书记强调，重特大突发事件，不论是自然灾害还是责任事故，其中都不同程度存在主体责任不落实、隐患排查治理不彻底、法规标准不健全、安全监管执法不严格、监管体制机制不完善、安全基础薄弱、应急救援能力不强等问题。

4. 2013 年 5 月，习近平总书记在芦山地震灾区考察时强调，大灾大难是检验党组织和党员干部的时候，做到（　　），哪里就有共产党员的身影、哪里就有共产党人的奋斗。

A. 哪里危险多

B. 哪里困难大

C. 哪里有群众需要

D. 哪里有灾难

答案：ABC

依据：2013 年 5 月，习近平总书记在芦山地震灾区考察时的讲话中强调，大灾大难是检验党组织和党员干部的时候，也是锻炼提高党组织和党员干部的时候，要引导各级党组织强化整体功能，教育党员干部提高思想政治素质、自觉改进作风，做到哪里危险多、哪里困难大、哪里有群众需要，哪里就有共产党员的身影、哪里就有共产党人的奋斗。

5. 2016 年 7 月 28 日，习近平总书记在河北唐山市考察时强调，防灾减灾救灾事关人民生命财产安全，事关社会和谐稳定，是（　　）的一个重要方面。

A. 衡量执政党领导力

B. 检验政府执行力

C. 评判国家动员力

D. 体现民族凝聚力

答案：ABCD

依据：2016年7月28日，习近平总书记在河北唐山市考察时的讲话中强调，防灾减灾救灾事关人民生命财产安全，事关社会和谐稳定，是衡量执政党领导力、检验政府执行力、评判国家动员力、体现民族凝聚力的一个重要方面。

6. 2016年7月28日，习近平总书记在河北唐山市考察时强调，同自然灾害抗争是人类生存发展的永恒课题，不断从抵御各种自然灾害的实践中总结经验，（　　），全面提高国家综合防灾减灾救灾能力。

A. 落实责任　　B. 完善体系　　C. 整合资源　　D. 统筹力量

答案：ABCD

依据：2016年7月28日，习近平总书记在河北唐山市考察时的讲话中强调，同自然灾害抗争是人类生存发展的永恒课题。要更加自觉地处理好人和自然的关系，正确处理防灾减灾救灾和经济社会发展的关系，不断从抵御各种自然灾害的实践中总结经验，落实责任、完善体系、整合资源、统筹力量，提高全民防灾抗灾意识，全面提高国家综合防灾减灾救灾能力。

7. 2018年5月，习近平主席向汶川地震十周年国际研讨会暨第四届大陆地震国际研讨会致信并强调，人类对自然规律的认知没有止境，（　　）是人类生存发展的永恒课题。

A. 防灾减灾　　B. 抗灾救灾　　C. 应急救援　　D. 灾害管理

答案：AB

依据：2018年5月，习近平主席向汶川地震十周年国际研讨会暨第四届大陆地震国际研讨会致信：人类对自然规律的认知没有止境，防灾减灾、抗灾救灾是人类生存发展的永恒课题。科学认识致灾规律，有效减轻灾害风险，实现人与自然和谐共处，需要国际社会共同努力。

8. 2018 年 7 月，习近平总书记对防汛抢险救灾工作作出重要指示并强调，要（　　），确保灾情能够快速处置。

A. 加强应急值守

B. 全面落实工作责任

C. 细化预案措施

D. 完善灾害救助制度

答案：ABC

依据：2018 年 7 月，习近平总书记对防汛抢险救灾工作作出重要指示并强调，要加强应急值守，全面落实工作责任，细化预案措施，确保灾情能够快速处置。

9. 2018 年 7 月，习近平总书记对防汛抢险救灾工作作出重要指示并强调，要（　　），严防各类灾害和次生灾害发生。

A. 加强气象、洪涝、地质灾害监测预警

B. 紧盯各类重点隐患区域

C. 开展拉网式排查

D. 健全救灾物资储备体系

答案：ABC

依据：2018 年 7 月，习近平总书记对防汛抢险救灾工作作出的重要指示并强调，要加强应急值守，全面落实工作责任，细化预案措施，确保灾情能够快速处置。要加强气象、洪涝、地质灾害监测预警，紧盯各类重点隐患区域，开展拉网式排查，严防各类灾害和次生灾害发生。

10. 2018 年 10 月，中央财经委员会第三次会议指出，要针对关键领域和薄弱环节，推动建设若干重点工程。实施自然灾害监测预警信息化工程，提高多灾种和灾害链（　　）能力。

A. 综合监测

B. 风险早期识别

C. 预报预警

D. 应急救援专业化

答案：ABC

依据：2018 年 10 月，中央财经委员会第三次会议指出，要针对关键领域和薄弱环节，推动建设若干重点工程。要……实施自然灾害监测预警信息化工程，提高多灾种和灾害链综合监测、风险早期识别和预报预警能力；实施自然灾害防治技术装备现代化工程，加大关键技术攻关力度，提高我国救援队伍专业化技术装备水平。

11.2024 年 2 月 19 日，习近平总书记在中央全面深化改革委员会第四次会议上指出，要进一步提升基层应急管理能力，推动应急管理工作（　　），有效防范化解重大安全风险，及时有力有效处置各类灾害事故，筑牢安全底板，守牢安全底线。

A. 力量下沉

B. 保障下倾

C. 关口前移

D. 应急救援专业化

答案：ABC

依据：2024 年 2 月 19 日，习近平总书记在中央全面深化改革委员会第四次会议上的讲话中强调，要进一步提升基层应急管理能力，推动应急管理工作力量下沉、保障下倾、关口前移，有效防范化解重大安全风险，及时有力有效处置各类灾害事故，筑牢安全底板，守牢安全底线。

12. 2020 年 11 月 16 日至 17 日，习近平总书记在中央全面依法治国工作会议上指出，要坚持建设中国特色社会主义法治体系。中国特色社会主义法治体系是推进全面依法治国的总抓手。要加快形成（　　），形成完善的党内法规体系。

A. 完备的法律规范体系

B. 高效的法治实施体系

C. 严密的法治监督体系

D. 有力的法治保障体系

答案：ABCD

依据：2020年11月16日至17日，习近平总书记在中央全面依法治国工作会议上发表重要讲话并指出，要坚持建设中国特色社会主义法治体系。中国特色社会主义法治体系是推进全面依法治国的总抓手。要加快形成完备的法律规范体系、高效的法治实施体系、严密的法治监督体系、有力的法治保障体系，形成完善的党内法规体系。

13. 2020年11月16日至17日，习近平总书记在中央全面依法治国工作会议上强调，要坚持依法治国、依法执政、依法行政共同推进，（　　）一体建设。

A. 法治国家　　B. 法治政府　　C. 法治社会　　D. 法治教育

答案：ABC

依据：2020年11月16日至17日，习近平总书记在中央全面依法治国工作会议上发表重要讲话并强调，要坚持依法治国、依法执政、依法行政共同推进，法治国家、法治政府、法治社会一体建设。

14. 2014年，党的十八届四中全会通过的《中共中央关于全面推进依法治国若干重大问题的决定》提出，坚持依法治国、依法执政、依法行政共同推进，坚持法治国家、法治政府、法治社会一体建设，实现（　　），促进国家治理体系和治理能力现代化。

A. 科学立法　　B. 严格执法　　C. 公正司法　　D. 全民守法

答案：ABCD

依据：《中共中央关于全面推进依法治国若干重大问题的决定》：一、坚持走中国特色社会主义法治道路，建设中国特色社会主义法治体系。全面推进依法治国，总目标是建设中国特色社会主义法治体系，建设社会主义法治国家……坚持依法治国、依法执政、依法行政共同推进，坚持法治国家、法治政府、法治社会一体建设，实现科学立法、严格执法、公正司法、全民守法，促进国家治理体系和治理能力现代化。

15. 2014年，党的十八届四中全会通过的《中共中央关于全面推进依法治国若干重大问题的决定》提出，全面推进依法治国，总目标是建设中国特色社会主义法治体系，建设社会主义法治国家。实现这个总目标，必须坚持中国共产党的领导，必须（　　）。

A. 坚持人民主体地位

B. 坚持法律面前人人平等

C. 坚持依法治国和以德治国相结合

D. 坚持从中国实际出发

答案：ABCD

依据：《中共中央关于全面推进依法治国若干重大问题的决定》：一、坚持走中国特色社会主义法治道路，建设中国特色社会主义法治体系。全面推进依法治国，总目标是建设中国特色社会主义法治体系，建设社会主义法治国家……实现这个总目标，必须坚持以下原则：坚持中国共产党的领导……坚持人民主体地位……坚持法律面前人人平等……坚持依法治国和以德治国相结合……坚持从中国实际出发。

16. 2014 年，党的十八届四中全会通过的《中共中央关于全面推进依法治国若干重大问题的决定》中明确，将每年（　　）定为国家宪法日。在全社会普遍开展宪法教育，弘扬宪法精神。建立宪法宣誓制度，凡经（　　）任命的国家工作人员正式就职时公开向宪法宣誓。

A. 12 月 4 日

B. 12 月 14 日

C. 人大及其常委会选举

D. 人大及其常委会决定

答案：ACD

依据：《中共中央关于全面推进依法治国若干重大问题的决定》：二、完善以宪法为核心的中国特色社会主义法律体系，加强宪法实施。（一）健全宪法实施和监督制度。将每年十二月四日定为国家宪法日。在全社会普遍开展宪法教育，弘扬宪法精神。建立宪法宣誓制度，凡经人大及其常委会选举或者决定任命的国家工作人员正式就职时公开向宪法宣誓。

17. 2014 年，党的十八届四中全会通过的《中共中央关于全面推进依法治国若干重大问题的决定》提出，加快建设法治政府，健全依法决策机制，必须（　　）。

A. 由行政首长负责决策

B. 把公众参与、专家论证、风险评估、合法性审查、集体讨论决定确定为重大行政决策法定程序

C. 建立行政机关内部重大决策合法性审查机制

D. 建立重大决策终身责任追究制度及责任倒查机制

答案：BCD

依据：《中共中央关于全面推进依法治国若干重大问题的决定》：三、深入推进依法行政，加快建设法治政府。（二）健全依法决策机制。把公众参与、专家论证、风险评估、合法性审查、集体讨论决定确定为重大行政决策法定程序，确保决策制度科学、程序正当、过程公开、责任明确。建立行政机关内部重大决策合法性审查机制，未经合法性审查或经审查不合法的，不得提交讨论……建立重大决策终身责任追究制度及责任倒查机制，对决策严重失误或者依法应该及时作出决策但久拖不决造成重大损失、恶劣影响的，严格追究行政首长、负有责任的其他领导人员和相关责任人员的法律责任。

18. 2014 年，党的十八届四中全会通过的《中共中央关于全面推进依法治国若干重大问题的决定》提出，实行国家机关“谁执法谁普法”的普法责任制，建立（　　）等以案释法制度。

A. 法官　　B. 检察官　　C. 行政执法人员　　D. 律师

答案：ABCD

依据：《中共中央关于全面推进依法治国若干重大问题的决定》：五、增强全民法治观念，推进法治社会建设。（一）推动全社会树立法治意识。健全普法宣传教育机制，各级党委和政府要加强对普法工作的领导，宣传、文化、教育部门和人民团体要在普法教育中发挥职能作用。实行国家机关“谁执法谁普法”的普法责任制，建立法官、检察官、行政执

法人员、律师等以案释法制度，加强普法讲师团、普法志愿者队伍建设。

19. 2018 年 11 月，习近平总书记主持召开中央全面深化改革委员会第五次会议。会议强调，要着力推进行政执法透明、规范、合法、公正，不断（　　），全面提高执法效能。

A. 健全执法制度

B. 规范执法程序

C. 创新执法方式

D. 加强执法监督

答案：ABCD

依据：2018 年 11 月，习近平总书记主持召开中央全面深化改革委员会第五次会议。会议强调，要着力推进行政执法透明、规范、合法、公正，不断健全执法制度、规范执法程序、创新执法方式、加强执法监督，全面提高执法效能，推动形成权责统一、权威高效的行政执法体系，切实维护人民群众合法权益。

20. 属于党的十八届四中全会决定提出的与严格规范公正文明执法有关的重要举措有（　　）。

A. 建立执法全过程记录制度

B. 推进以审判为中心的诉讼制度改革

C. 建立健全行政裁量权基准制度

D. 全面落实行政执法责任制

答案：ACD

依据：2014 年党的十八届四中全会通过的《中共中央关于全面推进依法治国若干重大问题的决定》：三、深入推进依法行政，加快建设法治政府。（四）坚持严格规范公正文明执法。依法惩处各类违法行为，加大关系群众切身利益的重点领域执法力度。完善执法程序，建立执法全过程记录制度。明确具体操作流程，重点规范行政许可、行政处罚、行政强制、行政征收、行政收费、行政检查等执法行为。严格执行重大执法决定法制审核制度。建立健全行政裁量权基准制度，细化、量化行政裁量标准，规范裁量范围、种类、幅度。加强行政执法信息化建设和信息共享，提高执法效率和规范化水平。全面落实行政执法责任制，严格确定不同部门及机构、岗位执法人员执法责任和责任追究机制，加强执法监督，坚决排除对执法活动的干预，防止和克服地方和部门保护主义，惩治执法腐败现象。

21. 2020 年 11 月 16 日至 17 日，习近平总书记在中央全面依法治国工作会议上指出，要继续推进法治领域改革，解决好（　　）等领域的突出矛盾和问题。

A. 立法　　B. 执法　　C. 司法　　D. 守法

答案：ABCD

依据：2020 年 11 月 16 日至 17 日，习近平总书记在中央全面依法治国工作会议上的讲话指出，要坚持全面推进科学立法、严格执法、公正司法、全民守法。要继续推进法治领域改革，解决好立法、执法、司法、守法等领域的突出矛盾和问题。

22. 2016 年 12 月，习近平总书记在主持中共中央政治局第三十七次集体学习时强调，在新的历史条件下，我们要把（　　）落实好，推进国家治理体系和治理能力现代化。

A. 依法治国基本方略

B. 依法执政基本方式

C. 隐患治理基本措施

D. 风险防范基本手段

答案：AB

依据：2016 年 12 月，习近平总书记在主持中共中央政治局第三十七次集体学习时强调，法律是准绳，任何时候都必须遵循；道德是基石，任何时候都不可忽视。在新的历史条件下，我们要把依法治国基本方略、依法执政基本方式落实好，把法治中国建设好，必须坚持依法治国和以德治国相结合，使法治和德治在国家治理中相互补充、相互促进、相得益彰，推进国家治理体系和治理能力现代化。

23. 下列关于《法治政府建设实施纲要（2021—2025 年）》主要原则表述正确的是（　　）。

A. 坚持党的全面领导，确保法治政府建设正确方向

B. 坚持以人民为中心，一切行政机关必须为人民服务、对人民负责、受人民监督

C. 坚持问题导向目标导向持续推动各项部署落地落实

D. 坚持统筹推进，强化法治政府建设的整体推动、协同发展

答案：ABD

依据：《法治政府建设实施纲要（2021—2025 年）》：一、深入学习贯彻习近平法治思想，努力实现法治政府建设全面突破。（二）主要原则。坚持党的全面领导，确保法治政府建设正确方向；坚持以人民为中心，一切行政机关必须为人民服务、对人民负责、受人民监督；坚持问题导向，用法治给行政权力定规矩、划界限，切实解决制约法治政府建设的突出问题；坚持改革创新，积极探索具有中国特色的法治政府建设模式和路径；坚持统筹推进，强化法治政府建设的整体推动、协同发展。

24.《法治政府建设实施纲要（2021—2025 年）》总体目标指出，到 2025 年，政府行为全面纳入法治轨道，（　　）。

A. 职责明确、依法行政的政府治理体系日益健全

B. 行政执法体制机制基本完善

C. 行政执法质量和效能大幅提升

D. 突发事件应对能力显著增强

答案：ABCD

依据：《法治政府建设实施纲要（2021—2025 年）》：一、深入学习贯彻习近平法治思想，努力实现法治政府建设全面突破。（三）总体目标。到 2025 年，政府行为全面纳入法治轨道，职责明确、依法行政的政府治理体系日益健全，行政执法体制机制基本完善，行政执法质量和效能大幅提升，突发事件应对能力显著增强，各地区各层级法治政府建设协调并进，更多地区实现率先突破，为到 2035 年基本建成法治国家、法治政

府、法治社会奠定坚实基础。

25. 在学习贯彻习近平新时代中国特色社会主义思想主题教育工作会议上，习近平总书记指出，要教育引导广大党员、干部学思想、见行动，树立正确的（　　）。

A. 权力观　　B. 人生观　　C. 政绩观　　D. 事业观

答案：ACD

依据：在学习贯彻习近平新时代中国特色社会主义思想主题教育工作会议上，习近平总书记发表重要讲话并指出，要教育引导广大党员、干部学思想、见行动，树立正确的权力观、政绩观、事业观，增强责任感和使命感，不断提高推动高质量发展本领、服务群众本领、防范化解风险本领，加强斗争精神和斗争本领养成，提振锐意进取、担当有为的精气神。

26. 在学习贯彻习近平新时代中国特色社会主义思想主题教育工作会议上，习近平总书记强调，坚持（　　），全面学习领会新时代中国特色社会主义思想的科学体系、核心要义、实践要求，做到整体把握、融会贯通。

A. 边学习、边对照、边检视、边整改

B. 读原著学原文悟原理

C. 坚持开门搞教育，解决群众急难愁盼问题

D. 多思多想、学深悟透

答案：BD

依据：在学习贯彻习近平新时代中国特色社会主义思想主题教育工作会议上，习近平总书记强调，这次主题教育不划阶段、不分环节，要把理论学习、调查研究、推动发展、检视整改等贯通起来，有机融合、一体推进。坚持读原著学原文悟原理，坚持多思多想、学深悟透，全面学习领会新时代中国特色社会主义思想的科学体系、核心要义、实践要求，做到整体把握、融会贯通。

27. 2022 年 10 月 16 日，党的二十大报告中指出，坚持（　　），建立（　　）框架，完善公共安全体系，推动公共安全治理模式向（　　）转型。

A. 安全第一、预防为主

B. 全灾种大应急

C. 大安全大应急

D. 事前预防

答案：ACD

依据：2022年10月16日，党的二十大报告：十一、推进国家安全体系和能力现代化，坚决维护国家安全和社会稳定。（三）提高公共安全治理水平。坚持安全第一、预防为主，建立大安全大应急框架，完善公共安全体系，推动公共安全治理模式向事前预防转型。

28. 2020年10月10日，习近平总书记在中央党校（国家行政学院）中青年干部培训班开班式上发表重要讲话并强调，年轻干部要提高（　　）能力，（　　）是防范风险的前提，（　　）是谋求战略主动的关键。

A. 应急处突

B. 预判风险

C. 预防风险

D. 把握风险走向

答案：ABD

依据：2020年10月10日，习近平总书记在中央党校（国家行政学院）中青年干部培训班开班式上的讲话强调，年轻干部要提高应急处突能力。预判风险是防范风险的前提，把握风险走向是谋求战略主动的关键。要增强风险意识，下好先手棋、打好主动仗，做好随时应对各种风险挑战的准备。

29. 第一次全国自然灾害综合风险普查是深入贯彻习近平总书记关于防范化解重大风险、提高自然灾害防治能力的重要指示精神，是我国首次开展的（　　），是一项（　　）和进一步做好防灾减灾救灾工作的重要基础。

A. 全国性综合减灾摸底

B. 全国性综合性灾害风险摸底

C. 风险预防能力调查

D. 重大国情国力调查

答案：BD

依据：2021 年 6 月 22 日，第一次全国自然灾害综合风险普查工作电视电话会议召开，会议强调，要深入贯彻习近平总书记关于防范化解重大风险、提高自然灾害防治能力的重要指示精神，层层压实责任，精心组织实施，科学高效开展好第一次全国自然灾害综合风险普查工作，为有效防治自然灾害、推动经济社会可持续发展提供科学支撑。会议指出，这次普查是我国首次开展的全国性综合性灾害风险摸底，是一项重大国情国力调查和进一步做好防灾减灾救灾工作的重要基础。

30. 2019 年 11 月 29 日，习近平总书记在主持中共中央政治局第十九次集体学习时发表重要讲话并指出，要坚持群众观点和群众路线，坚持社会共治，完善公民安全教育体系，推动安全宣传（　　），加强公益宣传，普及安全知识，培育安全文化，开展（　　），支持引导社区居民开展风险隐患排查和治理，积极推进（　　），筑牢防灾减灾救灾的人民防线。

A. 进企业、进农村、进社区、进学校、进家庭

B. 地震灾害监测预警和风险防范

C. 常态化应急疏散演练

D. 安全风险网格化管理

答案：ACD

依据：2019 年 11 月 29 日，习近平总书记在主持中共中央政治局第十九次集体学习时的讲话中指出，要坚持群众观点和群众路线，坚持社会共治，完善公民安全教育体系，推动安全宣传进企业、进农村、进社区、进学校、进家庭，加强公益宣传，普及安全知识，培育安全文化，开展常态化应急疏散演练，支持引导社区居民开展风险隐患排查和治理，积极推进安全风险网格化管理，筑牢防灾减灾救灾的人民防线。

31.《中共中央、国务院关于推进防灾减灾救灾体制机制改革的意见》提出，强化法治保障，根据形势发展，加强综合立法研究，加快形成以（　　）为骨干、相关（　　）和（　　）配套的防灾减灾法规体系。

A. 专项防灾减灾法律法规

B. 自然灾害防治法律法规

C. 应急预案

D. 技术标准

答案：ACD

依据：《中共中央、国务院关于推进防灾减灾救灾体制机制改革的意见》：六、切实加强组织领导。（十五）强化法治保障。根据形势发展，加强综合立法研究，及时修订有关法律法规和预案，科学合理调整应急响应启动标准。加快形成以专项防灾减灾法律法规为骨干、相关应急预案和技术标准配套的防灾减灾法规体系。

32. 国家地震预警工程已于 2024 年 7 月 25 日顺利通过竣工验收。此项工程是贯彻落实习近平总书记关于（　　）指导方针，着眼于（　　）需要，加强（　　）能力建设的重大战略部署。

A. 防震减灾造福人民

B. 防灾减灾救灾“两个坚持、三个转变”

C. 国家安全和经济社会发展

D. 地震灾害监测预警和风险防范

答案：BCD

依据：2024 年 7 月 26 日，应急管理部中国地震局举行国家地震烈度速报与预警工程竣工验收新闻发布会：国家地震预警工程是贯彻落实习近平总书记关于防灾减灾救灾“两个坚持、三个转变”指导方针，着眼于国家安全和经济社会发展需要，加强地震灾害监测预警和风险防范能力建设的重大战略部署。

33. 开展全国自然灾害综合风险普查工作，要坚持（　　），强化普查成果运用，及时消除重大灾害事故隐患。

A. 边普查　　B. 边应用　　C. 边评估　　D. 边见效

答案：ABD

依据：2021 年 6 月 22 日，第一次全国自然灾害综合风险普查工作电视电话会议召开，会议指出，坚持边普查、边应用、边见效，强化普查成果运用，及时消除重大灾害事故隐患。

34.《新时代防震减灾事业现代化纲要（2019—2035年）》指出，到2035年，全国基本实现防震减灾事业现代化，基本建成（　　）为一体的结构完善、功能先进的具有中国特色的防震减灾事业现代化体系。

A. 地震灾害风险防治

B. 地震基本业务

C. 科技创新

D. 社会治理

答案：ABCD

依据：《新时代防震减灾事业现代化纲要（2019—2035年）》：二、总体要求。（三）发展目标。到2035年，全国基本实现防震减灾事业现代化。基本建成地震灾害风险防治、地震基本业务、科技创新和社会治理为一体的结构完善、功能先进的具有中国特色的防震减灾事业现代化体系，关键领域核心技术实现重点突破，信息化水平不断提高，基本实现防治精细、监测智能、服务高效、科技先进、管理科学的现代智慧防震减灾，地震灾害风险防治能力显著增强，地震科技步入世界强国之列，地震安全保障服务能力显著提升。

35.《新时代防震减灾事业现代化纲要（2019—2035年）》中指出，到2035年，基本建成（　　）的防震减灾社会治理体系。

A. 开放合作　　B. 多元共治　　C. 保障有力　　D. 善治高效

答案：BCD

依据：《新时代防震减灾事业现代化纲要（2019—2035年）》：二、总体要求。（三）发展目标。多元共治、保障有力、善治高效的防震减灾社会治理体系。

36. 国家地震预警工程启动实施以来，中国地震局坚持（　　），以"稳、准、快"为要求，不断夯实台站观测基础、完善技术系统功能、拓展信息应用领域。

A. 边建设　　B. 边评估　　C. 边应用　　D. 边完善

答案： ACD

依据： 应急管理部中国地震局举行国家地震烈度速报与预警工程竣工验收新闻发布会：国家地震预警工程启动实施以来，中国地震局坚持边建设、边应用、边完善，以“稳、准、快”为要求，不断夯实台站观测基础、完善技术系统功能、拓展信息应用领域，建成台站观测、数据处理、紧急地震信息服务、通信网络、技术支持与保障五大技术系统。

37. 2024 年 7 月，习近平总书记就中央和国家机关学习贯彻党的二十届三中全会精神、推动机关党建高质量发展作出重要指示强调，要深入贯彻党中央关于（　　）的重要思想，深化党的建设制度改革，当好“三个表率”，建设模范机关。

A. 模范机关的建设

B. 党的建设

C. 党的自我监督

D. 党的自我革命

答案： BD

依据： 2024 年 7 月，习近平总书记就中央和国家机关学习贯彻党的二十届三中全会精神、推动机关党建高质量发展作出重要指示强调，要深入贯彻党中央关于党的建设的重要思想、关于党的自我革命的重要思想，总结运用好贯彻落实中央和国家机关党的建设工作会议精神的实践经验，深化党的建设制度改革，带头做到“两个维护”，带头深化理论武装，带头夯实基层基础，带头正风肃纪反腐，全面提高机关党建质量，走好第一方阵，当好“三个表率”，建设模范机关。

38.《“十四五”国家防震减灾规划》指出，要健全完善防震减灾法律法规体系，研究推动防震减灾法、地震安全性评价管理条例等法律法规修订，完善（　　）等法律制度。

A. 地震预警管理

B. 防震减灾科普宣传

C. 建设工程抗震设防要求监管

D. 地震灾害风险隐患排查

答案：ACD

依据：《“十四五”国家防震减灾规划》：三、主要任务。（八）加强防震减灾法治建设。健全完善防震减灾法律法规体系，研究推动防震减灾法、地震安全性评价管理条例等法律法规修订，完善地震预警管理、建设工程抗震设防要求监管、地震灾害风险隐患排查等法律制度。

39. 2024 年 12 月 31 日，中国地震局党组传达学习贯彻习近平总书记在中央政治局民主生活会上的重要讲话精神。会议强调，要持续加强党组自身建设，在（　　）和（　　）上做表率。

A. 加强党的纪律建设

B. 严守政治纪律

C. 履行管党治党政治责任

D. “开拓创新、争创一流”

答案：AC

依据：2024 年 12 月 31 日，中国地震局党组传达学习贯彻习近平总书记在中央政治局民主生活会上的重要讲话精神。会议强调，要持续加强党组自身建设，在加强党的纪律建设和履行管党治党政治责任上做表率。带头严守政治纪律政治规矩，做“两个维护”的表率。带头发扬党内民主，做坚持民主集中制的表率。带头讲实际重实干求实效，做“开拓创新、争创一流”的表率。带头履行管党治党政治责任，做纵深推进全面从严治党的表率。

40.《关于加强防震减灾法治建设的意见》指出，加强规范性文件管理，严格规范性文件制定修订程序，完善合法性审查制度，实行规范性文件（　　）制度。

A. 统一评估　　B. 统一登记　　C. 统一编号　　D. 统一公布

答案：BCD

依据：《关于加强防震减灾法治建设的意见》：二、努力构建防震减灾法律规范体系。5. 加强规范性文件管理。提高规范性文件质量，确保规范性文件合法、合理、适当。严格规范性文件制定修订程序，完善合法性审查制度，实行规范性文件统一登记、统一编号、统一公布制度。

41. 2024 年 12 月 31 日，中国地震局党组传达学习贯彻习近平总书记在中央政治局民主生活会上的重要讲话精神。会议强调，深入贯彻落实习近平总书记关于全面加强（　　）的重要论述精神，准确把握重大意义、丰富内涵、核心要义和实践要求，不断深化对（　　）的规律性认识，坚持把政治纪律摆在首位，坚持党性党风党纪一起抓，推动地震系统全面从严治党向纵深发展。

A. 政治纪律　　B. 党的纪律建设　C. 伟大社会革命　D. 党的自我革命

答案：BD

依据：2024 年 12 月 31 日，中国地震局党组传达学习贯彻习近平总书记在中央政治局民主生活会上的重要讲话精神。会议强调，要深刻把握全面加强党的纪律建设的重大意义和实践要求。深入贯彻落实习近平总书记关于全面加强党的纪律建设的重要论述精神，准确把握重大意义、丰富内涵、核心要义和实践要求，不断深化对党的自我革命的规律性认识，坚持把政治纪律摆在首位，坚持党性党风党纪一起抓，推动地震系统全面从严治党向纵深发展。

42. 2023 年 3 月 13 日，习近平总书记在第十四届全国人民代表大会第一次会议上发表重要讲话并指出，我们要更好统筹发展和安全，安全是（　　）的基础，（　　）是强盛的前提。

A. 发展　　B. 改革　　C. 和平　　D. 稳定

答案：AD

依据：2023 年 3 月 13 日，习近平总书记在第十四届全国人民代表大会第一次会议上发表重要讲话并指出，我们要更好统筹发展和安全。安全是发展的基础，稳定是强盛的前提。要贯彻总体国家安全观，健全国家安全体系，增强维护国家安全能力，提高公共安全治理水平，完善社会治理体系，以新安全格局保障新发展格局。

43. 习近平总书记在党的十九届三中全会上作的《关于深化党和国家机构改革决定稿和方案稿的说明》中指出，我国是灾害多发频发的国家，必须把防范化解（　　），加强（　　），切实保障人民群众生命财产安全摆到重要位置。

A. 重特大灾害风险

B. 防灾减灾救灾能力建设

C. 重特大安全风险

D. 应急管理和能力建设

答案：CD

依据：2018 年 2 月 26 日至 28 日，习近平总书记在党的十九届三中全会上作的《关于深化党和国家机构改革决定稿和方案稿的说明》：三、关于深化党和国家机构改革方案稿的重点内容。七是组建应急管理部。我国是灾害多发频发的国家，必须把防范化解重特大安全风险，加强应急管理和能力建设，切实保障人民群众生命财产安全摆到重要位置。

44. 2023 年 3 月 1 日，习近平总书记在中央党校建校 90 周年庆祝大会暨 2023 年春季学期开学典礼上发表重要讲话并指出，要重点提升领导干部（　　），同时加强斗争精神和斗争本领养成，着力增强防风险、攻难关、迎挑战、抗打压能力，不断提高专业化水平，更好胜任领导工作。

A. 统筹发展和安全本领

B. 推动高质量发展本领

C. 服务群众本领

D. 防范化解风险本领

答案：BCD

依据：2023 年 3 月 1 日，习近平总书记在中央党校建校 90 周年庆祝大会暨 2023 年春季学期开学典礼上发表的重要讲话中指出，要按照党的二十大要求，重点提升领导干部推动高质量发展本领、服务群众本领、防范化解风险本领，同时加强斗争精神和斗争本领养成，着力增强防风险、攻难关、迎挑战、抗打压能力……不断提高专业化水平，更好胜任领导工作。

45. 2019 年 11 月 29 日，习近平总书记在中共中央政治局第十九次集体学习时的讲话中指出，要坚持依法管理，运用法治思维和法治方式提高应急管理的法治化、规范化水平，系统梳理和修订应急管理相关法律法规，抓紧研究制定（　　）、危险化学品安全等方面的法律法规，加强安全生产监管执法工作。

A. 应急管理

B. 自然灾害防治

C. 应急救援组织

D. 国家消防救援人员

答案：ABCD

依据：2019 年 11 月 29 日，习近平总书记在中共中央政治局第十九次集体学习时的讲话中指出，要坚持依法管理，运用法治思维和法治方式提高应急管理的法治化、规范化水平，系统梳理和修订应急管理相关法律法规，抓紧研究制定应急管理、自然灾害防治、应急救援组织、国家消防救援人员、危险化学品安全等方面的法律法规，加强安全生产监管执法工作。

46. 2019 年 11 月 29 日，习近平总书记在中共中央政治局第十九次集体学习时的讲话中指出，要强化应急管理装备技术支撑，优化整合各类科技资源，推进应急管理科技自主创新，依靠科技提高应急管理的（　　）水平。

A. 科学化　　B. 专业化　　C. 智能化　　D. 精细化

答案：ABCD

依据：2019 年 11 月 29 日，习近平总书记在中共中央政治局第十九次集体学习时的讲话中指出，要强化应急管理装备技术支撑，优化整合各类科技资源，推进应急管理科技自主创新，依靠科技提高应急管理的科学化、专业化、智能化、精细化水平。

47. 2019 年 11 月 29 日，习近平总书记在中共中央政治局第十九次集体学习时的讲话中指出，要适应科技信息化发展大势，以信息化推进应急管理现代化，提高（　　）能力。

A. 监测预警

B. 监管执法

C. 辅助指挥决策

D. 救援实战和社会动员

答案：ABCD

依据：2019 年 11 月 29 日，习近平总书记在中共中央政治局第十九次集体学习时的讲话中指出，要适应科技信息化发展大势，以信息化推进应急管理现代化，提高监测预警能力、监管执法能力、辅助指挥决策能力、救援实战能力和社会动员能力。

48. 2016 年 7 月 28 日，习近平总书记在河北唐山市考察时强调，当前和今后一个时期，要着力从加强组织领导、健全体制、完善法律法规、推进重大防灾减灾工程建设、（　　）、建立防灾减灾救灾宣传教育长效机制、引导社会力量有序参与等方面进行努力。

A. 加强灾害监测预警和风险防范能力建设

B. 提高城市建筑和基础设施抗灾能力

C. 提高农村住房设防水平和抗灾能力

D. 加大灾害管理培训力度

答案：ABCD

依据：2016 年 7 月 28 日，习近平总书记在河北唐山市考察时的讲话中强调，当前和今后一个时期，要着力从加强组织领导、健全体制、完善法律法规、推进重大防灾减灾工程建设、加强灾害监测预警和风险防范能力建设、提高城市建筑和基础设施抗灾能力、提高农村住房设防水平和抗灾能力、加大灾害管理培训力度、建立防灾减灾救灾宣传教育长效机制、引导社会力量有序参与等方面进行努力。

49. 2024 年 12 月 25 日，中国地震局党组传达学习贯彻习近平总书记重要讲话重要指示精神，会议强调，要深入学习贯彻习近平总书记对做好“三农”工作的重要指示精神，紧密结合防震减灾工作实际，抓好贯彻落实。要加强农房抗震设防技术支撑，推动落实（　　），推动地震易发区房屋设施加固工程实施，助力农村减灾取得更明显实效。

A.《地震易发区房屋设施加固工程技术指南》

B.《地震易发区既有房屋建筑抗震加固技术选编》

C.《农村房屋抗震实用手册》

D.《抗震设计手册》

答案：ABC

依据：2024 年 12 月 25 日，中国地震局党组传达学习贯彻习近平总书记重要讲话重要指示精神，会议强调，要深入学习贯彻习近平总书记对做好“三农”工作的重要指示精神，紧密结合防震减灾工作实际，抓好贯彻落实。要加强农房抗震设防技术支撑，推动落实《地震易发区房屋设施加固工程技术指南》《地震易发区既有房屋建筑抗震加固技术选编》《农村房屋抗震实用手册》，推动地震易发区房屋设施加固工程实施，助力农村减灾取得更明显实效。

50. 2024 年 12 月 31 日，中国地震局党组传达学习贯彻习近平总书记在中央政治局民主生活会上的重要讲话精神。会议指出，局属各单位党委（党组）要切实把思想行动统一到习近平总书记重要讲话精神上来，进一步深刻领悟（　　）的决定性意义，增强（　　）、坚定（　　）、做到（　　），坚定不移贯彻落实党中央方针政策和工作部署。

A.“两个确立”　B.“四个意识”　C.“四个自信”　D.“两个维护”

答案：ABCD

依据：2024 年 12 月 31 日，中国地震局党组传达学习贯彻习近平总书记在中央政治局民主生活会上的重要讲话精神。会议指出，习近平总书记在中央政治局民主生活会上的重要讲话，对巩固深化党纪学习教育成果、综合发挥党的纪律教育约束和保障激励作用提出明确要求，为在新征程上全面加强党的纪律建设、纵深推进全面从严治党指明了前进方向、提供了根本遵循。局属各单位党委（党组）要切实把思想行动统一到习近平总书记重要讲话精神上来，进一步深刻领悟“两个确立”的决定性意义，增强“四个意识”、坚定“四个自信”、做到“两个维护”，坚定不移贯彻落实党中央方针政策和工作部署。

二、防震减灾法律法规规章

单选题

1. 从事防震减灾活动应当遵守（　　）有关防震减灾标准。

A. 国际　　B. 国家　　C. 行业

答案：B

依据：一、防震减灾法律规定（一）防震减灾法总则：遵守国家标准。《中华人民共和国防震减灾法》第十条规定，从事防震减灾活动，应当遵守国家有关防震减灾标准。

2. 防震减灾规划明确未来几年防震减灾事业发展的指导思想、目标任务、工作举措，服务于国民经济和社会发展。防震减灾规划一经批准公布，应当严格执行；某市的防震减灾规划因震情形势变化和经济社会发展的需要确需修改的，应当按照（　　）报送审批。

A. 原审批程序　　B. 简易程序　　C. 备案程序

答案：A

依据：一、防震减灾法律规定（二）防震减灾规划：防震减灾规划报批程序。《中华人民共和国防震减灾法》第十六条规定，防震减灾规划一经批准公布，应当严格执行；因震情形势变化和经济社会发展的需要确需修改的，应当按照原审批程序报送审批。

3. A 国的某组织计划在我国某地区进行地震监测活动，依据《中华人民共和国防震减灾法》，该组织必须经我国有关部门批准，并与我国相关部门或者单位合作，方可从事地震监测活动，以下正确的批准部门是（　　）。

A. 国务院地震工作主管部门会同有关部门

B. 国务院国防工作主管部门会同有关部门

C. 国务院外交工作主管部门会同有关部门

答案：A

依据：一、防震减灾法律规定（三）地震监测预报：外国组织或个人在中国管辖范围内从事地震监测活动的行政许可。《中华人民共和国防震减灾法》第三十三条规定，外国的组织或者个人在中华人民共和国领域和中华人民共和国管辖的其他海域从事地震监测活动，必须经国务院地震工作主管部门会同有关部门批准，并采取与中华人民共和国有关部门或者单位合作的形式进行。

4. 外国的组织 A 是从事科学研究的公益组织，外国的个人 B 是世界知名高校的教授，A 与 B 合作在我国管辖的海域从事地震监测活动，并采取与中华人民共和国有关部门或者单位合作的形式进行。以下说法正确的是（　　）。

A. A 必须经批准，B 无须经批准

B. B 无须经批准，A 必须经批准

C. A 和 B 都必须经批准

答案：C

依据：一、防震减灾法律规定（三）地震监测预报：外国组织或个人在中国管辖范围内从事地震监测活动的行政许可。《中华人民共和国防震减灾法》第三十三条规定，外国的组织或者个人在中华人民共和国领域和中华人民共和国管辖的其他海域从事地震监测活动，必须经国务院地震工作主管部门会同有关部门批准，并采取与中华人民共和国有关部门或者单位合作的形式进行。

5. 以下可以作为学术成果进行交流的是（　　）。

A. 地震预测意见

B. 长期地震活动趋势研究成果

C. 地震预报意见

答案：B

依据：一、防震减灾法律规定（三）地震监测预报：禁止散布地震预测意见、地震预报意见及其评审结果。《中华人民共和国防震减灾法》第二十九条规定，国家对地震预报意见实行统一发布制度。全国范围内的地震长期和中期预报意见，由国务院发布。省、自治区、直辖市行政区域内的地震预报意见，由省、自治区、直辖市人民政府按照国务院规定的程序发布。除发表本人或者本单位对长期、中期地震活动趋势的研究成果及进行相关学术交流外，任何单位和个人不得向社会散布地震预测意见。任何单位和个人不得向社会散布地震预报意见及其评审结果。

6. 新建、扩建、改建的建设工程应当避免对（　　）造成危害。

A. 地震监测设施和地震观测环境

B. 地震监测设施

C. 地震观测环境

答案：A

依据：一、防震减灾法律规定（三）地震监测预报：地震监测设施和地震观测环境保护。《中华人民共和国防震减灾法》第二十四条第一款规定，新建、扩建、改建建设工程，应当避免对地震监测设施和地震观测环境造成危害。建设国家重点工程，确实无法避免对地震监测设施和地震观测环境造成危害的，建设单位应当按照县级以上地方人民政府负责管理地震工作的部门或者机构的要求，增建抗干扰设施；不能增建抗干扰设施的，应当新建地震监测设施。

7. 观测到可能与地震有关的异常现象的单位和个人，可以向所在地县级以上地方人民政府负责管理地震工作的部门或者机构报告，也可以直接向（　　）报告。

A. 国务院

B. 国务院地震工作主管部门

C. 上一级人民政府

答案：B

依据：一、防震减灾法律规定（三）地震监测预报：地震异常现象报告程序。《中华人民共和国防震减灾法》第二十七条规定，观测到可能与地震有关的异常现象的单位和个人，可以向所在地县级以上地方人民政府负责管理地震工作的部门或者机构报告，也可以直接向国务院地震工作主管部门报告。国务院地震工作主管部门和县级以上地方人民政府负责管理地震工作的部门或者机构接到报告后，应当进行登记并及时组织调查核实。

8. 对因发生地震灾害，可能造成巨大财产损失和严重人员伤亡的风险，可以通过建立巨灾保险制度分散风险。国家发展有财政支持的地震灾害保险事业，（　　）单位和个人参加地震灾害保险。

A. 引导　　B. 帮助　　C. 鼓励

答案：C

依据：一、防震减灾法律规定（四）地震灾害预防：国家鼓励参加地震灾害保险。《中华人民共和国防震减灾法》第四十五条规定，国家发展有财政支持的地震灾害保险事业，鼓励单位和个人参加地震灾害保险。

9. 建设工程抗震设防，对已建成的重大建设工程，未采取抗震设防措施的（　　）。

A. 无须再采取抗震设防措施

B. 应当进行抗震性能鉴定，并采取抗震加固措施

C. 应当拆除重建

答案：B

依据：一、防震减灾法律规定（四）地震灾害预防：已建工程的抗震加固。《中华人民共和国防震减灾法》第三十九条规定，已经建成的下列建设工程，未采取抗震设防措施或者抗震设防措施未达到抗震设防要求的，应当按照国家有关规定进行抗震性能鉴定，并采取必要的抗震加固措施：（一）重大建设工程；（二）可能发生严重次生灾害的建设工程；（三）具有重大历史、科学、艺术价值或者重要纪念意义的建设工程；

（四）学校、医院等人员密集场所的建设工程；（五）地震重点监视防御区内的建设工程。

10. C 市的成人职业技术学院要建设新的实验楼，在进行设计和施工时需采取有效措施，增强抗震设防能力。根据《中华人民共和国防震减灾法》，该实验楼应按照（　　）当地房屋建筑的抗震设防要求进行设计和施工。

A. 等于　　　B. 高于　　　C. 低于

答案：B

依据：一、防震减灾法律规定（四）地震灾害预防：学校等人员密集场所建设工程的抗震设防要求。《中华人民共和国防震减灾法》第三十五条规定，新建、扩建、改建建设工程，应当达到抗震设防要求。重大建设工程和可能发生严重次生灾害的建设工程，应当按照国务院有关规定进行地震安全性评价，并按照经审定的地震安全性评价报告所确定的抗震设防要求进行抗震设防。建设工程的地震安全性评价单位应当按照国家有关标准进行地震安全性评价，并对地震安全性评价报告的质量负责。前款规定以外的建设工程，应当按照地震烈度区划图或者地震动参数区划图所确定的抗震设防要求进行抗震设防；对学校、医院等人员密集场所的建设工程，应当按照高于当地房屋建筑的抗震设防要求进行设计和施工，采取有效措施，增强抗震设防能力。

11. 地震小区划图可以为建设工程抗震设防要求、一般建设工程地震设计和国土空间规划提供基础资料。国家鼓励城市人民政府组织制定地震小区划图，地震小区划图由（　　）负责审定。

A. 国务院

B. 国务院地震工作主管部门

C. 国务院建设行政主管部门

答案：B

依据：一、防震减灾法律规定（四）地震灾害预防：地震小区划图的审定。《中华人民共和国防震减灾法》第三十七条规定，国家鼓励城市人民政府组织制定地震小区划图的审定。地震小区划图由国务院地震工作主管部门负责审定。

12. 对建设工程的抗震设计、施工全过程负责的单位是（　　）。

A. 设计单位　　B. 监理单位　　C. 建设单位

答案：C

依据：一、防震减灾法律规定（四）地震灾害预防：建设单位责任。《中华人民共和国防震减灾法》第三十八条规定，建设单位对建设工程的抗震设计、施工的全过程负责。设计单位应当按照抗震设防要求和工程建设强制性标准进行抗震设计，并对抗震设计的质量以及出具的施工图设计文件的准确性负责。施工单位应当按照施工图设计文件和工程建设强制性标准进行施工，并对施工质量负责。建设单位、施工单位应当选用符合施工图设计文件和国家有关标准规定的材料、构配件和设备。工程监理单位应当按照施工图设计文件和工程建设强制性标准实施监理，并对施工质量承担监理责任。

13. 地震应急知识的宣传普及活动和地震应急演练是各级政府，各有关部门，机关、团体、企业、事业单位的共同责任，不包括（　　）。

A. 乡镇政府　　B. 农村党支部　　C. 街道办事处

答案：B

依据：一、防震减灾法律规定（四）地震灾害预防：防震减灾宣传教育责任主体。《中华人民共和国防震减灾法》第四十四条第一款规定，县级人民政府及其有关部门和乡、镇人民政府、城市街道办事处等基层组织，应当组织开展地震应急知识的宣传普及活动和必要的地震应急救援演练，提高公民在地震灾害中自救互救的能力。

14. 新闻媒体应当开展地震灾害预防和应急、自救互救知识的（　　）宣传。

A. 有偿　　B. 广告　　C. 公益

答案：C

依据：一、防震减灾法律规定（四）地震灾害预防：防震减灾宣传教育的新闻媒体职责。《中华人民共和国防震减灾法》第四十四条第四款规定，新闻媒体应当开展地震灾害预防和应急、自救互救知识的公益宣传。

15. 地震重点监视防御区的抗震救灾资金、物资，由（　　）财政安排。

A. 国家

B. 国务院地震工作主管部门

C. 地震重点监视防御区的县级以上地方政府

答案：C

依据：一、防震减灾法律规定（四）地震灾害预防：地震灾害重点监视防御区财政安排。《中华人民共和国防震减灾法》第四十二条规定，地震重点监视防御区的县级以上地方人民政府应当根据实际需要，在本级财政预算和物资储备中安排抗震救灾资金、物资。

16. 地震预报意见发布后，有关省、自治区、直辖市人民政府根据预报的震情可以宣布有关区域进入（　　）期；有关地方人民政府应当按照地震应急预案，组织有关部门做好应急防范和抗震救灾准备工作。

A. 应急处置　　　　B. 临震应急　　　　C. 应急救援

答案：B

依据：一、防震减灾法律规定（五）地震应急救援：地震预报意见发布后临震应急期。《中华人民共和国防震减灾法》第四十八条规定，地震预报意见发布后，有关省、自治区、直辖市人民政府根据预报的震情可以宣布有关区域进入临震应急期；有关地方人民政府应当按照地震应急预案，组织有关部门做好应急防范和抗震救灾准备工作。

17. 较大地震灾害发生后，负责组织有关部门启动地震应急预案的是（　　）。

A. 国务院

B. 地震发生地的省、自治区、直辖市人民政府

C. 地震发生地的市、县人民政府

答案：C

依据：一、防震减灾法律规定（五）地震应急救援：地震应急预案的启动主体。《中华人民共和国防震减灾法》第四十九条第二款规定，一般或者较大地震灾害发生后，地震发生地的市、县人民政府负责组织有关部门启动地震应急预案；重大地震灾害发生后，地震发生地的省、自治区、直辖市人民政府负责组织有关部门启动地震应急预案；特别重大地震灾害发生后，国务院负责组织有关部门启动地震应急预案。

18. 地震灾害发生后，应当迅速组织抢救被压埋人员，并组织有关单位和人员开展（　　）。

A. 清扫卫生　　B. 自救互救　　C. 抢救财产

答案：B

依据：一、防震减灾法律规定（五）地震应急救援：自救互救。《中华人民共和国防震减灾法》第五十条规定，地震灾害发生后，抗震救灾指挥机构应当立即组织有关部门和单位迅速查清受灾情况，提出地震应急救援力量的配置方案，并采取以下紧急措施：（一）迅速组织抢救被压埋人员，并组织有关单位和人员开展自救互救；（二）迅速组织实施紧急医疗救护，协调伤员转移和接收与救治；（三）迅速组织抢修毁损的交通、铁路、水利、电力、通信等基础设施；（四）启用应急避难场所或者设置临时避难场所，设置救济物资供应点，提供救济物品、简易住所和临时住所，及时转移和安置受灾群众，确保饮用水消毒和水质安全，积极开展卫生防疫，妥善安排受灾群众生活；（五）迅速控制危险源，封锁危险场所，做好次生灾害的排查与监测预警工作，防范地震可能引发的火灾、水灾、爆炸、山体滑坡和崩塌、泥石流、地面塌陷，或者剧毒、强腐蚀性、放射性物质大量泄漏等次生灾害以及传染病疫情的发生；（六）依法采取维持社会秩序、维护社会治安的必要措施。

19. 地震灾害发生后，抗震救灾指挥机构应当立即组织有关部门和单位迅速查清（　　）。

A. 受灾情况　　B. 人员损伤　　C. 财产损失

答案：A

依据：一、防震减灾法律规定（五）地震应急救援：救援力量调配。《中华人民共和国防震减灾法》第五十条规定，地震灾害发生后，抗震救灾指挥机构应当立即组织有关部门和单位迅速查清受灾情况，提出地震应急救援力量的配置方案，并采取以下紧急措施：（一）迅速组织抢救被压埋人员，并组织有关单位和人员开展自救互救；（二）迅速组织实施紧急医疗救护，协调伤员转移和接收与救治；（三）迅速组织抢修毁损的交通、铁路、水利、电力、通信等基础设施；（四）启用应急避难场所或者设置临时避难场所，设置救济物资供应点，提供救济物品、简易住所和临时住所，及时转移和安置受灾群众，确保饮用水消毒和水质安全，积极开展卫生防疫，妥善安排受灾群众生活；（五）迅速控制危险源，封锁危险场所，做好次生灾害的排查与监测预警工作，防范地震可能引发的火灾、水灾、爆炸、山体滑坡和崩塌、泥石流、地面塌陷，或者剧毒、强腐蚀性、放射性物质大量泄漏等次生灾害以及传染病疫情的发生；（六）依法采取维持社会秩序、维护社会治安的必要措施。

20. 国家地震灾害紧急救援队（对外称中国国际救援队，英文名称为China International Search & Rescue Team，简称CISAR），于2001年4月27日成立，是一支达到了联合国重型救援队标准的专业地震灾害紧急救援队。根据《中华人民共和国防震减灾法》，这支救援队在实施救援时，首先应当（　　）。

A. 抢救重要财产　　B. 维护社会稳定　　C. 开展人员搜救

答案：C

依据：一、防震减灾法律规定（五）地震应急救援：地震灾害紧急救援队救援原则。《中华人民共和国防震减灾法》第五十四条规定，国务院建立国家地震灾害紧急救援队伍。省、自治区、直辖市人民政府和地震重点监视防御区的市、县人民政府可以根据实际需要，充分利用消防等现有队伍，按照一队多用、专职与兼职相结合的原则，建立地震灾害紧急救援队伍。地震灾害紧急救援队伍应当配备相应的装备、器材，开展培训和演练，提高地震灾害紧急救援能力。地震灾害紧急救援队伍在实施救援时，应当首先对倒塌建筑物、构筑物压埋人员进行紧急救援。

21. 地震灾害发生后，（　　）应当启用应急避难场所或者设置临时避难场所，设置救济物资供应点，提供救济物品、简易住所和临时住所，及时转移和安置受灾群众，确保饮用水消毒和水质安全，积极开展卫生防疫，妥善安排受灾群众生活。

A. 抗震救灾指挥机构

B. 国务院地震工作主管部门

C. 地震灾区人民政府

答案：A

依据：一、防震减灾法律规定（五）地震应急救援：避难场所的启用程序。《中华人民共和国防震减灾法》第五十条规定，地震灾害发生后，抗震救灾指挥机构应当立即组织有关部门和单位迅速查清受灾情况，提出地震应急救援力量的配置方案，并采取以下紧急措施：（一）迅速组织抢救被压埋人员，并组织有关单位和人员开展自救互救；（二）迅速组织实施紧急医疗救护，协调伤员转移和接收与救治；（三）迅速组织抢修毁损的交通、铁路、水利、电力、通信等基础设施；（四）启用应急避难场所或者设置临时避难场所，设置救济物资供应点，提供救济物品、简易住所和临时住所，及时转移和安置受灾群众，确保饮用水消毒和水质安全，积极开展卫生防疫，妥善安排受灾群众生活；（五）迅速控制危险源，封锁危险场所，做好次生灾害的排查与监测预警工作，防范地震可能引发的火灾、水灾、爆炸、山体滑坡和崩塌、泥石流、地面塌陷，或者剧毒、强腐蚀性、放射性物质大量泄漏等次生灾害以及传染病疫情的发生；（六）依法采取维持社会秩序、维护社会治安的必要措施。

22. 国务院或者地震灾区的省、自治区、直辖市人民政府应当及时组织对地震灾害损失进行（　　），为地震应急救援、灾后过渡性安置和恢复重建提供依据。

A. 搜集汇总　　　　　B. 调查评估　　　　　C. 核查统计

答案：B

依据：一、防震减灾法律规定（六）地震灾后过渡性安置与恢复重建：灾后损失调查评估。《中华人民共和国防震减灾法》第五十八条第一款规定，国务院或者地震灾区的省、自治区、直辖市人民政府应当及时组织对地震灾害损失进行调查评估，为地震应急救援、灾后过渡性安置和恢复重建提供依据。

23. 地震灾害发生后，当地政府为了更好地安置受灾群众，决定设置过渡性安置点。在讨论过渡性安置点问题时，领导提出过渡性安置点属临时安置，应方便受灾群众。并让其他同志谈谈想法和建议，以下关于过渡性安置的说法正确的是（　　）。

A. 领导 1 说为了更方便群众可以允许对生态脆弱区域造成一定的破坏

B. 领导 2 说过渡性安置点的规模要大，并采取相应的防灾、防疫措施

C. 领导 3 说应当避开地震活动断层区域并且配套建设必要的基础设施

答案：C

依据：一、防震减灾法律规定（六）地震灾后过渡性安置与恢复重建：过渡性安置点设置要求。《中华人民共和国防震减灾法》第六十条规定，过渡性安置点应设置在交通条件便利、方便受灾群众恢复生产和生活的区域，并避开地震活动断层和可能发生严重次生灾害的区域。过渡性安置点的规模应当适度，并采取相应的防灾、防疫措施，配套建设必要的基础设施和公共服务设施，确保受灾群众的安全和基本生活需要。第六十一条规定，实施过渡性安置应当尽量保护农用地，并避免对自然保护区、饮用水水源保护区以及生态脆弱区域造成破坏。过渡性安置用地按照临时用地安排，可以先行使用，事后依法办理有关用地手续；到期未转为永久性用地的，应当复垦后交还原土地使用者。

24. 编制地震灾后恢复重建规划，应当征求有关部门、单位、专家和公众特别是地震灾区受灾群众的意见；重大事项应当组织有关（　　）进行专题论证。

A. 专家　　B. 群众　　C. 领导

答案：A

依据：一、防震减灾法律规定（六）灾后过渡性安置和恢复重建：恢复重建规划论证。《中华人民共和国防震减灾法》第六十六条第三款规定，编制地震灾后恢复重建规划，应当征求有关部门、单位、专家和公众特别是地震灾区受灾群众的意见；重大事项应当组织有关专家进行专题论证。

25. 地震过渡性安置点应当设置在交通条件便利、方便受灾群众恢复生产和生活的区域，并避开（　　）和可能发生严重次生灾害的区域。

A. 地震重点监视防御区

B. 地震灾区

C. 地震活动断层

答案：C

依据：一、防震减灾法律规定（六）灾后过渡性安置和恢复重建：过渡性安置点设置要求。《中华人民共和国防震减灾法》第六十条第一款规定，过渡性安置点应当设置在交通条件便利、方便受灾群众恢复生产和生活的区域，并避开地震活动断层和可能发生严重次生灾害的区域。

26. 过渡性安置点的规模应当（　　），并采取相应的防灾、防疫措施，配套建设必要的基础设施和公共服务设施，确保受灾群众的安全和基本生活需要。

A. 扩大　　B. 适度　　C. 集约

答案：B

依据：一、防震减灾法律规定（六）灾后过渡性安置和恢复重建：过渡性安置点设置规模。《中华人民共和国防震减灾法》第六十条第二款规定，过渡性安置点的规模应当适度，并采取相应的防灾、防疫措施，配套建设必要的基础设施和公共服务设施，确保受灾群众的安全和基本生活需要。

27. 对未依法进行地震安全性评价，或者未按照地震安全性评价报告确定的抗震设防要求进行抗震设防的，应当首先（　　）。

A. 进行通报批评　　B. 责令停产停业　　C. 责令限期改正

答案：C

依据：一、防震减灾法律规定（八）法律责任：地震安全性评价处罚措施。《中华人民共和国防震减灾法》第八十七条规定，未依法进行地震安全性评价，或者未按照地震安全性评价报告所确定的抗震设防要求进行抗震设防的，由国务院地震工作主管部门或者县级以上地方人民政府负责管理地震工作的部门或者机构责令限期改正；逾期不改正的，处三万元以上三十万元以下的罚款。

28. 专用地震监测台网是全国地震监测台网的（　　）。

A. 主体　　B. 补充　　C. 部分

答案：B

依据：二、防震减灾法规规定（一）地震监测管理：专用台网。《地震监测管理条例》第八条规定，全国地震监测台网，由国家地震监测台网、省级地震监测台网和市、县地震监测台网组成。专用地震监测台网和有关单位、个人建设的社会地震监测台站（点）是全国地震监测台网的补充。

29. 专用地震监测台网中止或者终止运行的，应当报所在地省级地震部门（　　）。

A. 备案　　B. 批准　　C. 公布

答案：A

依据：二、防震减灾法规规定（一）地震监测管理：专用台网中止或终止程序。《地震监测管理条例》第十九条第二款规定，专用地震监测台网中止或者终止运行的，应当报所在地省、自治区、直辖市人民政府负责管理地震工作的部门或者机构备案。

30. 同时满足（　　）的规模且可能诱发 5 级以上地震的水库应当建设专用地震监测台网。

A. 坝高 80 米以上、库容 4 亿立方米以上

B. 坝高 100 米以上、库容 5 亿立方米以上

C. 坝高 120 米以上、库容 3 亿立方米以上

答案：B

依据：二、防震减灾法规规定（一）地震监测管理：应当建设专用台网的水库规模。《地震监测管理条例》第十四条规定，下列建设工程应当建设专用地震监测台网：（一）坝高 100 米以上、库容 5 亿立方米以上，且可能诱发 5 级以上地震的水库；（二）受地震破坏后可能引发严重次生灾害的油田、矿山、石油化工等重大建设工程。

31. 国家鼓励利用废弃的油井、矿井和（　　）进行地震监测。

A. 厂房　　B. 设备库　　C. 人防工程

答案：C

依据：二、防震减灾法规规定（一）地震监测管理：利用废弃场所开展地震监测。《地震监测管理条例》第十七条规定，国家鼓励利用废弃的油井、矿井和人防工程进行地震监测。利用废弃的油井、矿井和人防工程进行地震监测的，应当采取相应的安全保障措施。

32. 地震观测环境是地震监测工作的基础和条件。地震观测环境应当按照地震监测设施周围不能有影响其工作效能的干扰源的要求划定保护范围。C 市负责管理地震工作的部门或者机构会同其他有关部门，在划定具体保护范围时，应按照国家有关标准规定的（　　）距离划定。

A. 平均　　B. 最大　　C. 最小

答案：C

依据：二、防震减灾法规规定（一）地震监测管理：地震观测环境保护范围的确定。《地震监测管理条例》第二十七条规定，地震观测环境应当按照地震监测设施周围不能有影响其工作效能的干扰源的要求划定保护范围。具体保护范围，由县级以上人民政府负责管理地震工作的部门或者机构会同其他有关部门，按照国家有关标准规定的最小距离划定。国家有关标准对地震监测设施保护的最小距离尚未作出规定的，由县级以上人民政府负责管理地震工作的部门或者机构会同其他有关部门，按照国家有关标准规定的测试方法、计算公式等，通过现场实测确定。

33. 建设国家重点工程如果确实无法避免对地震监测设施和地震观测环境造成危害的，建设单位应按照地震部门的要求增建抗干扰设施，费用由（　　）承担。

A. 地震部门

B. 建设单位

C. 地震部门和建设单位共同

答案：B

依据：二、防震减灾法规规定（一）地震监测管理：增建抗干扰设施的费用承担。《地震监测管理条例》第三十三条规定，建设国家重点工程，确实无法避免对地震监测设施和地震观测环境造成破坏的，建设单位应当按照县级以上地方人民政府负责管理地震工作的部门或者机构的要求，增建抗干扰设施或者新建地震监测设施后，方可进行建设。需要新建地震监测设施的，县级以上地方人民政府负责管理地震工作的部门或者机构，可以要求新建地震监测设施正常运行 1 年以后，再拆除原地震监测设施。本条第一款、第二款规定的措施所需费用，由建设单位承担。

34. 对外国的组织或者个人未经批准，擅自在中华人民共和国领域和中华人民共和国管辖的其他海域进行地震监测活动的，由国务院地震工作主管部门责令停止违法行为，没收监测成果和监测设施，并处（　　）的罚款。

A. 5000 元以上 5 万元以下

B. 8000 元以上 8 万元以下

C. 1 万元以上 10 万元以下

答案：C

依据： 二、防震减灾法规规定（一）地震监测管理：外国组织或个人在中国管辖范围内违法开展地震监测的行政处罚。《地震监测管理条例》第三十八条规定，违反本条例的规定，外国的组织或者个人未经批准，擅自在中华人民共和国领域和中华人民共和国管辖的其他海域进行地震监测活动的，由国务院地震工作主管部门责令停止违法行为，没收监测成果和监测设施，并处 1 万元以上 10 万元以下的罚款；情节严重的，处 10 万元以上 50 万元以下的罚款。

35. 建设工程确实无法避免对地震监测设施和地震观测环境造成破坏的，建设单位应当按照地震部门的要求，增建抗干扰设施或者新建地震监测设施。新建地震监测设施正常运行（　　）以后，再拆除原地震监测设施。

A. 3 年　　B. 2 年　　C. 1 年

答案：C

依据： 二、防震减灾法规规定（一）地震监测管理：新建地震监测设施运行与拆旧。《地震监测管理条例》第三十三条规定，建设国家重点工程，确实无法避免对地震监测设施和地震观测环境造成破坏的，建设单位应当按照县级以上地方人民政府负责管理地震工作的部门或者机构的要求，增建抗干扰设施或者新建地震监测设施后，方可进行建设。需要新建地震监测设施的，县级以上地方人民政府负责管理地震工作的部门或者机构，可以要求新建地震监测设施正常运行 1 年以后，再拆除原地震监测设施。本条第一款、第二款规定的措施所需费用，由建设单位承担。

36. 县级以上地方人民政府负责管理地震工作的部门或者机构，应当会同有关部门在地震监测设施附近设立（　　）标志，标明地震监测设施和地震观测环境保护的要求。

A. 警示　　B. 提示　　C. 保护

答案：C

依据：二、防震减灾法规规定（一）地震监测管理：地震监测设施和观测环境保护标志。《地震监测管理条例》第二十九条规定，县级以上地方人民政府负责管理地震工作的部门或者机构，应当会同有关部门在地震监测设施附近设立保护标志，标明地震监测设施和地震观测环境保护的要求。

37. 地震预报是指对未来地震发生的震级、时间和地点进行预测预报，根据时间尺度的不同可分为长期预报、中期预报、短期预报和临震预报。对未来一二年内可能发生破坏性地震的地域和强度的预报是（　　）。

A. 长期预报　　B. 中期预报　　C. 短期预报

答案：B

依据：二、防震减灾法规规定（二）地震预报管理：中期预报。《地震预报管理条例》第三条规定，地震预报包括下列类型：（一）地震长期预报，是指对未来 10 年内可能发生破坏性地震的地域的预报；（二）地震中期预报，是指对未来一二年内可能发生破坏性地震的地域和强度的预报；（三）地震短期预报，是指对 3 个月内将要发生地震的时间、地点、震级的预报；（四）临震预报，是指对 10 日内将要发生地震的时间、地点、震级的预报。

38. 新闻媒体刊登或者播发地震预报消息，必须以国务院或省、自治区、直辖市人民政府发布的地震（　　）为准。

A. 监测　　B. 预测　　C. 预报

答案：C

依据：二、防震减灾法规规定（二）地震预报管理：新闻媒体刊登或者播发地震预报信息。《地震预报管理条例》第十四条规定，国家对地震预报实行统一发布制度。全国性的地震长期预报和地震中期预报，由国务院发布。省、自治区、直辖市行政区域内的地震长期预报、地震中期预报、地震短期预报和临震预报，由省、自治区、直辖市人民政府发布。新闻媒体刊登或者播发地震预报消息，必须依照本条例的规定，以国务院或者省、自治区、直辖市人民政府发布的地震预报为准。

39. 已经发布地震短期预报的地区，如果发现明显临震异常，在紧急情况下，当地市、县人民政府可以发布（　　）之内的临震预报，并同时向省、自治区、直辖市人民政府及其负责管理地震工作的机构和中国地震局报告。

A. 72 小时　　　　B. 36 小时　　　　C. 48 小时

答案：C

依据：二、防震减灾法规规定（二）地震预报管理：临震预报。《地震预报管理条例》第十五条规定，已经发布地震短期预报的地区，如果发现明显临震异常，在紧急情况下，当地市、县人民政府可以发布 48 小时之内的临震预报，并同时向省、自治区、直辖市人民政府及其负责管理地震工作的机构和国务院地震工作主管部门报告。

40. 省、自治区、直辖市人民政府负责管理地震工作的机构，在震情跟踪会商中，根据明显临震异常形成的临震预报意见，在紧急情况下，（　　），直接报本级人民政府，并报中国地震局。

A. 必须经过评审　　　　B. 可以不经评审　　　　C. 经过简易评审

答案：B

依据：二、防震减灾法规规定（二）地震预报管理：紧急情况的临震预报。《地震预报管理条例》第十二条规定，省、自治区、直辖市人民政府负责管理地震工作的机构，在震情跟踪会商中，根据明显临震异常形成的临震预报意见，在紧急情况下，可以不经评审，直接报本级人民政府，并报国务院地震工作主管部门。

41. Y 省人民政府地震局对收到的民间研究结果等各种地震预测意见和近期发生的与地震有关的异常现象进行综合分析研究，经过会议，形成地震预报意见。关于这个会议的名称正确的说法是（　　）。

A. 地震预报研究会　　　　B. 地震震情会商会　　　　C. 地震预报发布会

答案：B

依据：二、防震减灾法规规定（二）地震预报管理：地震震情会商会。《地震预报管理条例》第八条规定，国务院地震工作主管部门和省、自治区、直辖市人民政府负责管理地震工作的机构应当组织召开地震震情会商会，对各种地震预测意见和与地震有关的异常现象进行综合分析研究，形成地震预报意见。市、县人民政府负责管理地震工作的机构可以组织召开地震震情会商会，形成地震预报意见，向省、自治区、直辖市人民政府负责管理地震工作的机构报告。

42. 地震预报意见实行评审制度。评审内容不包括（　　）。

A. 地震预报意见的科学性、可能性

B. 地震预报的发布形式

C. 地震预报发布的范围

答案：C

依据：二、防震减灾法规规定（二）地震预报管理：地震预报意见评审。《地震预报管理条例》第九条规定，地震预报意见实行评审制度。评审包括下列内容：（一）地震预报意见的科学性、可能性；（二）地震预报的发布形式；（三）地震预报发布后可能产生的社会、经济影响。

43. 省、自治区、直辖市行政区域内的地震长期预报、地震中期预报、地震短期预报和临震预报，由省、自治区、直辖市（　　）发布。

A. 人民政府

B. 地震工作部门

C. 人民政府和地震工作部门联合

答案：A

依据：二、防震减灾法规规定（二）地震预报管理：地震预报发布主体。《地震预报管理条例》第十四条规定，国家对地震预报实行统一发布制度。全国性的地震长期预报和地震中期预报，由国务院发布。省、自治区、直辖市行政区域内的地震长期预报、地震中期预报、地震短期预报和临震预报，由省、自治区、直辖市人民政府发布。新闻媒体刊登或者播发地震预报消息，必须依照本条例的规定，以国务院或者省、自治区、直辖市人民政府发布的地震预报为准。

44. N是一家世界知名的新闻媒体，在对多位专家进行深度访谈的基础上，形成了地震领域公众关注问题的文章刊登在其纸质媒体和网站上，为配合该文章，该媒体还在其显著位置刊登了据说是来自专家的地震预报消息。该消息与前一日政府发布的地震预报在震级上相差0.2度。以下说法正确的是（　　）。

A. 媒体要想刊登地震预报消息需要经地震部门的授权

B. 世界知名媒体的文章是地震预报消息的可靠来源

C. 媒体刊登地震预报应当以政府发布的地震预报为准

答案：C

依据：二、防震减灾法规规定（二）地震预报管理：地震预报发布。《地震预报管理条例》第十四条规定，国家对地震预报实行统一发布制度。全国性的地震长期预报和地震中期预报，由国务院发布。省、自治区、直辖市行政区域内的地震长期预报、地震中期预报、地震短期预报和临震预报，由省、自治区、直辖市人民政府发布。新闻媒体刊登或者播发地震预报消息，必须依照本条例的规定，以国务院或者省、自治区、直辖市人民政府发布的地震预报为准。

45. 地震短期预报和临震预报在发布预报的时域、地域内有效。预报期内未发生地震的，原发布机关应当做出撤销或者延期的决定，向（　　）公布，并妥善处理善后事宜。

A. 社会　　B. 单位　　C. 政府

答案：A

依据：二、防震减灾法规规定（二）地震预报管理：地震预报的撤销或者延期。《地震预报管理条例》第十六条规定，地震短期预报和临震预报在发布预报的时域、地域内有效。预报期内未发生地震的，原发布机关应当做出撤销或者延期的决定，向社会公布，并妥善处理善后事宜。

46. 县级以上人民政府负责项目审批的部门，应当将抗震设防要求纳入建设工程（　　）的审查内容。对其中未包含抗震设防要求的项目，不予批准。

A. 立项建议书　　B. 可行性研究报告　　C. 环境影响评价报告

答案：B

依据：二、防震减灾法规规定（三）地震安全性评价管理：抗震设防要求纳入建设工程可行性研究报告审查内容。《地震安全性评价管理条例》第十三条规定，县级以上人民政府负责项目审批的部门，应当将抗震设防要求纳入建设工程可行性研究报告的审查内容。对可行性研究报告中未包含抗震设防要求的项目，不予批准。

47. 经过研究选址，决定在某市建设核电站和相关核设施。核电站受地震破坏后可能引发放射性污染，依法应进行地震安全性评价，通过审定地震安全性评价报告，确定抗震设防要求。请问负责审定该核电站地震安全性评价报告的部门或机构是（　　）。

A. 国务院地震工作主管部门

B. 所在省政府负责管理地震工作的部门或者机构

C. 所在市政府负责管理地震工作的部门或者机构

答案：A

依据：二、防震减灾法规规定（三）地震安全性评价管理：国务院地震工作主管部门审定安评报告的范围。《地震安全性评价管理条例》第十条第一款规定，国务院地震工作主管部门负责下列地震安全性评价报告的审定：（一）国家重大建设工程；（二）跨省、自治区、直辖市行政区域的建设工程；（三）核电站和核设施建设工程。

48. 国务院地震工作主管部门负责（　　）地震安全性评价报告的审定。

A. 国家重大建设工程

B. 直辖市的建设工程

C. 民族自治区的建设工程

答案：A

依据：二、防震减灾法规规定（三）地震安全性评价管理：国务院地震工作主管部门审定安评报告的范围。《地震安全性评价管理条例》第十条第一款规定，国务院地震工作主管部门负责下列地震安全性评价报告的审定：（一）国家重大建设工程；（二）跨省、自治区、直辖市行政区域的建设工程；（三）核电站和核设施建设工程。

49. 建设工程抗震设防，对（　　）建设工程必须进行地震安全性评价。

A. 一般工业　　B. 民用　　C. 核电站

答案：C

依据：二、防震减灾法规规定（三）地震安全性评价管理：必须进行地震安全性评价的建设工程范围。《地震安全性评价管理条例》第八条规定，下列建设工程必须进行地震安全性评价：（一）国家重大建设工程；（二）受地震破坏后可能引发水灾、火灾、爆炸、剧毒或者强腐蚀性物质大量泄露或者其他严重次生灾害的建设工程，包括水库大坝、堤防和贮油、贮气、贮存易燃易爆、剧毒或者强腐蚀性物质的设施以及其他可能发生严重次生灾害的建设工程；（三）受地震破坏后可能引发放射性污染的核电站和核设施建设工程；（四）省、自治区、直辖市认为对本行政区域有重大价值或者有重大影响的其他建设工程。

50. 水库地震监测台网和地震监测设施确需中止或者终止的，应当提前（　　）报所在地省、自治区、直辖市人民政府负责管理地震工作的部门或者机构备案。

A. 3 个月　　B. 6 个月　　C. 12 个月

答案：B

依据：三、防震减灾规章规定（二）水库地震监测管理：水库监测台网中止或终止备案程序。《水库地震监测管理办法》第十八条第二款规定，水库地震监测台网和地震监测设施正式运行后，不得擅自中止或者终止。确需中止或者终止的，应当提前 6 个月报所在地省、自治区、直辖市人民政府负责管理地震工作的部门或者机构备案。

51. 水库地震监测台网的建设资金和运行经费由（　　）承担。

A. 地震部门

B. 水库建设单位

C. 社会募捐的款项

答案：B

依据：三、防震减灾规章规定（二）水库地震监测管理：水库监测台网的建设运行费用承担主体。《水库地震监测管理办法》第四条规定，水库地震监测台网的建设资金和运行经费由水库建设单位承担。

52. 有下列违法行为之一的，按照《中华人民共和国防震减灾法》《地震监测管理条例》的规定，追究法律责任，不包括（　　）。

A. 水库内张网捕鱼

B. 破坏水库地震监测设施

C. 危害水库地震观测环境

答案：A

依据：三、防震减灾规章规定（二）水库地震监测管理：法律责任。《水库地震监测管理办法》第二十五条规定，有下列违法行为之一的，按照《中华人民共和国防震减灾法》、《地震监测管理条例》的规定，追究法律责任：（一）破坏水库地震监测设施的；（二）危害水库地震观测环境的；（三）外国的组织或个人违法从事水库地震监测活动的。

多选题

1. 防震减灾规划的内容应当包括（　　）。

A. 震情形势和防震减灾总体目标

B. 地震监测台网建设布局

C. 地震灾害预防措施

D. 地震应急救援措施

答案：ABCD

依据：一、防震减灾法律规定（二）防震减灾规划：内容要求。《中华人民共和国防震减灾法》第十四条规定，防震减灾规划的内容应当包括：震情形势和防震减灾总体目标，地震监测台网建设布局，地震灾害预防措施，地震应急救援措施，以及防震减灾技术、信息、资金、物资等保障措施。编制防震减灾规划，应当对地震重点监视防御区的地震监测台网建设、震情跟踪、地震灾害预防措施、地震应急准备、防震减灾知识宣传教育等作出具体安排。

2. 某研究机构的研究员王某主要从事地震的成因、活动趋势等科学研究工作，最近其所在团队得出川滇地区中长期地震活动趋势的研究成果，王某本人也因成果丰硕受邀参加该地区地震预报意见的评审。以下关于王某的行为不符合法律规定的有（　　）。

A. 公开发表地震活动研究成果

B. 参加学术会议交流研究成果

C. 向社会散布地震预测意见

D. 在本人朋友圈发评审结果

答案：CD

依据：一、防震减灾法律规定（三）地震监测预报：禁止散布地震预测意见、地震预报意见及其评审结果。《中华人民共和国防震减灾法》第二十九条规定，国家对地震预报意见实行统一发布制度。全国范围内的地震长期和中期预报意见，由国务院发布。省、自治区、直辖市行政区域内的地震预报意见，由省、自治区、直辖市人民政府按照国务院规定的程序发布。除发表本人或者本单位对长期、中期地震活动趋势的研究成果及进行相关学术交流外，任何单位和个人不得向社会散布地震预测意见。任何单位和个人不得向社会散布地震预报意见及其评审结果。

3. 村民王某发现自家井水发浑、冒泡、翻花，想到村里的老人曾说过“井水是个宝，前兆来得早”，认为是与地震有关的异常现象，应当向有关部门报告此情况。请问他可以选择的报告部门有（　　）。

A. 所在地村委会

B. 所在地县政府

C. 所在地县地震局

D. 中国地震局

答案：CD

依据：一、防震减灾法律规定（三）地震监测预报：异常现象报告。《中华人民共和国防震减灾法》第二十七条规定，观测到可能与地震有关的异常现象的单位和个人，可以向所在地县级以上地方人民政府负责管理地震工作的部门或者机构报告，也可以直接向国务院地震工作主管部门报告。国务院地震工作主管部门和县级以上地方人民政府负责管理地震工作的部门或者机构接到报告后，应当进行登记并及时组织调查核实。

4. 全国范围内的地震（　　）预报意见，由国务院发布。省、自治区、直辖市行政区域内的地震预报意见，由省、自治区、直辖市人民政府按照国务院规定的程序发布。

A. 临震　　B. 短期　　C. 中期　　D. 长期

答案：CD

依据：一、防震减灾法律规定（三）地震监测预报：地震长期和中期预报意见的发布。《中华人民共和国防震减灾法》第二十九条规定，国家对地震预报意见实行统一发布制度。全国范围内的地震长期和中期预报意见，由国务院发布。省、自治区、直辖市行政区域内的地震预报意见，由省、自治区、直辖市人民政府按照国务院规定的程序发布。除发表本人或者本单位对长期、中期地震活动趋势的研究成果及进行相关学术交流外，任何单位和个人不得向社会散布地震预测意见。任何单位和个人不得向社会散布地震预报意见及其评审结果。

5. 国家对地震监测台网实行统一规划，分级、分类管理。全国地震监测台网由（　　）组成，其建设资金和运行经费列入财政预算。

A. 国家级地震监测台网

B. 省级地震监测台网

C. 市、县级地震监测台网

D. 乡镇地震监测台网

答案：ABC

依据：一、防震减灾法律规定（三）地震监测预报：全国地震监测台网的组成。《中华人民共和国防震减灾法》第十八条规定，国家对地震监测台网实行统一规划，分级、分类管理。国务院地震工作主管部门和县级以上地方人民政府负责管理地震工作的部门或者机构，按照国务院有关规定，制定地震监测台网规划。全国地震监测台网由国家级地震监测台网、省级地震监测台网和市、县级地震监测台网组成，其建设资金和运行经费列入财政预算。

6. 为提高公民在地震灾害中自救互救的能力，县级人民政府及其有关部门和乡、镇人民政府、城市街道办事处等基层组织，应当组织开展地震应急知识的宣传普及活动和必要的地震应急救援演练。以下应当按照所在地人民政府的要求，结合各自实际情况，加强对本单位人员的地震应急知识宣传教育，开展地震应急救援演练的单位有（　　）。

A. 机关　　B. 学校　　C. 团体　　D. 企业

答案：ABCD

依据：一、防震减灾法律规定（四）地震灾害预防：应当开展地震应急救援演练的主体。《中华人民共和国防震减灾法》第四十四条规定，县级人民政府及其有关部门和乡、镇人民政府、城市街道办事处等基层组织，应当组织开展地震应急知识的宣传普及活动和必要的地震应急救援演练，提高公民在地震灾害中自救互救的能力。机关、团体、企业、事业等单位，应当按照所在地人民政府的要求，结合各自实际情况，加强对本单位人员的地震应急知识宣传教育，开展地震应急救援演练。学校应当进行地震应急知识教育，组织开展必要的地震应急救援演练，培养学生的安全意识和自救互救能力。新闻媒体应当开展地震灾害预防和应急、自救互救知识的公益宣传。国务院地震工作主管部门和县级以上地方人民政府负责管理地震工作的部门或者机构，应当指导、协助、督促有关单位做好防震减灾知识的宣传教育和地震应急救援演练等工作。

7. 城乡规划应当根据地震应急避难的需要统筹安排应急避难场所需要的基础设施建设，包括（　　）。

A. 交通　　B. 供水　　C. 供电　　D. 排污

答案：ABCD

依据：一、防震减灾法律规定（四）地震灾害预防：应急避难场所的基础设施建设。《中华人民共和国防震减灾法》第四十一条规定，城乡规划应当根据地震应急避难的需要，合理确定应急疏散通道和应急避难场所，统筹安排地震应急避难所必需的交通、供水、供电、排污等基础设施建设。

8. 指导、协助和督促有关单位做好防震减灾知识的宣传教育和地震应急救援演练等工作是（　　）的职责。

A. 国务院

B. 国务院地震工作主管部门

C. 县级以上人民政府负责管理地震工作的部门或机构

D. 县级以上人民政府

答案：BC

依据：一、防震减灾法律规定（四）地震灾害预防：指导、协助和督促做好防震减灾科普宣传和地震应急救援的责任主体。《中华人民共和国防震减灾法》第四十四条第五款规定，国务院地震工作主管部门和县级以上地方人民政府负责管理地震工作的部门或者机构，应当指导、协助、督促有关单位做好防震减灾知识的宣传教育和地震应急救援演练等工作。

9. 应当按照国务院有关规定进行地震安全性评价的建设工程包括（　　）。

A. 一般建设工程

B. 重大建设工程

C. 可能发生严重次生灾害的建设工程

D. 改建的建设工程

答案：BC

依据：一、防震减灾法律规定（四）地震灾害预防：重大建设工程和可能发生严重次生灾害的建设工程的抗震设防要求。《中华人民共和国防震减灾法》第三十五条第二款规定，重大建设工程和可能发生严重次生灾害的建设工程，应当按照国务院有关规定进行地震安全性评价，并按照经审定的地震安全性评价报告所确定的抗震设防要求进行抗震设防。建设工程的地震安全性评价单位应当按照国家有关标准进行地震安全性评价，并对地震安全性评价报告的质量负责。

10. 根据《中华人民共和国防震减灾法》，某些已经建成的建设工程，未采取抗震设防措施或者抗震设防措施未达到抗震设防要求的，应当按照国家有关规定进行抗震性能鉴定，并采取必要的抗震加固措施。以下属于这类工程的包括（　　）。

A. 历史博物馆

B. 医院

C. 地震重点监视防御区内的建设工程

D. 学校教学楼

答案：ABCD

依据：一、防震减灾法律规定（四）地震灾害预防：需要进行抗震性能鉴定、抗震加固的已建工程范围。《中华人民共和国防震减灾法》第三十九条规定，已经建成的下列建设工程，未采取抗震设防措施或者抗震设防措施未达到抗震设防要求的，应当按照国家有关规定进行抗震性能鉴定，并采取必要的抗震加固措施：（一）重大建设工程；（二）可能发生严重次生灾害的建设工程；（三）具有重大历史、科学、艺术价值或者重要纪念意义的建设工程；（四）学校、医院等人员密集场所的建设工程；（五）地震重点监视防御区内的建设工程。

11. 应当达到抗震设防要求的建设工程包括以下哪些建设工程（　　）。

A. 建成　　B. 新建　　C. 改建　　D. 扩建

答案：BCD

依据：一、防震减灾法律规定（四）地震灾害预防：建设工程的抗震设防要求。《中华人民共和国防震减灾法》第三十五条第一款规定，新建、扩建、改建建设工程，应当达到抗震设防要求。

12. 地震震情和灾情等信息对抗震救灾非常重要。地震灾区的县级以上地方人民政府应当及时将地震震情和灾情等信息向上一级人民政府报告，不得（　　）。

A. 虚假上报　　B. 延迟上报　　C. 越级上报　　D. 隐瞒上报

答案：ABD

依据：一、防震减灾法律规定（五）地震应急救援：信息上报。《中华人民共和国防震减灾法》第五十二条规定，地震灾区的县级以上地方人民政府应当及时将地震震情和灾情等信息向上一级人民政府报告，必要时可以越级上报，不得迟报、谎报、瞒报。地震震情、灾情和抗震救灾等信息按照国务院有关规定实行归口管理，统一、准确、及时发布。

13. 以下地震信息应当按照国务院有关规定实行归口管理，统一、准确、及时发布的有（　　）。

A. 抗震救灾信息

B. 余震信息

C. 地震灾情信息

D. 地震震情信息

答案：ABCD

依据：一、防震减灾法律规定（五）地震应急救援：信息发布。《中华人民共和国防震减灾法》第五十二条规定，地震灾区的县级以上地方人民政府应当及时将地震震情和灾情等信息向上一级人民政府报告，必要时可以越级上报，不得迟报、谎报、瞒报。地震震情、灾情和抗震救灾等信息按照国务院有关规定实行归口管理，统一、准确、及时发布。

14. 地震应急预案的内容应当包括（　　）。

A. 组织指挥体系及其职责

B. 预防和预警机制

C. 处置程序

D. 应急响应和应急保障措施

答案：ABCD

依据：一、防震减灾法律规定（五）地震应急救援：地震应急预案内容。《中华人民共和国防震减灾法》第四十七条第一款规定，地震应急预案的内容应当包括：组织指挥体系及其职责，预防和预警机制，处置程序，应急响应和应急保障措施等。

15. C省W县的8.0级地震发生后，地震灾区的S城由于受损严重需要异地新建，在新建选址时，组织各方代表讨论并提出建议。以下恢复重建和选址的建议符合法律要求的有（　　）。

A. 应当符合地震灾后恢复重建规划

B. 应当高于原址抗震设防要求

C. 应当避开传染病自然疫源地

D. 应当建设大地震科普资料馆

答案：AC

依据：一、防震减灾法律规定（六）灾后过渡性安置和恢复重建：选址要求。《中华人民共和国防震减灾法》第六十七条规定，地震灾后恢复重建规划应当根据地质条件和地震活动断层分布以及资源环境承载能力，重点对城镇和乡村的布局、基础设施和公共服务设施的建设、防灾减灾和生态环境以及自然资源和历史文化遗产保护等作出安排。地震灾区内需要异地新建的城镇和乡村的选址以及地震灾后重建工程的选址，应当符合地震灾后恢复重建规划和抗震设防、防灾减灾要求，避开地震活动断层或者生态脆弱和可能发生洪水、山体滑坡和崩塌、泥石流、地面塌陷等灾害的区域以及传染病自然疫源地。

16. 可以对未依法进行地震安全性评价或者未按照地震安全性评价报告所确定的抗震设防要求进行抗震设防的行为进行处罚的是（　　）。

A. 中国地震局　　B. 省地震局　　C. 市县地震局　　D. 国家发改委

答案：ABC

依据：一、防震减灾法律规定（七）监督管理和法律责任：处罚主体。《中华人民共和国防震减灾法》第八十七条规定，未依法进行地震安全性评价，或者未按照地震安全性评价报告所确定的抗震设防要求进行抗震设防的，由国务院地震工作主管部门或者县级以上地方人民政府负责管理地震工作的部门或者机构责令限期改正；逾期不改正的，处三万元以上三十万元以下的罚款。

17. 我国已经建成基本覆盖全部国土的地震监测台网。全国地震监测台网由下列哪些地震监测台网组成？（　　）

A. 国家地震监测台网

B. 省级地震监测台网

C. 市、县地震监测台网

D. 专用地震监测台网

答案：ABC

依据：二、防震减灾法规规定（一）地震监测管理：全国地震监测台网的组成。《地震监测管理条例》第八条规定，全国地震监测台网，由国家地震监测台网、省级地震监测台网和市、县地震监测台网组成。专用地震监测台网和有关单位、个人建设的社会地震监测台站（点）是全国地震监测台网的补充。

18. 发生 5.5 振动事件的虎门大桥，其安装的强震动监测系统提供了长达 10 年的连续监测数据，为大桥的机构评估和应急处置提供了重要的基础数据。根据《地震监测管理条例》，以下建设工程应当按照国家有关规定，设置强震动监测设施的有（　　）。

A. 发射塔

B. 单孔跨径 100 米的公路桥梁

C. 核电站

D. 水库大坝

答案：ACD

依据：二、防震减灾法规规定（一）地震监测管理：重大工程应设置强震动监测设置。《地震监测管理条例》第十五条规定，核电站、水库大坝、特大桥梁、发射塔等重大建设工程应当按照国家有关规定，设置强震动监测设施。参考《公路工程技术标准》（JTG B01—2014）第 6.0.2 条规定，公路特大桥梁按照跨径分类，包括多孔跨径总长 1000 米以上，以及单孔跨径 150 米以上的公路桥梁。

19. 根据《地震监测管理条例》，下列地震监测设施中，禁止占用、拆除、损坏的有（　　）。

A. 地震监测仪器

B. 地震监测标志

C. 用于地震监测的供水设施

D. 地震监测中继站用房

答案：ABCD

依据：二、防震减灾法规规定（一）地震监测管理：地震监测设施保护。《地震监测管理条例》第二十六条规定，禁止占用、拆除、损坏下列地震监测设施：（一）地震监测仪器、设备和装置；（二）供地震监测使用的山洞、观测井（泉）；（三）地震监测台网中心、中继站、遥测点的用房；（四）地震监测标志；（五）地震监测专用无线通信频段、信道和通信设施；（六）用于地震监测的供电、供水设施。

20. 刘某是民营企业家，业余时间喜欢进行科学研究。最近，他根据自己多年搜集的资料和观测到的异常现象，研究得出关于 C 地区的地震预测意见，以下他的做法不符合法律规定的有（　　）。

A. 申请与科研机构合作继续开展这方面研究

B. 直接给中国地震局邮寄书面地震预测意见

C. 在自己的朋友圈发布 C 地区可能发生地震

D. 在企业家大会上发布 C 地区可能发生地震

答案：CD

依据：二、防震减灾法规规定（二）地震预报管理：禁止散布地震预测意见。《地震预报管理条例》第六条规定，任何单位和个人根据地震观测资料和研究结果提出的地震预测意见，应当向所在地或者所预测地区的县级以上地方人民政府负责管理地震工作的机构书面报告，也可以直接向国务院地震工作主管部门书面报告，不得向社会散布。任何单位和个人不得向国（境）外提出地震预测意见；但是，以长期、中期地震活动趋势研究成果进行学术交流的除外。

21. Y 省人民政府在综合分析研究各种地震预测意见和与地震有关的异常现象的基础上，经过会议决定形成地震预报意见。地震预报意见需要进行评审，以下属于地震预报意见评审内容的有（　　）。

A. 地震预报发布的形式

B. 地震预报发布的主体

C. 地震预报发布后可能产生的影响

D. 地震预报意见的可能性

答案：ACD

依据：二、防震减灾法规规定（二）地震预报管理：地震预报意见评审内容。《地震预报管理条例》第九条规定，地震预报意见实行评审制度。评审包括下列内容：（一）地震预报意见的科学性、可能性；（二）地震预报的发布形式；（三）地震预报发布后可能产生的社会、经济影响。

22. 关于地震预报，下列说法正确的是（　　）。

A. 地震长期预报，是指对未来 10 年内可能发生破坏性地震的地域的预报。

B. 地震中期预报，是指对未来一二年内可能发生破坏性地震的地域和强度的预报。

C. 地震短期预报，是指对 3 个月内将要发生地震的时间、地点、震级的预报。

D. 临震预报，是指对 10 日内将要发生地震的时间、地点、震级的预报。

答案：ABCD

依据：二、防震减灾法规规定（二）地震预报管理：地震预报类型。《地震预报管理条例》第三条规定，地震预报包括下列类型：（一）地震长期预报，是指对未来 10 年内可能发生破坏性地震的地域的预报；（二）地震中期预报，是指对未来一二年内可能发生破坏性地震的地域和强度的预报；（三）地震短期预报，是指对 3 个月内将要发生地震的时间、地点、震级的预报；（四）临震预报，是指对 10 日内将要发生地震的时间、地点、震级的预报。

23. A 公司正在洽谈一项重大工程的地震安全性评价业务，为了增加竞争力，A 公司邀请到行业评价更高的 B 公司来合作，并以 B 公司的名义承揽地震安全性评价业务。取得这项业务后，A 公司组织人员认真编制了该工程的地震安全性评价报告。以下说法错误的有（　　）。

A. A 公司不得以 B 公司名义承揽地震安全性评价业务

B. B 公司可以以 A 公司名义承揽地震安全性评价业务

C. A 公司需要有地震安全性评价资质才能承揽地震安全性评价业务

D. B 公司需要有地震安全性评价资质才能承揽地震安全性评价业务

答案：BCD

依据：二、防震减灾法规规定（三）地震安全性评价管理：地震安全性评价单位的禁止性行为。《地震安全性评价管理条例》第七条规定，禁止地震安全性评价单位以其他地震安全性评价单位的名义承揽地震安全性评价业务。禁止地震安全性评价单位允许其他单位以本单位的名义承揽地震安全性评价业务。

2017 年《国务院关于修改和废止部分行政法规的决定》（国务院令第 676 号）已删除了《地震安全性评价管理条例》中关于地震安全性评价单位资质的相关条文。

24. 某省推出安全城市行动计划，要求对其行政区域内的建筑工程开展抗震安全大检查，在检查中以下工程需要进行地震安全性评价的有（　　）。

A. 贮油设施

B. 水库大坝

C. 小型影剧院

D. 省政府确定的省重大价值工程

答案：ABD

依据：二、防震减灾法规规定（三）地震安全性评价管理：必须进行地震安全性评价的建设工程范围。《地震安全性评价管理条例》第八条规定，下列建设工程必须进行地震安全性评价：（一）国家重大建设工程；（二）受地震破坏后可能引发水灾、火灾、爆炸、剧毒或者强腐蚀性物质大量泄露或者其他严重次生灾害的建设工程，包括水库大坝、堤防和贮油、贮气、贮存易燃易爆、剧毒或者强腐蚀性物质的设施以及其他可能发生严重次生灾害的建设工程；（三）受地震破坏后可能引发放射性污染的核电站和核设施建设工程；（四）省、自治区、直辖市认为对本行政区域有重大价值或者有重大影响的其他建设工程。

25. 从事地震安全性评价的单位应具备下列条件（　　）。

A. 有与从事地震安全性评价相适应的地震学方面的专业技术人员

B. 有大型地震安全性评价设备

C. 有从事地震安全性评价的技术条件

D. 有野外勘探先进技术装备

答案：AC

依据：二、防震减灾法规规定（三）地震安全性评价管理：从事地震安全性评价的单位应当具备的条件。《地震安全性评价管理条例》第六条规定，从事地震安全性评价的单位应当具备下列条件：（一）有与从事地震安全性评价相适应的地震学、地震地质学、工程地震学方面的专业技术人员；（二）有从事地震安全性评价的技术条件。

26. 水库地震监测台网和地震监测设施验收合格后，水库建设单位应当将竣工报告、验收意见，报送至（　　）。

A. 所在地省、自治区、直辖市人民政府负责管理地震工作的部门或者机构备案

B. 并同时抄报国务院地震工作主管部门

C. 所在地省、自治区、直辖市人民政府备案

D. 并同时抄报上一级地震工作主管部门

答案：AB

依据： 三、防震减灾规章规定（二）水库地震监测管理：水库地震监测台网和地震监测设施验收备案程序。《水库地震监测管理办法》第十七条规定，水库地震监测台网和地震监测设施验收合格后，水库建设单位应当将竣工报告、验收意见，报所在地省、自治区、直辖市人民政府负责管理地震工作的部门或者机构备案，并同时抄报国务院地震工作主管部门。

判断题

1. 防震减灾事关人民生命和财产安全，国家鼓励、引导志愿者参加防震减灾活动。

答案：正确

依据： 一、防震减灾法律规定（一）防震减灾法总则：群测群防。《中华人民共和国防震减灾法》第八条规定，任何单位和个人都有依法参加防震减灾活动的义务。国家鼓励、引导社会组织和个人开展地震群测群防活动，对地震进行监测和预防。国家鼓励、引导志愿者参加防震减灾活动。

2. 任何单位和个人都有依法参加防震减灾活动的义务。

答案：正确

依据： 一、防震减灾法律规定（一）防震减灾法总则：单位和个人参加防震减灾活动的义务。《中华人民共和国防震减灾法》第八条第一款规定，任何单位和个人都有依法参加防震减灾活动的义务。

3. 对在防震减灾工作中做出突出贡献的单位和个人，可按照国家有关规定给予表彰和奖励。

答案：正确

依据：一、防震减灾法律规定（一）防震减灾法总则：表彰和奖励。《中华人民共和国防震减灾法》第十一条规定，国家鼓励、支持防震减灾的科学技术研究，逐步提高防震减灾科学技术研究经费投入，推广先进的科学研究成果，加强国际合作与交流，提高防震减灾工作水平。对在防震减灾工作中做出突出贡献的单位和个人，按照国家有关规定给予表彰和奖励。

4. 防震减灾规划报送审批前，组织编制机关应当征求有关部门、单位、专家和公众的意见。

答案：正确

依据：一、防震减灾法律规定（二）防震减灾规划：防震减灾规划征求意见范围。《中华人民共和国防震减灾法》第十五条规定，防震减灾规划报送审批前，组织编制机关应当征求有关部门、单位、专家和公众的意见。防震减灾规划报送审批文件中应当附具意见采纳情况及理由。

5. 编制防震减灾规划是服务国民经济和社会发展的需要，是服务人民地震安全需求的举措。编制防震减灾规划，应当遵循统筹安排、突出重点、合理布局、全面预防的原则，以震情和震害预测结果为依据，无须考虑经济社会发展、资源环境保护。

答案：错误

依据：一、防震减灾法律规定（二）防震减灾规划：防震减灾规划的编制。《中华人民共和国防震减灾法》第十三条第一款规定，编制防震减灾规划，应当遵循统筹安排、突出重点、合理布局、全面预防的原则，以震情和震害预测结果为依据，并充分考虑人民生命和财产安全及经济社会发展、资源环境保护等需要。

6. 核电站是安全性要求极高的特殊工程，在其周边地区发生有感以上的地震，都可能影响到核电站的正常安全运行。当地政府应建设专用地震监测台网或强震动监测设施，并承担其运行经费，做好核电站防震减灾工作。

答案：错误

依据：一、防震减灾法律规定（三）地震监测预报：专用地震监测台网或强震动监测设施的建设资金承担。《中华人民共和国防震减灾法》第十九条规定，水库、油田、核电站等重大建设工程的建设单位，应当按照国务院有关规定，建设专用地震监测台网或者强震动监测设施，其建设资金和运行经费由建设单位承担。

7. 当前在地震监测系统的运行中，监测设施周边由于各类城市建设活动对其观测环境造成不良影响的事件时有发生，因而迫切需要城市结合自身的城镇建设来对其地震监测设施进行统筹布局并对相应观测环境进行保护。除国有建设单位外，其他单位和个人不得侵占、毁损、拆除或者擅自移动地震监测设施。

答案：错误

依据：一、防震减灾法律规定（三）地震监测预报：地震监测设施和地震观测环境保护。《中华人民共和国防震减灾法》第二十三条规定，国家依法保护地震监测设施和地震观测环境。任何单位和个人不得侵占、毁损、拆除或者擅自移动地震监测设施。地震监测设施遭到破坏的，县级以上地方人民政府负责管理地震工作的部门或者机构应当采取紧急措施组织修复，确保地震监测设施正常运行。任何单位和个人不得危害地震观测环境。国务院地震工作主管部门和县级以上地方人民政府负责管理地震工作的部门或者机构会同同级有关部门，按照国务院有关规定划定地震观测环境保护范围，并纳入土地利用总体规划和城乡规划。

8. 某地要新建国家重点工程，无法避免对地震监测设施和地震观测环境造成危害。根据《中华人民共和国防震减灾法》的规定，应当先由县级以上地方人民政府新建地震监测设施。

答案：错误

依据： 一、防震减灾法律规定（三）地震监测预报：地震监测设施和地震观测环境保护。《中华人民共和国防震减灾法》第二十四条第一款规定，新建、扩建、改建建设工程，应当避免对地震监测设施和地震观测环境造成危害。建设国家重点工程，确实无法避免对地震监测设施和地震观测环境造成危害的，建设单位应当按照县级以上地方人民政府负责管理地震工作的部门或者机构的要求，增建抗干扰设施；不能增建抗干扰设施的，应当新建地震监测设施。

9. 海域地震发生后，县级以上地方人民政府负责管理地震工作的部门或者机构，应当及时向海洋主管部门和当地海事管理机构等通报情况。

答案：正确

依据： 一、防震减灾法律规定（三）地震监测预报：海域地震发生后通报情况要求。《中华人民共和国防震减灾法》第二十二条规定，沿海县级以上地方人民政府负责管理地震工作的部门或者机构，应当加强海域地震活动监测预测工作。海域地震发生后，县级以上地方人民政府负责管理地震工作的部门或者机构，应当及时向海洋主管部门和当地海事管理机构等通报情况。火山所在地的县级以上地方人民政府负责管理地震工作的部门或者机构，应当利用地震监测设施和技术手段，加强火山活动监测预测工作。

10. 地震重点监视防御区的县级以上人民政府应当在本级财政预算和物资储备中安排抗震救灾资金、物资。

答案：正确

依据： 一、防震减灾法律规定（四）地震灾害预防：重点监视防御区财政物资保障。《中华人民共和国防震减灾法》第四十二条规定，地震重点监视防御区的县级以上地方人民政府应当根据实际需要，在本级财政预算和物资储备中安排抗震救灾资金、物资。

11. 学校、医院等人员密集场所的建设工程应按照地震安全性评价报告确定的要求进行抗震设防。

答案：错误

依据：一、防震减灾法律规定（四）地震灾害预防：学校、医院等人员密集场所建设工程的抗震设防要求。学校、医院等人员密集场所的建设工程属一般工程，但其设计应高于一般工程抗震设防。《中华人民共和国防震减灾法》第三十五条第三款规定，前款规定以外的建设工程，应当按照地震烈度区划图或者地震动参数区划图所确定的抗震设防要求进行抗震设防；对学校、医院等人员密集场所的建设工程，应当按照高于当地房屋建筑的抗震设防要求进行设计和施工，采取有效措施，增强抗震设防能力。

12. 省、自治区、直辖市人民政府负责管理地震工作的部门或机构负责制定全国地震烈度区划图。

答案：错误

依据：一、防震减灾法律规定（四）地震灾害预防：全国地震烈度区划图的制定主体。《中华人民共和国防震减灾法》第三十四条第一款规定，国务院地震工作主管部门负责制定全国地震烈度区划图或者地震动参数区划图。

13. 农村民居也应按照抗震设防要求进行抗震设防。

答案：正确

依据：一、防震减灾法律规定（四）地震灾害预防：农村民居抗震设防要求。《中华人民共和国防震减灾法》第四十条规定，县级以上地方人民政府应当加强对农村村民住宅和乡村公共设施抗震设防的管理，组织开展农村实用抗震技术的研究和开发，推广达到抗震设防要求、经济适用、具有当地特色的建筑设计和施工技术，培训相关技术人员，建设示范工程，逐步提高农村村民住宅和乡村公共设施的抗震设防水平。国家对需要抗震设防的农村村民住宅和乡村公共设施给予必要支持。

14. 有关建设工程的强制性标准可以与抗震设防要求不一致。

答案：错误

依据：一、防震减灾法律规定（四）地震灾害预防：建设工程强制性标准与抗震设防要求的衔接。《中华人民共和国防震减灾法》第三十六条规定，有关建设工程的强制性标准，应当与抗震设防要求相衔接。

15. 设计单位应当按照抗震设防要求和工程建设强制性标准进行抗震设防设计。

答案：正确

依据：一、防震减灾法律规定（四）地震灾害预防：抗震设防设计。《中华人民共和国防震减灾法》第三十八条第二款规定，设计单位应当按照抗震设防要求和工程建设强制性标准进行抗震设计，并对抗震设计的质量以及出具的施工图设计文件的准确性负责。

16. 建设单位对建设工程的抗震设计、施工的全过程负责。

答案：正确

依据：一、防震减灾法律规定（四）地震灾害预防：建设单位的抗震设防责任。《中华人民共和国防震减灾法》第三十八条第一款规定，建设单位对建设工程的抗震设计、施工的全过程负责。

17. 地震灾区的县级以上地方人民政府应当及时将地震震情和灾情等信息向上一级人民政府报告，不可以越级上报，不得迟报、谎报、瞒报。

答案：错误

依据：一、防震减灾法律规定（五）地震应急救援：震情灾情信息上报。《中华人民共和国防震减灾法》第五十二条第一款规定，地震灾区的县级以上地方人民政府应当及时将地震震情和灾情等信息向上一级人民政府报告，必要时可以越级上报，不得迟报、谎报、瞒报。

18. 国家地震灾害紧急救援队伍应当由应急管理部建立。

答案：错误

依据：一、防震减灾法律规定（五）地震应急救援：国务院建立国家地震灾害紧急救援队伍。《中华人民共和国防震减灾法》第五十四条规定，国务院建立国家地震灾害紧急救援队伍。省、自治区、直辖市人民政府和地震重点监视防御区的市、县人民政府可以根据实际需要，充分利用消防等现有队伍，按照一队多用、专职与兼职相结合的原则，建立地震灾害紧急救援队伍。地震灾害紧急救援队伍应当配备相应的装备、器材，开展培训和演练，提高地震灾害紧急救援能力。地震灾害紧急救援队伍在实施救援时，应当首先对倒塌建筑物、构筑物压埋人员进行紧急救援。

19. 按照社会危害程度、影响范围等因素，地震灾害分为一般、较大、重大三级。

答案：错误

依据：一、防震减灾法律规定（五）地震应急救援：地震灾害分级。《中华人民共和国防震减灾法》第四十九条第一款规定，按照社会危害程度、影响范围等因素，地震灾害分为一般、较大、重大和特别重大四级。具体分级标准按照国务院规定执行。

20. 地震灾害发生后，为了更好地实施过渡性安置，允许对自然保护区、饮用水水源保护区以及生态脆弱区域造成破坏。

答案：错误

依据：一、防震减灾法律规定（六）灾后过渡性安置和恢复重建：过渡性安置自然保护要求。《中华人民共和国防震减灾法》第六十一条第一款规定，实施过渡性安置应当尽量保护农用地，并避免对自然保护区、饮用水水源保护区以及生态脆弱区域造成破坏。

21. 未依法进行地震安全性评价，或未按地震安全性评价报告所确定的抗震设防要求进行抗震设防的，直接处三万元以上三十万元以下罚款。

答案：错误

依据：一、防震减灾法律规定（八）法律责任：未依法进行地震安全性评价，或未按地震安全性评价报告所确定的抗震设防要求进行抗震设防的法律责任。《中华人民共和国防震减灾法》第八十七条规定，未依法进行地震安全性评价，或者未按照地震安全性评价报告所确定的抗震设防要求进行抗震设防的，由国务院地震工作主管部门或者县级以上地方人民政府负责管理地震工作的部门或者机构责令限期改正；逾期不改正的，处三万元以上三十万元以下的罚款。

22. 重大建设工程是指对社会有重大价值或者有重大影响的工程。

答案：正确

依据：一、防震减灾法律规定（九）防震减灾法律用语：重大建设工程的名词解释。《中华人民共和国防震减灾法》第九十二条第三项规定，重大建设工程，是指对社会有重大价值或者有重大影响的工程。

23. 国家对地震监测台网实行统一规划，属地管理。

答案：错误

依据：二、防震减灾法规规定（一）地震监测管理：地震监测台网管理。《地震监测管理条例》第四条规定，国家对地震监测台网实行统一规划，分级、分类管理。

24. 核电站、水库大坝、特大桥梁、发射塔等重大建设工程应当按照国家有关规定，设置强震动监测设施。

答案：正确

依据：二、防震减灾法规规定（一）地震监测管理：重大工程的强震动监测设施。《地震监测管理条例》第十五条规定，核电站、水库大坝、特大桥梁、发射塔等重大建设工程应当按照国家有关规定，设置强震动监测设施。

25. 国务院地震工作主管部门和县级以上地方人民政府负责管理地震工作的部门或者机构，应当加强对从事地震监测工作人员的业务培训，提高其专业技术水平。

答案：正确

依据：二、防震减灾法规规定（一）地震监测管理：业务培训。《地震监测管理条例》第二十四条规定，国务院地震工作主管部门和县级以上地方人民政府负责管理地震工作的部门或者机构，应当加强对从事地震监测工作人员的业务培训，提高其专业技术水平。

26. 需要新建地震监测设施的，县级以上地方人民政府负责管理地震工作的部门或者机构，可以要求新建地震监测设施正常运行半年以后，再拆除原地震监测设施。

答案：错误

依据：二、防震减灾法规规定（一）地震监测管理：新建地震监测设施运行与拆旧。《地震监测管理条例》第三十三条规定，建设国家重点工程，确实无法避免对地震监测设施和地震观测环境造成破坏的，建设单位应当按照县级以上地方人民政府负责管理地震工作的部门或者机构的要求，增建抗干扰设施或者新建地震监测设施后，方可进行建设。需要新建地震监测设施的，县级以上地方人民政府负责管理地震工作的部门或者机构，可以要求新建地震监测设施正常运行 1 年以后，再拆除原地震监测设施。本条第一款、第二款规定的措施所需费用，由建设单位承担。

27. 土地利用总体规划可以不考虑保护地震监测设施和地震观测环境的需要。

答案：错误

依据：二、防震减灾法规规定（一）地震监测管理：土地利用总体规划中保护地震监测设施和观测环境的要求。《地震监测管理条例》第三十一条规定，土地利用总体规划和城乡规划应当考虑保护地震监测设施和地震观测环境的需要。

28. 受地震破坏后可能引发严重次生灾害的矿山等应当建设专用地震监测台网。

答案：正确

依据：二、防震减灾法规规定（一）地震监测管理：矿山应当建设专用地震监测台网。《地震监测管理条例》第十四条规定，下列建设工程应当建设专用地震监测台网：（一）坝高 100 米以上、库容 5 亿立方米以上，且可能诱发 5 级以上地震的水库；（二）受地震破坏后可能引发严重次生灾害的油田、矿山、石油化工等重大建设工程。

29. 全国地震监测台网的建设资金和运行经费，按照事权和财权相统一的原则，由地方财政单独承担。

答案：错误

依据：二、防震减灾法规规定（一）地震监测管理：全国地震监测台网的建设资金和运行经费。《地震监测管理条例》第十八条规定，全国地震监测台网的建设资金和运行经费，按照事权和财权相统一的原则，由中央和地方财政承担。专用地震监测台网、强震动监测设施的建设资金和运行经费，由建设单位承担。

30. 县级以上地方人民政府应当为全国地震监测台网的运行提供专用的通信、交通、水、电等条件保障。

答案：错误

依据：二、防震减灾法规规定（一）地震监测管理：地震监测台网运行的条件保障。《地震监测管理条例》第二十一条规定，县级以上地方人民政府应当为全国地震监测台网的运行提供必要的通信、交通、水、电等条件保障。全国地震监测台网、专用地震监测台网的运行受到影响时，当地人民政府应当组织有关部门采取紧急措施，尽快恢复地震监测台网的正常运行。

31. 县级以上地方人民政府负责管理地震工作的部门或者机构，应当会同有关部门在地震监测设施附近设立保护标志，标明地震监测设施和地震观测环境保护的要求。

答案：正确

依据：二、防震减灾法规规定（一）地震监测管理：地震监测设施和观测环境保护标志。《地震监测管理条例》第二十九条规定，县级以上地方人民政府负责管理地震工作的部门或者机构，应当会同有关部门在地震监测设施附近设立保护标志，标明地震监测设施和地震观测环境保护的要求。

32. S 公司为高新科技企业，在郊区选址建设创新工场，该创新工场位于已划定的地震观测环境保护范围外。为了研发新产品，该企业于创新工场内设置无线信号发射装置，并进行试验。该企业的做法符合《地震监测管理条例》的要求。

答案：正确

依据：二、防震减灾法规规定（一）地震监测管理：地震观测环境保护范围内的禁止行为。《地震监测管理条例》第二十八条规定，除依法从事本条例第三十二条、第三十三条规定的建设活动外，禁止在已划定的地震观测环境保护范围内从事下列活动：（一）爆破、采矿、采石、钻井、抽水、注水；（二）在测震观测环境保护范围内设置无线信号发射装置、进行振动作业和往复机械运动；（三）在电磁观测环境保护范围内铺设金属管线、电力电缆线路、堆放磁性物品和设置高频电磁辐射装置；（四）在地形变观测环境保护范围内进行振动作业；（五）在地下流体观测环境保护范围内堆积和填埋垃圾、进行污水处理；（六）在观测线和观测标志周围设置障碍物或者擅自移动地震观测标志。

33. 地震监测台网是专属于国家的，为了维护国家安全，单位和个人不得建设地震监测台站（点）。

答案：错误

依据：二、防震减灾法规规定（一）地震监测管理：社会地震监测台站（点）。《地震监测管理条例》第八条规定，全国地震监测台网，由国家地震监测台网、省级地震监测台网和市、县地震监测台网组成。专用地震监测台网和有关单位、个人建设的社会地震监测台站（点）是全国地震监测台网的补充。

34. 震后地震趋势判定公告的权限和程序，由国务院地震工作主管部门制定。

答案：正确

依据：二、防震减灾法规规定（二）地震预报管理：震后趋势判定公告规则制定主体。《地震预报管理条例》第二十二条规定，震后地震趋势判定公告的权限和程序，由国务院地震工作主管部门制定。

35. 临震预报是指对 7 日内将要发生地震的时间、地点、震级的预报。

答案：错误

依据：二、防震减灾法规规定（二）地震预报管理：临震预报的名词解释。《地震预报管理条例》第三条第四项规定，临震预报，是指对 10 日内将要发生地震的时间、地点、震级的预报。

36. 任何单位和个人不得向国（境）外提出地震预测意见。

答案：正确

依据：二、防震减灾法规规定（二）地震预报管理：禁止向国（境）外提出地震预测意见。《地震预报管理条例》第六条规定，任何单位和个人根据地震观测资料和研究结果提出的地震预测意见，应当向所在地或者所预测地区的县级以上地方人民政府负责管理地震工作的机构书面报告，也可以直接向国务院地震工作主管部门书面报告，不得向社会散布。任何单位和个人不得向国（境）外提出地震预测意见；但是，以长期、中期地震活动趋势研究成果进行学术交流的除外。

37. 国务院地震工作主管部门和县级以上地方人民政府负责管理地震工作的机构，应当加强地震预测工作。

答案：正确

依据：二、防震减灾法规规定（二）地震预报管理：加强地震预测工作。《地震预报管理条例》第五条规定，国务院地震工作主管部门和县级以上地方人民政府负责管理地震工作的机构，应当加强地震预测工作。

38. 全国性的地震长期预报和地震中期预报，由国务院发布。

答案：正确

依据：二、防震减灾法规规定（二）地震预报管理：国务院发布地震预报的类型。《地震预报管理条例》第十四条第二款规定，全国性的地震长期预报和地震中期预报，由国务院发布。

39. 国家对地震预报实行统一发布制度。统一发布的意思是指地震预报都由国务院统一发布。

答案：错误

依据：二、防震减灾法规规定（二）地震预报管理：地震预报的统一发布。《地震预报管理条例》第十四条规定，国家对地震预报实行统一发布制度。全国性的地震长期预报和地震中期预报，由国务院发布。省、自治区、直辖市行政区域内的地震长期预报、地震中期预报、地震短期预报和临震预报，由省、自治区、直辖市人民政府发布。新闻媒体刊登或者播发地震预报消息，必须依照本条例的规定，以国务院或者省、自治区、直辖市人民政府发布的地震预报为准。

40. 姚某听在地震局工作的朋友说地震局最近野外观测、地震考察、防震减灾宣传等任务多，工作压力大。姚某认为这是要发生地震了，地震局在做准备。他于是和自己的亲戚朋友同学同事都说要发生地震了。一传十，十传百，很多人都在传地震要来了，一些人甚至晚上睡在户外，占用道路，商店的方便食品和饮用水也被抢购一空。姚某的以上行为是出于好意，但没有预想到会产生严重的后果，因此其行为不应受到任何处罚。

答案：错误

依据：二、防震减灾法规规定（二）地震预报管理：制造地震谣言的法律责任。《地震预报管理条例》第十九条规定，违反本条例规定，制造地震谣言，扰乱社会正常秩序的，依法给予治安管理处罚。

41. 国务院地震工作主管部门和省、自治区、直辖市人民政府负责管理地震工作的部门或者机构，应当自收到地震安全性评价报告之日起 7 日内进行审定，确定建设工程的抗震设防要求。

答案：错误

依据：二、防震减灾法规规定（三）地震安全性评价管理：安评报告的审定时限。《地震安全性评价管理条例》第十一条规定，国务院地震工作主管部门和省、自治区、直辖市人民政府负责管理地震工作的部门或者机构，应当自收到地震安全性评价报告之日起 15 日内进行审定，确定建设工程的抗震设防要求。

42. T 市是直辖市，T 市人民政府负责管理地震工作的部门或者机构，在确定建设工程抗震设防要求后，以书面形式通知建设单位，告知建设工程所在地的市、县人民政府负责管理地震工作的部门或者机构，并将其确定的建设工程抗震设防要求报国务院地震工作主管部门备案。

答案：正确

依据：二、防震减灾法规规定（三）地震安全性评价管理：建设工程抗震设防要求的备案。《地震安全性评价管理条例》第十二条规定，国务院地震工作主管部门或者省、自治区、直辖市人民政府负责管理地震工作的部门或者机构，在确定建设工程抗震设防要求后，应当以书面形式通知建设单位，并告知建设工程所在地的市、县人民政府负责管理地震工作的部门或者机构。省、自治区、直辖市人民政府负责管理地震工作的部门或者机构应当将其确定的建设工程抗震设防要求报国务院地震工作主管部门备案。

43. 省、自治区、直辖市认为对本行政区域有重大价值或者有重大影响的建设工程可以不进行地震安全性评价。

答案：错误

依据：二、防震减灾法规规定（三）地震安全性评价管理：必须进行地震安全性评价的建设工程范围。《地震安全性评价管理条例》第八条规定，下列建设工程必须进行地震安全性评价：（一）国家重大建设工程；（二）受地震破坏后可能引发水灾、火灾、爆炸、剧毒或者强腐蚀性物质大量泄露或者其他严重次生灾害的建设工程，包括水库大坝、堤防和贮油、贮气、贮存易燃易爆、剧毒或者强腐蚀性物质的设施以及其他可能发生严重次生灾害的建设工程；（三）受地震破坏后可能引发放射性污染的核电站和核设施建设工程；（四）省、自治区、直辖市认为对本行政区域有重大价值或者有重大影响的其他建设工程。

44. 按照“放管服”改革的要求，从事地震安全性评价的单位没有条件限制。

答案：错误

依据：二、防震减灾法规规定（三）地震安全性评价管理：地震安全性评价单位基本条件。《地震安全性评价管理条例》第六条规定，从事地震安全性评价的单位应当具备下列条件：（一）有与从事地震安全性评价相适应的地震学、地震地质学、工程地震学方面的专业技术人员；（二）有从事地震安全性评价的技术条件。

45. 国务院地震工作主管部门负责审定全国建设工程的地震安全性评价报告。

答案：错误

依据：二、防震减灾法规规定（三）地震安全性评价管理：地震安全性评价报告审定主体和建设工程范围。《地震安全性评价管理条例》第十条规定，国务院地震工作主管部门负责下列地震安全性评价报告的审定：（一）国家重大建设工程；（二）跨省、自治区、直辖市行政区域的建设工程；（三）核电站和核设施建设工程。省、自治区、直辖市人民政府负责管理地震工作的部门或者机构负责除前款规定以外的建设工程地震安全性评价报告的审定。

46. 水库地震监测台网或者地震监测设施监测到库区有重要异常情况，水库建设单位应当立即报告所在地省、自治区、直辖市人民政府负责管理地震工作的部门或者机构。

答案：正确

依据：三、防震减灾规章规定（二）水库地震监测管理：异常情况报告。《水库地震监测管理办法》第二十三条第一款规定，水库地震监测台网或者地震监测设施监测到库区有重要异常情况，水库建设单位应当立即报告所在地省、自治区、直辖市人民政府负责管理地震工作的部门或者机构。

47. 水库地震监测台网和地震监测设施应当在水库蓄水一年前建成并投入运行。

答案：正确

依据：三、防震减灾规章规定（二）水库地震监测管理：水库监测台网的建成和运行时限。《水库地震监测管理办法》第十八条规定，水库地震监测台网和地震监测设施应当在水库蓄水一年前建成并投入运行。水库地震监测台网和地震监测设施正式运行后，不得擅自中止或者终止。确需中止或者终止的，应当提前 6 个月报所在地省、自治区、直辖市人民政府负责管理地震工作的部门或者机构备案。

48. 坝高 80 米以上、库容 4 亿立方米以上的新建水库，应当建设水库地震监测台网，开展水库地震监测。

答案：错误

依据：三、防震减灾规章规定（二）水库地震监测管理：建设水库地震监测台网的条件要求。《水库地震监测管理办法》第九条第一款规定，坝高 100 米以上、库容 5 亿立方米以上的新建水库，应当建设水库地震监测台网，开展水库地震监测。

49. 水库地震监测台网和地震监测设施的运行管理，应当纳入所在地省级或者全国地震监测技术管理和质量检查。

答案：正确

依据：三、防震减灾规章规定（二）水库地震监测管理：水库地震监测台网的运行管理。《水库地震监测管理办法》第二十条规定，水库地震监测台网和地震监测设施的运行管理，应当纳入所在地省级或者全国地震监测技术管理和质量检查。

50. 水库地震测震台网应当至少有 6 个监测台站同时观测。

答案：错误

依据：三、防震减灾规章规定（二）水库地震监测管理：水库地震监测台网的监测要求。《水库地震监测管理办法》第十四条规定，测震台网应当至少有 4 个监测台站同时观测，其监测能力和定位精度应当达到：库首区和重点区域监测能力优于 0.5 级，定位精度优于 1 千米；库区及其外延 10 千米范围内监测能力达到 1.5 级，定位精度优于 3 千米，2.5 级以上地震速报时间不超过 15 分钟。

51. 省、自治区、直辖市人民政府负责管理地震工作的部门或者机构，应将水库地震监测数据纳入地震科学数据共享范围。

答案：正确

依据：三、防震减灾规章规定（二）水库地震监测管理：地震监测数据共享。《水库地震监测管理办法》第二十二条规定，水库地震监测数据应当及时、完整报送所在地省、自治区、直辖市人民政府负责管理地震工作的部门或者机构。省、自治区、直辖市人民政府负责管理地震工作的部门或者机构，负责确定水库地震监测数据的传送方式、内容和时限等，并将水库地震监测数据纳入地震科学数据共享范围。

52. 擅自中止或者终止水库地震监测台网或者地震监测设施运行的，责令改正后不再要求其采取补救措施。

答案：错误

依据：三、防震减灾规章规定（二）水库地震监测管理：责任改正后采取补救措施的情形。《水库地震监测管理办法》第二十四条规定，违反本办法的规定，有下列行为之一的，由国务院地震工作主管部门或者省、自治区、直辖市人民政府负责管理地震工作的部门或者机构责令改正，并要求采取相应的补救措施：（一）未按照有关法律、法规和国家有关标准进行水库地震监测台网和地震监测设施建设的；（二）未采用符合国家标准、行业标准或者有关地震监测技术要求的设备的；（三）擅自中止或者终止水库地震监测台网或者地震监测设施运行的；（四）水库地震监测台网和地震监测设施的运行不符合国家有关标准和技术规范的；（五）未按规定进行备案的；（六）未按规定报送水库地震监测数据和资料的。

三、相关法律法规

单选题

1. 下列哪项不属于行政机关应当主动公开的信息是（　　）。

A. 与公民、法人或者其他组织自身相关的税费缴纳方面的政府信息

B. 实施行政处罚、行政强制的依据、条件、程序以及本行政机关认为具有一定社会影响的行政处罚决定

C. 财政预算、决算信息

答案：A

依据：一、政府信息公开法规要求（二）政府信息主动公开：主动公开政府信息的范围。《中华人民共和国政府信息公开条例》第二十条规定，行政机关应当依照本条例第十九条的规定，主动公开本行政机关的下列政府信息：（一）行政法规、规章和规范性文件；（二）机关职能、机构设置、办公地址、办公时间、联系方式、负责人姓名；（三）国民经济和社会发展规划、专项规划、区域规划及相关政策；（四）国民经济和社会发展统计信息；（五）办理行政许可和其他对外管理服务事项的依据、条件、程序以及办理结果；（六）实施行政处罚、行政强制的依据、条件、程序以及本行政机关认为具有一定社会影响的行政处罚决定；（七）财政预算、决算信息；（八）行政事业性收费项目及其依据、标准；（九）政府集中采购项目的目录、标准及实施情况；（十）重大建设项目的批准和实施情况；（十一）扶贫、教育、医疗、社会保障、促进就业等方面的政策、措施及其实施情况；（十二）突发公共事件的应急预案、预警信息及应对情况；（十三）环境保护、公共卫生、安全生产、食品药品、产品质量的监督检查情况；（十四）公务员招考的职位、名额、报考条件等事项

以及录用结果；（十五）法律、法规、规章和国家有关规定规定应当主动公开的其他政府信息。

2. 申请人张某某首次向某行政机关申请公开政府信息，该行政机关不可以要求甲缴纳的成本费用有（　　）。

A. 申请费　　B. 检索费　　C. 复制费

答案：A

依据：一、政府信息公开法规要求（三）政府信息依申请公开：收取费用的规定。《中华人民共和国政府信息公开条例》第四十二条第一款规定，行政机关依申请提供政府信息，不收取费用。但是，申请人申请公开政府信息的数量、频次明显超过合理范围的，行政机关可以收取信息处理费。

3. 符合法定条件、标准的，申请人有依法取得行政许可的（　　）权利。

A. 公开　　B. 平等　　C. 自由

答案：B

依据：二、行政许可法律规定（一）行政许可原则：遵循平等原则。《中华人民共和国行政许可法》第五条第三款规定，符合法定条件、标准的，申请人有依法取得行政许可的平等权利，行政机关不得歧视任何人。

4. 行政许可的实施和结果，除涉及（　　）的外，应当公开。

A. 国家秘密、商业秘密、个人隐私

B. 国家机密、个人隐私、商业秘密

C. 商业机密、个人档案、国家保密

答案：A

依据：二、行政许可法律规定（一）行政许可原则：遵守保密原则。《中华人民共和国行政许可法》第五条第二款规定，有关行政许可的规定应当公布；未经公布的，不得作为实施行政许可的依据。行政许可的实施和结果，除涉及国家秘密、商业秘密或者个人隐私的外，应当公开。未经申请人同意，行政机关及其工作人员、参与专家评审等的人员不得披露申请人提交的商业秘密、未披露信息或者保密商务信息，法律另有规定或者涉及国家安全、重大社会公共利益的除外；行政机关依法公开申请人前述信息的，允许申请人在合理期限内提出异议。

5. 设定行政许可，应当规定行政许可的实施机关、条件、程序和（　　）。

A. 时间　　B. 时序　　C. 期限

答案：C

依据：二、行政许可法律规定（二）行政许可的设定：设定行政许可的要素。《中华人民共和国行政许可法》第十八条规定，设定行政许可，应当规定行政许可的实施机关、条件、程序、期限。

6. 行政机关应当将法律、法规、规章规定的有关行政许可的事项、依据、条件、数量、程序、期限及需要提供的全部材料的目录和申请书文本等在（　　）公示。

A. 电视　　B. 行政机关网站　　C. 办公场所

答案：C

依据：二、行政许可法律规定（四）行政许可的实施程序：行政许可公示制度。《中华人民共和国行政许可法》第三十条第一款规定，行政机关应当将法律、法规、规章规定的有关行政许可的事项、依据、条件、数量、程序、期限以及需要提交的全部材料的目录和申请书文本等在办公场所公示。

7. 行政机关依法作出不予行政许可的书面决定的，申请人依法享有以下（　　）权利。

A. 申请行政复议、提起行政诉讼

B. 申请仲裁

C. 提起民事诉讼

答案：A

依据：二、行政许可法律规定（四）行政许可的实施程序：不准予行政许可的救济权利。《中华人民共和国行政许可法》第三十八条第二款规定，行政机关依法作出不予行政许可的书面决定的，应当说明理由，并告知申请人享有依法申请行政复议或者提起行政诉讼的权利。

8. 行政处罚的功能在于（　　）。

A. 预防　　B. 处罚与教育　　C. 警示

答案：B

依据：三、行政处罚法律规定（一）行政处罚原则：处罚与教育相结合原则。《中华人民共和国行政处罚法》第六条规定，实施行政处罚，纠正违法行为，应当坚持处罚与教育相结合，教育公民、法人或者其他组织自觉守法。

9. 执法人员在调查或者进行检查时，应当主动向（　　）或者有关人员出示执法证件。

A. 当事人　　B. 其他人员　　C. 不相关人员

答案：A

依据：三、行政处罚法律规定（四）行政处罚决定：执法人员亮证执法。《中华人民共和国行政处罚法》第五十五条第一款规定，执法人员在调查或者进行检查时，应当主动向当事人或者有关人员出示执法证件。当事人或者有关人员有权要求执法人员出示执法证件。执法人员不出示执法证件的，当事人或者有关人员有权拒绝接受调查或者检查。

10. 在行政处罚普通程序中，对情节复杂或者重大违法行为将给予行政处罚决定的，应当由（　　）决定。

A. 行政机关的行政首长

B. 办案人员集体讨论

C. 行政机关负责人集体讨论

答案：C

依据：三、行政处罚法律规定（四）行政处罚决定：集体讨论处罚决定。《中华人民共和国行政处罚法》第五十七条第二款规定，对情节复杂或者重大违法行为给予行政处罚，行政机关负责人应当集体讨论决定。

11. 当事人有权进行陈述和申辩。当事人提出的事实、理由或者证据成立的，行政机关应当（　　）。

A. 采纳　　B. 不予采纳　　C. 部分采纳

答案：A

依据：三、行政处罚法律规定（四）行政处罚决定：陈述和申辩的采纳。《中华人民共和国行政处罚法》第四十五条第一款规定，当事人有权进行陈述和申辩。行政机关必须充分听取当事人的意见，对当事人提出的事实、理由和证据，应当进行复核；当事人提出的事实、理由或者证据成立的，行政机关应当采纳。

12. 行政机关不得因当事人陈述、申辩而给予（　　）的处罚。

A. 更重　　B. 更轻　　C. 不处罚

答案：A

依据：三、行政处罚法律规定（四）行政处罚决定：当事人陈述、申辩不得加重处罚。《中华人民共和国行政处罚法》第四十五条第二款规定，行政机关不得因当事人陈述、申辩而给予更重的处罚。

13. 当事人及其代理人无正当理由拒不出席听证或者未经许可中途退出听证的，视为放弃听证权利，行政机关（　　）听证。

A. 继续　　B. 隔日在举行　　C. 终止

答案：C

依据：三、行政处罚法律规定（四）行政处罚决定：终止听证情形。《中华人民共和国行政处罚法》第六十四条第六项规定，当事人及其代理人无正当理由拒不出席听证或者未经许可中途退出听证的，视为放弃听证权利，行政机关终止听证。

14. 听证由行政机关指定的非本案调查人员主持；当事人认为主持人与本案有直接利害关系的，有权（　　）。

A. 申请回避　　B. 申请终止听证　　C. 申请继续听证

答案：A

依据：三、行政处罚法律规定（四）行政处罚决定：申请回避制度。《中华人民共和国行政处罚法》第六十四条第四项规定，听证由行政机关指定的非本案调查人员主持；当事人认为主持人与本案有直接利害关系的，有权申请回避。

15. 行政执法人员可以当场收缴罚款的金额为（　　）。

A. 300 元以下罚款　　B. 200 元以下罚款　　C. 100 元以下罚款

答案：C

依据：三、行政处罚法律规定（五）行政处罚执行：当场收缴罚款金额的限制。《中华人民共和国行政处罚法》第六十八条规定，依照本法第五十一条的规定当场作出行政处罚决定，有下列情形之一，执法人员可以当场收缴罚款：（一）依法给予一百元以下罚款的；（二）不当场收缴事后难以执行的。

16. 行政复议中，公民、法人或者其他组织认为行政执法机关的行政行为侵犯其合法权益的，可以自知道该行政行为之日起（　　）内提出行政复议申请。

A. 40 日　　B. 50 日　　C. 60 日

答案：C

依据：四、行政复议法律规定（二）行政复议申请：申请行政复议期限。《中华人民共和国行政复议法》第二十条第一款规定，公民、法人或者其他组织认为行政行为侵犯其合法权益的，可以自知道或者应当知道该行政行为之日起六十日内提出行政复议申请；但是法律规定的申请期限超过六十日的除外。

17. 行政复议文书包括行政复议决定书、行政复议调解书等法律文书，其制作主体特定，只能由（　　）制作。

A. 司法机关　　B. 行政执法机关　　C. 行政复议机关

答案：C

依据： 四、行政复议法律规定（四）行政复议决定：行政复议决定书、行政复议调解书等法律文书的制作主体。《中华人民共和国行政复议法》第七十五条第一款规定，行政复议机关作出行政复议决定，应当制作行政复议决定书，并加盖行政复议机关印章。第七十三条第一款规定，当事人经调解达成协议的，行政复议机关应当制作行政复议调解书，经各方当事人签字或者签章，并加盖行政复议机关印章，即具有法律效力。

18. 除法律规定或情况复杂的行政复议案件外，适用普通程序审理的行政复议案件，行政复议机关应当自受理申请之日起（　　）内作出行政复议决定。

A. 40 日　　B. 50 日　　C. 60 日

答案：C

依据： 四、行政复议法律规定（四）行政复议决定：作出行政复议决定的期限。《中华人民共和国行政复议法》第六十二条规定，适用普通程序审理的行政复议案件，行政复议机关应当自受理申请之日起六十日内作出行政复议决定；但是法律规定的行政复议期限少于六十日的除外。情况复杂，不能在规定期限内作出行政复议决定的，经行政复议机构的负责人批准，可以适当延长，并书面告知当事人；但是延长期限最多不得超过三十日。适用简易程序审理的行政复议案件，行政复议机关应当自受理申请之日起三十日内作出行政复议决定。

19. 行政复议机关工作人员在行政复议活动中，徇私舞弊或者有其他渎职、失职行为的，依法给予行政处分，其不包括（　　）。

A. 警告　　B. 严重警告　　C. 记过

答案：B

依据： 四、行政复议法律规定（五）法律责任：徇私舞弊承担的法律后果。《中华人民共和国行政复议法》第八十一条规定，行政复议机关工作人员在行政复议活动中，徇私舞弊或者有其他渎职、失职行为的，依法给予警告、记过、记大过的处分；情节严重的，依法给予降级、撤职、开除的处分；构成犯罪的，依法追究刑事责任。

20. 在行政复议决定作出前，申请人要求撤回行政复议申请的，（　　）。

A. 行政复议机关应当不予受理

B. 经行政复议机构同意，可以撤回

C. 行政复议机关裁定不得撤回

答案：B

依据：五、行政复议法规规定（一）行政复议申请：行政复议申请的撤回。《中华人民共和国行政复议法实施条例》第三十八条第一款规定，申请人在行政复议决定作出前自愿撤回行政复议申请的，经行政复议机构同意，可以撤回。

21. 在行政诉讼过程中，被告及其诉讼代理人不得向（　　）收集证据。

A. 与本案无关人员　　B. 回避人员　　C. 原告

答案：C

依据：六、行政诉讼法律规定（二）行政诉讼证据：行政机关收集证据的限制。《中华人民共和国行政诉讼法》第三十五条规定，在诉讼过程中，被告及其诉讼代理人不得自行向原告、第三人和证人收集证据。

22. 在行政诉讼中，被告对（　　）负举证责任。

A. 其他行为　　B. 现在行为　　C. 作出的行政行为

答案：C

依据：六、行政诉讼法律规定（二）行政诉讼证据：被告举证责任。《中华人民共和国行政诉讼法》第三十四条第一款规定，被告对作出的行政行为负有举证责任，应当提供作出该行政行为证据和所依据的规范性文件。

23. 公民、法人或者其他组织直接向人民法院提起行政诉讼的，应自知道作出行政行为之日起（　　）个月内提起。

A. 3　　B. 5　　C. 6

答案：C

依据：六、行政诉讼法律规定（三）行政诉讼起诉与受理：申请行政诉讼期限。《中华人民共和国行政诉讼法》第四十六条第一款规定，公民、法人或者其他组织直接向人民法院提起诉讼的，应当自知道或者应当知道作出行政行为之日起六个月内提出。法律另有规定的除外。

24. 在公开审理行政诉讼中，涉及商业秘密的案件，当事人申请不公开审理，可以（　　）审理。

A. 不公开　　B. 公开　　C. 由法院决定

答案：A

依据：六、行政诉讼法律规定（四）行政诉讼审理与判决：申请不公开制度。《中华人民共和国行政诉讼法》第五十四条规定，人民法院公开审理行政案件，但涉及国家秘密、个人隐私和法律另有规定的除外。涉及商业秘密的案件，当事人申请不公开审理的，可以不公开审理。

25. 在行政诉讼案件中，诉讼期间（　　）行政行为的执行。

A. 停止　　B. 不停止　　C. 终止

答案：B

依据：六、行政诉讼法律规定（四）行政诉讼审理与判决：诉讼不停止执行制度。《中华人民共和国行政诉讼法》第五十六条规定，诉讼期间，不停止行政行为的执行。但有下列情形之一的，裁定停止执行：（一）被告认为需要停止执行的；（二）原告或者利害关系人申请停止执行，人民法院认为该行政行为的执行会造成难以弥补的损失，并且停止执行不损害国家利益、社会公共利益的；（三）人民法院认为该行政行为的执行会给国家利益、社会公共利益造成重大损害的；（四）法律、法规规定停止执行的。当事人对停止执行或者不停止执行的裁定不服的，可以申请复议一次。

26. 复议机关的复议决定加重损害的，对于加重的部分，（　　）赔偿义务。

A. 复议机关不履行

B. 复议机关履行

C. 由最初造成侵权行为的行政机关履行

答案：B

依据：七、国家赔偿法律规定（二）赔偿义务机关：行政复议加重损害的赔偿责任。《中华人民共和国国家赔偿法》第八条规定，经复议机关复议的，最初造成侵权行为的行政机关为赔偿义务机关，但复议机关的复议决定加重损害的，复议机关对加重的部分履行赔偿义务。

27. 下列关于侵犯公民生命健康权，造成死亡的，国家应支付的赔偿金的有关表述错误的是（　　）。

A. 支付死亡赔偿金、丧葬费

B. 对死者生前扶养的无劳动能力的人，还应当支付生活费

C. 死者其他无工作的家属的生活费

答案：C

依据：七、国家赔偿法律规定（四）赔偿方式和计算标准：赔偿额度计算。根据《中华人民共和国国家赔偿法》第三十四条第一款第三项规定，侵犯公民生命健康权，造成死亡的，应当支付死亡赔偿金、丧葬费，总额为国家上年度职工年平均工资的二十倍。对死者生前扶养的无劳动能力的人，还应当支付生活费。

28. 行政机关实施查封、扣押时，查封、扣押的期限最长不得超过（　　）日。

A. 20　　B. 30　　C. 60

答案：C

依据：八、行政强制法律规定（一）行政强制措施实施程序：查封、扣押的期限。《中华人民共和国行政强制法》第二十五条第一款规定，

查封、扣押的期限不得超过三十日；情况复杂的，经行政机关负责人批准，可以延长，但是延长期限不得超过三十日。法律、行政法规另有规定的除外。

多选题

1. 在实施政府信息公开行为时，行政机关可能存在的违法行为包括（　　）。

A. 不依法履行政府信息公开职能

B. 不及时更新公开的政府信息内容、政府信息公开指南和政府信息公开目录

C. 违反规定收取费用，以及通过其他组织、个人以有偿服务方式提供政府信息

D. 公开不应当公开的政府信息

答案：ABCD

依据：一、政府信息公开法规要求（四）政府信息公开的监督保障：承担法律责任的情形。《中华人民共和国政府信息公开条例》第五十三条规定，行政机关违反本条例的规定，有下列情形之一的，由上一级行政机关责令改正；情节严重的，对负有责任的领导人员和直接责任人员依法给予处分；构成犯罪的，依法追究刑事责任：（一）不依法履行政府信息公开职能；（二）不及时更新公开的政府信息内容、政府信息公开指南和政府信息公开目录；（三）违反本条例规定的其他情形。第四十二条第一款规定，行政机关依申请提供政府信息，不收取费用。但是，申请人申请公开政府信息的数量、频次明显超过合理范围的，行政机关可以收取信息处理费。第十四条规定，依法确定为国家秘密的政府信息，法律、行政法规禁止公开的政府信息，以及公开后可能危及国家安全、公共安全、经济安全、社会稳定的政府信息，不予公开。实践中，本条例第五十三条规定的其他情形包括依申请提供政府信息违规收取费用，以及公开了法律、行政法规禁止公开的政府信息等。

2. 下列关于委托实施行政许可的说法中，正确的是（　　）。

A. 行政机关可以委托其他行政机关实施行政许可

B. 受委托行政机关应当以自己的名义实施行政许可

C. 应当由受委托行政机关承担实施行政许可行为的法律责任

D. 受委托的行政机关不能再委托其他组织或者个人实施行政许可

答案：AD

依据：二、行政许可法律规定（三）行政许可的实施机关：行政许可的委托。《中华人民共和国行政许可法》第二十四条规定，行政机关在其法定职权范围内，依照法律、法规、规章的规定，可以委托其他行政机关实施行政许可。委托机关应当将受委托行政机关和受委托实施行政许可的内容予以公告。委托行政机关对受委托行政机关实施行政许可的行为应当负责监督，并对该行为的后果承担法律责任。受委托行政机关在委托范围内，以委托行政机关名义实施行政许可；不得再委托其他组织或者个人实施行政许可。

3. 下列关于行政许可听证期限的说法中，正确的是（　　）。

A. 行政机关告知申请人、利害关系人享有要求听证的权利的，申请人、利害关系人应在被告知听证权利之日起 5 日内提出听证申请

B. 行政机关应当在收到听证申请后 20 日内组织听证

C. 行政机关应当在收到听证申请后 15 日内组织听证

D. 行政机关应于举行听证 7 日前告知听证时间与地点，必要时予以公告

答案：ABD

依据：二、行政许可法律规定（四）行政许可的实施程序：听证程序。《中华人民共和国行政许可法》第四十七条第一款规定，行政许可直接涉及申请人与他人之间重大利益关系的，行政机关在作出行政许可决定前，应当告知申请人、利害关系人享有要求听证的权利；申请人、利害关系人在被告知听证权利之日起五日内提出听证申请的，行政机关应当在二十日内组织听证。第四十八条第一款第一项规定，行政机关应当于举行听证的七日前将举行听证的时间、地点通知申请人、利害关系人，必要时予以公告。

4. 下列关于行政许可的变更与延续的说法中，正确的是（　　）。

A. 当事人要求变更或延续的应当提出申请

B. 当事人申请符合法定条件、标准的，行政机关应当依法办理变更手续

C. 行政机关应在许可有效期届满前决定，逾期视为不准予延续

D. 行政机关应在许可有效期届满前决定，逾期视为准予延续

答案：ABD

依据：二、行政许可法律规定（四）行政许可的实施程序：行政许可的变更与延续。《中华人民共和国行政许可法》第四十九条规定，被许可人要求变更行政许可事项的，应当向作出行政许可决定的行政机关提出申请；符合法定条件、标准的，行政机关应当依法办理变更手续。第五十条规定，被许可人需要延续依法取得的行政许可的有效期的，应当在该行政许可有效期届满三十日前向作出行政许可决定的行政机关提出申请。但是，法律、法规、规章另有规定的，依照其规定。行政机关应当根据被许可人的申请，在该行政许可有效期届满前作出是否准予延续的决定；逾期未作决定的，视为准予延续。

5. 被授权实施行政处罚的组织，应具备的条件是（　　）。

A. 必须有法律、法规和规章的明确授权

B. 接受授权的组织必须是行政机关

C. 必须有法律、法规的明确授权

D. 被授权的组织必须是具有管理公共事务职能的组织

答案：CD

依据：三、行政处罚法律规定（二）行政处罚实施机关：被授权实施行政处罚的基本要件。《中华人民共和国行政处罚法》第十九条规定，法律、法规授权的具有管理公共事务职能的组织可以在法定授权范围内实施行政处罚。

6. 行政机关进行调查或者检查时，当事人应当（　　）。

A. 如实回答询问　B. 协助调查　C. 协助检查　D. 不得阻挠

答案：ABCD

依据：三、行政处罚法律规定（四）行政处罚决定：当事人协助调查或检查。《中华人民共和国行政处罚法》第五十五条规定第二款规定，当事人或者有关人员应当如实回答询问，并协助调查或者检查，不得拒绝或者阻挠。询问或者检查应当制作笔录。

7. 行政机关制作的行政处罚决定书必须载明的事项有（　　）。

A. 作出行政处罚决定的行政机关名称

B. 行政处罚的事实依据与法律依据

C. 行政处罚的履行方式和期限

D. 申请行政复议、提起行政诉讼的途径和期限

答案：ABCD

依据：三、行政处罚法律规定（四）行政处罚决定：处罚决定书的载明事项。《中华人民共和国行政处罚法》第五十九条第一款规定，行政机关依照本法第五十七条的规定给予行政处罚，应当制作行政处罚决定书。行政处罚决定书应当载明下列事项：（一）当事人的姓名或者名称、地址；（二）违反法律、法规、规章的事实和证据；（三）行政处罚的种类和依据；（四）行政处罚的履行方式和期限；（五）申请行政复议、提起行政诉讼的途径和期限；（六）作出行政处罚决定的行政机关名称和作出决定的日期。

8. 下列关于行政处罚执行的表述，说法正确的有（　　）。

A. 当事人应当在行政处罚决定书载明的期限内，予以履行

B. 当事人对行政处罚决定不服申请行政复议或者提起行政诉讼的，行政处罚不停止执行

C. 当事人到期不缴纳罚款的，可以按罚款数额加处罚款，加处罚款的数额可以超出罚款的数额

D. 没收的违法所得或者没收非法财物拍卖的款项，必须全部上缴国库

答案：ABD

依据：三、行政处罚法律规定（五）行政处罚执行：行政处罚决定的执行规定。《中华人民共和国行政处罚法》第六十六条第一款规定，行政处罚决定依法作出后，当事人应当在行政处罚决定书载明的期限内，予以履行。第七十三条第一款规定，当事人对行政处罚决定不服，申请行政复议或者提起行政诉讼的，行政处罚不停止执行，法律另有规定的除外。第七十二条第一款规定，当事人逾期不履行行政处罚决定的，作出行政处罚决定的行政机关可以采取下列措施：（一）到期不缴纳罚款的，每日按罚款数额的百分之三加处罚款，加处罚款的数额不得超出罚款的数额；（二）根据法律规定，将查封、扣押的财物拍卖、依法处理或者将冻结的存款、汇款划拨抵缴罚款；（三）根据法律规定，采取其他行政强制执行方式；（四）依照《中华人民共和国行政强制法》的规定申请人民法院强制执行。第七十四条第二款规定，罚款、没收的违法所得或者没收非法财物拍卖的款项，必须全部上缴国库，任何行政机关或者个人不得以任何形式截留、私分或者变相私分。

9. 下列情形符合行政处罚规定的有（　　）。

A. 作出罚款决定的行政机关应当与收缴罚款的机构分离

B. 任何情况下，行政机关及其执法人员不得自行收缴罚款

C. 当事人确有经济困难，需要延期或者分期缴纳罚款的，经当事人申请和行政机关批准，可以暂缓或者分期缴纳

D. 当事人应当自收到行政处罚决定书之日起十五日内，到指定的银行缴纳罚款

答案：ACD

依据：三、行政处罚法律规定（五）行政处罚执行：收缴罚款的规定。《中华人民共和国行政处罚法》第六十六条第二款规定，当事人确有经济困难，需要延期或者分期缴纳罚款的，经当事人申请和行政机关批准，可以暂缓或者分期缴纳。第六十七条规定，作出罚款决定的行政机关应当与收缴罚款的机构分离。除依照本法第六十八条、第六十九条的规定当场收缴的罚款外，作出行政处罚决定的行政机关及其执法人员不得自行

收缴罚款。当事人应当自收到行政处罚决定书之日起十五日内，到指定的银行或者通过电子支付系统缴纳罚款。银行应当收受罚款，并将罚款直接上缴国库。

10. 行政机关在实施行政处罚时，有以下哪些行为的，由上级行政机关或者有关机关责令改正，对直接负责的主管人员和其他直接责任人员依法给予处分（　　）。

A. 没有法定的行政处罚依据

B. 违反法定的行政处罚程序

C. 擅自改变行政处罚种类、幅度

D. 执法人员未取得执法证件

答案： ABCD

依据： 三、行政处罚法律规定（六）法律责任：承担法律责任的情形。《中华人民共和国行政处罚法》第七十六条规定，行政机关实施行政处罚，有下列情形之一，由上级行政机关或者有关机关责令改正，对直接负责的主管人员和其他直接责任人员依法给予处分：（一）没有法定的行政处罚依据的；（二）擅自改变行政处罚种类、幅度的；（三）违反法定的行政处罚程序的；（四）违反本法第二十条关于委托处罚的规定的；（五）执法人员未取得执法证件的。行政机关对符合立案标准的案件不及时立案的，依照前款规定予以处理。

11. 行政复议期间出现下列情形的，行政复议机关决定终止行政复议：（　　）。

A. 申请人撤回行政复议申请，行政复议机构准予撤回

B. 作为申请人的公民死亡，没有近亲属或者其近亲属放弃行政复议权利

C. 作为申请人的法人或者其他组织终止，没有权利义务承受人或者其权利义务承受人放弃行政复议权利

D. 申请人对行政拘留或者限制人身自由的行政强制措施不服申请行政复议后，因同一违法行为涉嫌犯罪，被采取刑事强制措施

答案：ABCD

依据：四、行政复议法律规定（三）行政复议审理：终止行政复议的情形。《中华人民共和国行政复议法》第四十一条规定，行政复议期间有下列情形之一的，行政复议机关决定终止行政复议：（一）申请人撤回行政复议申请，行政复议机构准予撤回；（二）作为申请人的公民死亡，没有近亲属或者其近亲属放弃行政复议权利；（三）作为申请人的法人或者其他组织终止，没有权利义务承受人或者其权利义务承受人放弃行政复议权利；（四）申请人对行政拘留或者限制人身自由的行政强制措施不服申请行政复议后，因同一违法行为涉嫌犯罪，被采取刑事强制措施；（五）依照本法第三十九条第一款第一项、第二项、第四项的规定中止行政复议满六十日，行政复议中止的原因仍未消除。

12. 在行政诉讼过程中，下列哪些说法是错误的（　　）。

A. 被告可以自行向原告收集证据

B. 被告可以自行向证人收集证据

C. 人民法院有权要求当事人提供或补充证据

D. 诉讼参加人可以向人民法院申请证据保全

答案：AB

依据：六、行政诉讼法律规定（二）行政诉讼证据：证据的收集、补充、保全规定。《中华人民共和国行政诉讼法》第三十五条规定，在诉讼过程中，被告及其诉讼代理人不得自行向原告、第三人和证人收集证据。第三十九条规定，人民法院有权要求当事人提供或者补充证据。第四十二条规定，在证据可能灭失或者以后难以取得的情况下，诉讼参加人可以向人民法院申请保全证据，人民法院也可以主动采取保全措施。

13. 行政诉讼期间，不停止行政行为的执行，但有下列情形的，可以停止执行（　　）。

A. 被告认为需要停止执行的

B. 被告申请停止执行，经人民法院裁定停止执行

C. 原告申请停止执行，经人民法院裁定停止执行

D. 法律、法规规定停止执行的

答案：ACD

依据：六、行政诉讼法律规定（四）行政诉讼审理与判决：诉讼期间，停止行政行为执行的情形。《中华人民共和国行政诉讼法》第五十六条第一款规定，诉讼期间，不停止行政行为的执行。但有下列情形之一的，裁定停止执行：（一）被告认为需要停止执行的；（二）原告或者利害关系人申请停止执行，人民法院认为该行政行为的执行会造成难以弥补的损失，并且停止执行不损害国家利益、社会公共利益的；（三）人民法院认为该行政行为的执行会给国家利益、社会公共利益造成重大损害的；（四）法律、法规规定停止执行的。

14. 下列哪些情形，国家不承担行政赔偿责任（　　）。

A. 执法人员执法时造成公民身体伤害或者死亡的

B. 执法人员与行使职权无关的个人行为

C. 执法人员执法时使用武器、警械造成公民身体伤害或死亡的

D. 因公民、法人和其他组织自己的行为致使损害发生的

答案：BD

依据：七、国家赔偿法律规定（一）赔偿范围：不承担赔偿责任的情形。《中华人民共和国国家赔偿法》第五条规定，属于下列情形之一的，国家不承担赔偿责任：（一）行政机关工作人员与行使职权无关的个人行为；（二）因公民、法人和其他组织自己的行为致使损害发生的；（三）法律规定的其他情形。

判断题

1. 政府信息公开工作机构具体职能之一是办理本行政机关的政府信息公开事宜。

答案：正确

依据：一、政府信息公开法规要求（一）政府信息公开的主体和范围：

政府信息公开工作机构的具体职能。《中华人民共和国政府信息公开条例》第四条第二款规定，政府信息公开工作机构的具体职能是：（一）办理本行政机关的政府信息公开事宜；（二）维护和更新本行政机关公开的政府信息；（三）组织编制本行政机关的政府信息公开指南、政府信息公开目录和政府信息公开工作年度报告；（四）组织开展对拟公开政府信息的审查；（五）本行政机关规定的与政府信息公开有关的其他职能。

2. 某市地震局应当依照《中华人民共和国保守国家秘密法》以及其他法律、法规和国家有关规定对拟公开的政府信息进行审查，以确定该政府信息是否可以公开。

答案：正确

依据：一、政府信息公开法规要求（一）政府信息公开的主体和范围：确定政府信息公开的审查。《中华人民共和国政府信息公开条例》第十七条规定，行政机关应当建立健全政府信息公开审查机制，明确审查的程序和责任。行政机关应当依照《中华人民共和国保守国家秘密法》以及其他法律、法规和国家有关规定对拟公开的政府信息进行审查。行政机关不能确定政府信息是否可以公开的，应当依照法律、法规和国家有关规定报有关主管部门或者保密行政管理部门确定。

3. 在政府信息公开过程中，行政机关可以通过其他组织、个人以有偿服务方式提供政府信息。

答案：错误

依据：一、政府信息公开法规要求（三）政府信息依申请公开：提供政府信息不收费。《中华人民共和国政府信息公开条例》第四十二条第一款规定，行政机关依申请提供政府信息，不收取费用。但是，申请人申请公开政府信息的数量、频次明显超过合理范围的，行政机关可以收取信息处理费。

4. 公民、法人或者其他组织可以根据自身生产、生活、科研等特殊需要，向国务院部门、地方各级人民政府及县级以上地方人民政府部门，申请获取相关政府信息。

答案：正确

依据：一、政府信息公开法规要求（三）政府信息依申请公开：依申请获取相关政府信息。《中华人民共和国政府信息公开条例》第二十七条规定，除行政机关主动公开的政府信息外，公民、法人或者其他组织可以向地方各级人民政府、对外以自己名义履行行政管理职能的县级以上人民政府部门（含本条例第十条第二款规定的派出机构、内设机构）申请获取相关政府信息。

5. 在政府信息公开过程中，某行政机关公开了不应当公开的政府信息，该机关无须承担法律责任。

答案：错误

依据：一、政府信息公开法规要求（四）政府信息公开的监督保障：法律责任。《中华人民共和国政府信息公开条例》第五十三条规定，行政机关违反本条例的规定，有下列情形之一的，由上一级行政机关责令改正；情节严重的，对负有责任的领导人员和直接责任人员依法给予处分；构成犯罪的，依法追究刑事责任：（一）不依法履行政府信息公开职能；（二）不及时更新公开的政府信息内容、政府信息公开指南和政府信息公开目录；（三）违反本条例规定的其他情形。本条例第十四条规定了禁止公开的政府信息，第十五条规定不了不得公开的政府信息。综上，公开了法律、行政法规禁止公开的政府信息等，应当承担相应的法律责任。

6. 直接涉及国家安全、公共安全等特定活动的行政许可事项，在尚未制定法律、行政法规的情况下，可以由地方性法规设定行政许可。

答案：正确

依据：二、行政许可法律规定（二）行政许可的设定：设定行政许可的权限。《中华人民共和国行政许可法》第十五条第一款规定，本法第十二条所列事项，尚未制定法律、行政法规的，地方性法规可以设定行政许可；尚未制定法律、行政法规和地方性法规的，因行政管理的需要，确需立即实施行政许可的，省、自治区、直辖市人民政府规章可以设定临时性的行政许可。临时性的行政许可实施满一年需要继续实施的，应当提请本级人民代表大会及其常务委员会制定地方性法规。题干中表述的直接涉及国家安全、公共安全等特定活动的行政许可事项属于《中华人民共和国行政许可法》第十二条第一项内容。

7. 在行政许可中，行政机关对行政许可申请进行审查时，发现行政许可事项直接关系他人重大利益的，应当告知该利害关系人。

答案：正确

依据：二、行政许可法律规定（四）行政许可的实施程序：利害关系人告知制度。《中华人民共和国行政许可法》第三十六条规定，行政机关对行政许可申请进行审查时，发现行政许可事项直接关系他人重大利益的，应当告知利害关系人。申请人、利害关系人有权进行陈述和申辩。行政机关应当听取申请人、利害关系人的意见。

8. 行政许可申请人提交的申请材料不齐全或者不符合法定形式的，行政机关可以当场告知或者多次分别告知申请人需要补正的全部内容。

答案：错误

依据：二、行政许可法律规定（四）行政许可的实施程序：申请材料补正。《中华人民共和国行政许可法》第三十二条第一款第四项规定，申请材料不齐全或者不符合法定形式的，应当当场或者在五日内一次告知申请人需要补正的全部内容，逾期不告知的，自收到申请材料之日起即为受理。

9. 在行政处罚中，县级以上人大常委会有权实施行政处罚。

答案：错误

依据：三、行政处罚法律规定（二）行政处罚的实施机关：行政机关职责。《中华人民共和国行政处罚法》第十七条规定，行政处罚由具有行政处罚权的行政机关在法定职权范围内实施。

10. 行政机关可以依法制定行政处罚裁量基准，规范行使行政处罚裁量权，增强执法行为的规范性和可操作性，提高执法效率。

答案：正确

依据：三、行政处罚法律规定（三）行政处罚的适用：行政处罚裁量基准。《中华人民共和国行政处罚法》第三十四条规定，行政机关可以依法制定行政处罚裁量基准，规范行使行政处罚裁量权。行政处罚裁量基准应当向社会公布。

11. 在行政处罚中，行政机关应当依照法定程序，采取合法手段，客观、全面地收集证据，可以仅收集对当事人不利的证据。

答案：错误

依据：三、行政处罚法律规定（四）行政处罚决定：行政机关收集证据。《中华人民共和国行政处罚法》第五十四条第一款规定，除本法第五十一条规定的可以当场作出的行政处罚外，行政机关发现公民、法人或者其他组织有依法应当给予行政处罚的行为的，必须全面、客观、公正地调查，收集有关证据；必要时，依照法律、法规的规定，可以进行检查。

12. 在行政处罚中，行政处罚决定书必须盖有作出行政处罚决定的行政机关的印章。

答案：正确

依据：三、行政处罚法律规定（四）行政处罚决定：处罚决定书形式要件。《中华人民共和国行政处罚法》第五十九条第二款规定，行政处罚决定书必须盖有作出行政处罚决定的行政机关的印章。

13. 听证结束后，行政机关应当根据听证笔录，依照《中华人民共和国行政处罚法》第五十七条的规定，作出决定，对申请听证人进行加重处罚。

答案：错误

依据：三、行政处罚法律规定（四）行政处罚决定：听证笔录。《中华人民共和国行政处罚法》第六十五条规定，听证结束后，行政机关应当根据听证笔录，依照本法第五十七条的规定，作出决定。

14. 在适用简易程序的行政处罚中，对当事人当场作出罚款 100 元的行政处罚后，应当由作出行政处罚决定的执法人员直接将所收缴的罚款缴付至指定的银行。

答案：错误

依据：三、行政处罚法律规定（五）行政处罚执行：当场收缴的罚款上缴规定。《中华人民共和国行政处罚法》第七十一条规定，执法人员当场收缴的罚款，应当自收缴罚款之日起二日内，交至行政机关；在水上当场收缴的罚款，应当自抵岸之日起二日内交至行政机关；行政机关应当在二日内将罚款缴付指定的银行。

15. 在行政处罚过程中，行政机关依法作出罚款的行政决定，当事人逾期不履行的，行政机关可以依法加处罚款或者滞纳金。加处罚款或者滞纳金的标准无须告知当事人。

答案：错误

依据：三、行政处罚法律规定（五）行政处罚执行：当事人缴纳罚款逾期，追加罚款。《中华人民共和国行政处罚法》第七十二条第一款规定，当事人逾期不履行行政处罚决定的，作出行政处罚决定的行政机关可以采取下列措施：（一）到期不缴纳罚款的，每日按罚款数额的百分之三加处罚款，加处罚款的数额不得超出罚款的数额；（二）根据法律规定，将查封、扣押的财物拍卖、依法处理或者将冻结的存款、汇款划拨抵缴罚款；（三）根据法律规定，采取其他行政强制执行方式；（四）依照《中华人民共和国行政强制法》的规定申请人民法院强制执行。《中华人民共和国行政强制法》第四十五条第一款规定，行政机关依法作出金钱给付义务的行政决定，当事人逾期不履行的，行政机关可以依法加处罚款或者滞纳金。加处罚款或者滞纳金的标准应当告知当事人。

16. 1990 年，A 省 C 水电公司投产建设了一个坝高 110 米、库容 6 亿立方米的水库，因其库区及周边地区地震活动有增强趋势，A 省地震局依据《水库地震监测管理办法》有关规定，要求 C 水电公司补充建设水库地震监测台网用以开展水库地震监测。C 水电公司对该办法提出质疑，并对《水库地震监测管理办法》提出行政复议，行政复议机关应当在收到行政复议申请后予以受理。

答案：错误

依据：四、行政复议法律规定（二）行政复议申请：不属于行政复议范围。《水库地震监测管理办法》是 2011 年 5 月 1 日起施行的部门规章，不属于行政复议范围，行政复议机关不应当受理该行政复议申请。《中华人民共和国行政复议法》第十二条规定，下列事项不属于行政复议范围：（一）国防、外交等国家行为；（二）行政法规、规章或者行政机关制定、发布的具有普遍约束力的决定、命令等规范性文件；（三）行政机关对行政机关工作人员的奖惩、任免等决定；（四）行政机关对民事纠纷作出的调解。

17. 在行政复议中，公民、法人或者其他组织对行政复议决定不服的，都可以向人民法院提起行政诉讼。

答案：错误

依据：四、行政复议法律规定（二）行政复议申请：对行政复议决定提起行政诉讼的例外情形。《中华人民共和国行政复议法》第十条规定，公民、法人或者其他组织对行政复议决定不服的，可以依照《中华人民共和国行政诉讼法》的规定向人民法院提起行政诉讼，但是法律规定行政复议决定为最终裁决的除外。

18. 申请人、第三人可以委托 1—2 名代理人参加行政复议。申请人、第三人委托代理人的，应当向行政复议机构提交授权委托书。

答案：正确

依据：四、行政复议法律规定（二）行政复议申请：委托代理。《中华人民共和国行政复议法》第十七条规定，申请人、第三人可以委托一至二名律师、基层法律服务工作者或者其他代理人代为参加行政复议。申请人、第三人委托代理人的，应当向行政复议机构提交授权委托书、委托人及被委托人的身份证明文件。授权委托书应当载明委托事项、权限和期限。申请人、第三人变更或者解除代理人权限的，应当书面告知行政复议机构。

19. 公民、法人或者其他组织申请行政复议，行政复议机关已经依法受理的，在行政复议期间仍可以向人民法院提起行政诉讼。

答案：错误

依据：四、行政复议法律规定（二）行政复议申请：适用行政复议与行政诉讼的互斥规定。《中华人民共和国行政复议法》第二十九条第一款规定，公民、法人或者其他组织申请行政复议，行政复议机关已经依法受理的，在行政复议期间不得向人民法院提起行政诉讼。

20. 在行政复议中，申请人在申请行政复议时可以一并提出行政赔偿请求。

答案：正确

依据：四、行政复议法律法规规定（二）行政复议申请：申请行政复议时一并提出行政赔偿。《中华人民共和国行政复议法》第七十二条第一款规定，申请人在申请行政复议时一并提出行政赔偿请求，行政复议机关对依照《中华人民共和国国家赔偿法》的有关规定应当不予赔偿的，在作出行政复议决定时，应当同时决定驳回行政赔偿请求；对符合《中华人民共和国国家赔偿法》的有关规定应当给予赔偿的，在决定撤销或者部分撤销、变更行政行为或者确认行政行为违法、无效时，应当同时决定被申请人依法给予赔偿；确认行政行为违法的，还可以同时责令被申请人采取补救措施。

21. 在行政复议过程中，如果申请人和被申请人达成和解，希望通过和解方式解决行政纠纷的，必须制作和解协议书，并将和解协议书提交复议机关。

答案：正确

依据：五、行政复议法规规定（一）行政复议申请：申请和解。《中华人民共和国行政复议法实施条例》第四十条规定，公民、法人或者其他组织对行政机关行使法律、法规规定的自由裁量权作出的具体行政行为不服申请行政复议，申请人与被申请人在行政复议决定作出前自愿达成和解的，应当向行政复议机构提交书面和解协议；和解内容不损害社会公共利益和他人合法权益的，行政复议机构应当准许。

22. 公民、法人或者其他组织对行政机关制定、发布的具有普遍约束力的决定、命令行为可以提起行政诉讼。

答案：错误

依据：六、行政诉讼法律规定（一）行政诉讼受案范围：受案范围的排除。《中华人民共和国行政诉讼法》第十三条规定，人民法院不受理公民、法人或者其他组织对下列事项提起的诉讼：（一）国防、外交等国家行为；（二）行政法规、规章或者行政机关制定、发布的具有普遍约束力的决定、命令；（三）行政机关对行政机关工作人员的奖惩、任免等决定；（四）法律规定由行政机关最终裁决的行政行为。

23. 在行政诉讼中，人民法院认为行政案件的审理需以民事诉讼的裁判为依据的，可以裁定中止行政诉讼。

答案：正确

依据：六、行政诉讼法律规定（四）行政诉讼审理与判决：中止行政诉讼的特殊情况。《中华人民共和国行政诉讼法》第六十一条第二款规定，在行政诉讼中，人民法院认为行政案件的审理需以民事诉讼的裁判为依据的，可以裁定中止行政诉讼。

24. 行政诉讼中，被告应在收到起诉状副本之日起 15 日内向人民法院提交作出行政行为的有关证据材料，并提出答辩状。

答案：正确

依据：六、行政诉讼法律规定（四）行政诉讼审理与判决：发送起诉状和提出答辩状。《中华人民共和国行政诉讼法》第六十七规定，人民法院应当在立案之日起五日内，将起诉状副本发送被告。被告应当在收到起诉状副本之日起十五日内向人民法院提交作出行政行为的证据和所依据的规范性文件，并提出答辩状。人民法院应当在收到答辩状之日起五日内，将答辩状副本发送原告。被告不提出答辩状的，不影响人民法院审理。

25. 两个以上行政机关共同行使行政职权时侵犯公民、法人和其他组织的合法权益造成损害的，共同行使行政职权的行政机关为共同赔偿义务机关。

答案：正确

依据：七、国家赔偿法律规定（二）赔偿义务机关：共同赔偿机关。《中华人民共和国国家赔偿法》第七条第二款规定，两个以上行政机关共同行使行政职权时侵犯公民、法人和其他组织的合法权益造成损害的，共同行使行政职权的行政机关为共同赔偿义务机关。

26. 在行政赔偿诉讼中，赔偿请求人根据受到的不同损害，可以同时提出数项赔偿要求。

答案：正确

依据：七、国家赔偿法律规定（三）赔偿程序：赔偿请求的提出。《中华人民共和国国家赔偿法》第十一条规定，赔偿请求人根据受到的不同损害，可以同时提出数项赔偿要求。

27. 在行政赔偿中，凡参加了侵权的行政机关都有义务进行赔偿，受害人可以向其中任何一个赔偿义务机关提出赔偿请求，被请求的机关必须依法先予以赔偿。

答案：正确

依据：七、国家赔偿法律规定（三）赔偿程序：赔偿机关先予赔偿。《中华人民共和国国家赔偿法》第十条规定，赔偿请求人可以向共同赔偿义务机关中的任何一个赔偿义务机关要求赔偿，该赔偿义务机关应当先予赔偿。

28. 公职人员对监察机关作出的涉及本人的政务处分不服的，可以依法向作出决定的监察机关申请复审，也可以向人民法院提起行政诉讼。

答案：错误

依据：九、公职人员处分法规定（一）申诉：救济权利。《中华人民共和国公职人员政务处分法》第五十五条第一款规定，公职人员对监察机关作出的涉及本人的政务处分决定不服的，可以依法向作出决定的监察机关申请复审；公职人员对复审决定仍不服的，可以向上一级监察机关申请复核。

四、国家政策性文件

单选题

1.《提升行政执法质量三年行动计划（2023—2025 年）》规定，要全面落实行政裁量权基准制度，加强行政裁量权基准的（　　）。下列说法不正确的是（　　）。

A. 动态管理　　B. 备案审查　　C. 建立健全

答案：C

依据：《提升行政执法质量三年行动计划（2023—2025 年）》：二、重点任务。（二）全面推进严格规范公正文明执法。2. 建立健全行政执法标准规范。全面落实行政裁量权基准制度，加强行政裁量权基准的动态管理和备案审查。

2.《提升行政执法质量三年行动计划（2023—2025 年）》规定，探索建立涉企行政执法案件（　　）制度，依法降低行政执法对企业的负面影响。

A. 投诉举报处理　　B. 信用监管　　C. 经济影响评估

答案：C

依据：《提升行政执法质量三年行动计划（2023—2025 年）》：二、重点任务。（二）全面推进严格规范公正文明执法。3. 完善行政执法工作机制。探索建立涉企行政执法案件经济影响评估制度，依法降低行政执法对企业的负面影响。

3.《提升行政执法质量三年行动计划（2023—2025 年）》规定，严格行政执法程序，依法健全以（　　）为基础的新型执法机制，推动监管信息共享互认。

A. 互联网 +　　B. 大数据　　C. 信用

答案：C

依据：《提升行政执法质量三年行动计划（2023—2025年）》：二、重点任务。（二）全面推进严格规范公正文明执法。3. 完善行政执法工作机制。严格行政执法程序，全面落实行政执法公示制度、执法全过程记录制度、重大执法决定法制审核制度。依法健全以信用为基础的新型执法机制，规范涉企行政检查，完善联合检查、“双随机、一公开”监管、非现场执法等工作机制，推动监管信息共享互认，避免多头执法、重复检查。

4.《提升行政执法质量三年行动计划（2023—2025年）》规定，要不断强化行政执法保障能力，加大财政支持力度，按照中央与地方财政事权和支出责任划分原则，将行政执法工作经费、行政执法装备配备费用纳入（　　）。

A. 政府预算　　B. 同级预算　　C. 本级预算

答案：C

依据：《提升行政执法质量三年行动计划（2023—2025年）》：二、重点任务。（六）不断强化行政执法保障能力。3. 加大财政支持力度。要按照中央与地方财政事权和支出责任划分原则，将行政执法工作经费、行政执法装备配备费用纳入本级预算。

5.《提升行政执法质量三年行动计划（2023—2025年）》规定，要完善行政执法工作机制，对直接涉及公共安全和人民群众生命健康等的特殊行业、重点领域，依法依规实行（　　）。

A. 信用监管

B. 有针对性的全面监管

C. 全覆盖的重点监管

答案：C

依据：《提升行政执法质量三年行动计划（2023—2025年）》：二、重点任务。（二）全面推进严格规范公正文明执法。3. 完善行政执法工作机制。对直接涉及公共安全和人民群众生命健康等的特殊行业、重点领域，依法依规实行全覆盖的重点监管。

6.《关于加强行政执法协调监督工作体系建设的意见》规定，行政执法监督作为上级行政机关对下级行政机关行政执法工作的（　　），是党和国家监督体系的重要组成部分，是各级党委和政府统筹行政执法工作的基本方式。

A. 外部层级监督

B. 内部层级监督

C. 日常内部监督

答案：B

依据：《关于加强行政执法协调监督工作体系建设的意见》：行政执法监督作为上级行政机关对下级行政机关行政执法工作的内部层级监督，是党和国家监督体系的重要组成部分，是各级党委和政府统筹行政执法工作的基本方式。

7.《国务院关于加强和规范事中事后监管的指导意见》规定，对没有专门执法力量的行业和领域，审批或主管部门可通过（　　）和联合执法等方式，会同相关综合执法部门查处违法违规行为。

A. 授权执法　　B. 命令执法　　C. 委托执法

答案：C

依据：《国务院关于加强和规范事中事后监管的指导意见》：二、夯实监管责任。（三）明确监管对象和范围……对没有专门执法力量的行业和领域，审批或主管部门可通过委托执法、联合执法等方式，会同相关综合执法部门查处违法违规行为，相关综合执法部门要积极予以支持。

8.《国务院关于加强和规范事中事后监管的指导意见》规定，建立统一的执法信息公示平台，按照（　　）原则，对行政执法职责、依据、程序、结果等向社会公开。

A. 谁普法谁公示　　B. 谁立法谁公示　　C. 谁执法谁公示

答案：C

依据：《国务院关于加强和规范事中事后监管的指导意见》：六、提升监管规范性和透明度。（十八）全面推进监管执法公开。聚焦行政执法的源头、过程、结果等关键环节，严格落实行政执法公示、执法全过程记录、重大执法决定法制审核制度。建立统一的执法信息公示平台，按照“谁执法谁公示”原则，除涉及国家秘密、商业秘密、个人隐私等依法不予公开的信息外，行政执法职责、依据、程序、结果等都应对社会公开……

9.《国务院办公厅关于全面推行行政执法公示制度执法全过程记录制度重大执法决定法制审核制度的指导意见》规定，加强事后公开，行政许可、行政处罚的执法决定信息要在执法决定作出之日起（　　）工作日内公开。

A. 20 个　　B. 10 个　　C. 7 个

答案：C

依据：《国务院办公厅关于全面推行行政执法公示制度执法全过程记录制度重大执法决定法制审核制度的指导意见》：二、全面推行行政执法公示制度。（六）加强事后公开。行政执法机关要在执法决定作出之日起 20 个工作日内，向社会公布执法机关、执法对象、执法类别、执法结论等信息，接受社会监督，行政许可、行政处罚的执法决定信息要在执法决定作出之日起 7 个工作日内公开，但法律、行政法规另有规定的除外……

10.《国务院办公厅关于全面推行行政执法公示制度执法全过程记录制度重大执法决定法制审核制度的指导意见》规定，行政执法机关要通过文字、音像等记录形式，对行政执法的启动、调查取证、审核决定、送达执行等全部过程进行记录，并全面系统归档保存，做到（　　）管理。

A. 执法过程留痕迹

B. 执法过程可回溯

C. 执法全过程留痕和可回溯

答案：C

依据：《国务院办公厅关于全面推行行政执法公示制度执法全过程记录制度重大执法决定法制审核制度的指导意见》：三、全面推行执法全过程记录制度。行政执法全过程记录是行政执法活动合法有效的重要保证。

行政执法机关要通过文字、音像等记录形式，对行政执法的启动、调查取证、审核决定、送达执行等全部过程进行记录，并全面系统归档保存，做到执法全过程留痕和可回溯管理。

11.《国务院办公厅关于全面推行行政执法公示制度执法全过程记录制度重大执法决定法制审核制度的指导意见》规定，（　　）负责制定统一的行政执法文书基本格式标准，国务院有关部门可以参照该标准，结合本部门执法实际，制定本部门、本系统统一适用的行政执法文书格式文本。

A. 国务院　　B. 最高人民法院　　C. 司法部

答案：C

依据：《国务院办公厅关于全面推行行政执法公示制度执法全过程记录制度重大执法决定法制审核制度的指导意见》：三、全面推行执法全过程记录制度。（七）完善文字记录。司法部负责制定统一的行政执法文书基本格式标准，国务院有关部门可以参照该标准，结合本部门执法实际，制定本部门、本系统统一适用的行政执法文书格式文本。

12.《国务院办公厅关于全面推行行政执法公示制度执法全过程记录制度重大执法决定法制审核制度的指导意见》规定，行政执法机关作出重大执法决定前，（　　）作出决定。

A. 可以不经过审核

B. 要严格进行法制审核

C. 可以内部协调

答案：B

依据：《国务院办公厅关于全面推行行政执法公示制度执法全过程记录制度重大执法决定法制审核制度的指导意见》：四、全面推行重大执法决定法制审核制度。重大执法决定法制审核是确保行政执法机关作出的重大执法决定合法有效的关键环节。行政执法机关作出重大执法决定前，要严格进行法制审核，未经法制审核或者审核未通过的，不得作出决定。

13.《国务院办公厅关于全面推行行政执法公示制度执法全过程记录制度重大执法决定法制审核制度的指导意见》规定，原则上各级行政执法机关的法制审核人员不少于本单位执法人员总数的（　　）。

A. 5%　　B. 6%　　C. 7%

答案：A

依据：《国务院办公厅关于全面推行行政执法公示制度执法全过程记录制度重大执法决定法制审核制度的指导意见》：四、全面推行重大执法决定法制审核制度。（十一）明确审核机构。各级行政执法机关要明确具体负责本单位重大执法决定法制审核的工作机构，确保法制审核工作有机构承担、有专人负责。加强法制审核队伍的正规化、专业化、职业化建设，把政治素质高、业务能力强、具有法律专业背景的人员调整充实到法制审核岗位，配强工作力量，使法制审核人员的配置与形势任务相适应，原则上各级行政执法机关的法制审核人员不少于本单位执法人员总数的5%……

14.《综合行政执法制式服装和标志管理办法》规定，各地在预算定额标准范围内（　　）。

A. 不得大幅度提高配发标准

B. 可以适当提高配发标准

C. 不得提高配发标准

答案：C

依据：《综合行政执法制式服装和标志管理办法》第四条第一款规定，各地应当按照本办法规定的配发范围、标准和相关技术规范，在预算定额标准以内配发制式服装和标志。不得扩大着装范围，不得改变制式服装和标志式样，不得提高配发标准。

15.《综合行政执法制式服装和标志管理办法》规定，已配发制式服装和标志的综合行政执法人员，在履行行政执法职能时（　　）。

A. 应当穿着制式服装、佩戴标志

B. 可以不穿着制式服装

C. 可以将制式服装拿在手中

答案：A

依据：《综合行政执法制式服装和标志管理办法》第八条规定，已配发制式服装和标志的综合行政执法人员，在履行行政执法职能时应当穿着制式服装、佩戴标志。

16.《综合行政执法制式服装和标志管理办法》规定，综合行政执法人员退休的（　　）。

A. 可以不交回标志

B. 可以留一些作为纪念

C. 应当交回所有标志

答案：C

依据：《综合行政执法制式服装和标志管理办法》第二十三条规定，综合行政执法人员辞职、调离或者被辞退、开除的，应当交回所有制式服装和标志。综合行政执法人员退休的，应当交回所有标志。

17.《地震安全性评价管理办法（暂行）》规定，承担地震安全性评价的单位或者机构，要具有与承担地震安全性评价相适应的地震学、地震地质学、地震工程学 3 个相关专业背景的技术人员，每个专业具有高级专业技术职称人员不少于（　　）人。

A. 2　　B. 3　　C. 4

答案：A

依据：《地震安全性评价管理办法（暂行）》第七条规定，承担地震安全性评价的单位或者机构应当具备下列条件：（一）具有独立法人资格；（二）具有与承担地震安全性评价相适应的地震学、地震地质学、地震工程学 3 个相关专业背景的技术人员，每个专业具有高级专业技术职称人员不少于 2 人；（三）具有承担地震安全性评价工作的技术装备和专用软件系统，并具备相应的实验、测试条件和分析能力；（四）具有健全的质量管理体系。

18.《“十四五”国家防震减灾规划》规定，加强防震减灾法治建设，要推行（　　），提升地震行政执法效能。下列说法错误的是（　　）

A.“互联网＋执法”　　B.“互联网＋监管”　　C.“互联网＋协同”

答案：C

依据：《“十四五”国家防震减灾规划》：三、主要任务。（八）加强防震减灾法治建设。推行“互联网＋执法”“互联网＋监管”，提升地震行政执法效能。

19.《地震系统法治宣传教育第八个五年规划（2021—2025年）》规定，要完善普法责任清单，细化普法内容、措施目标，明确执法主体对普法的责任，推动对（　　）责任单位定期开展总结评估。

A.“谁执法谁普法”　　B.“谁立法谁普法”　　C.“谁执法谁细化”

答案：A

依据：《地震系统法治宣传教育第八个五年规划（2021—2025年）》：完善普法责任清单，细化普法内容、措施目标，明确执法主体对普法的责任，推动对“谁执法谁普法”责任单位定期开展总结评估。

20.《中国地震局关于取消地震安全性评价单位资质认定审批后加强事中事后监管的公告》规定，各级地震部门、工程建设单位或其他委托单位（　　），强制要求将地震安全性评价单位资质作为承揽地震安全性评价业务的条件。

A. 可以以任何方式

B. 不得以任何方式

C. 可以借助第三方

答案：B

依据：《中国地震局关于取消地震安全性评价单位资质认定审批后加强事中事后监管的公告》：一、取消地震部门地震安全性评价单位资质认定审批。地震部门不再受理地震安全性评价单位资质的新设、延续、变更等相关申请。各级地震部门、工程建设单位或其他委托单位不得以任何方式，强制要求将地震安全性评价单位资质作为承揽地震安全性评价业务的条件……

多选题

1.《提升行政执法质量三年行动计划（2023—2025年）》规定，严格落实行政执法人员（　　）制度，未取得行政执法证件的人员不得独立从事行政执法工作。

A. 凡进必考

B. 资格管理

C. 持证上岗

D. 机构编制管理

答案：BC

依据：《提升行政执法质量三年行动计划（2023—2025年）》：二、重点任务。（一）全面提升行政执法人员能力素质。3. 切实加强全方位管理。严格落实行政执法人员资格管理和持证上岗制度，未取得行政执法证件的人员不得独立从事行政执法工作。

2.《提升行政执法质量三年行动计划（2023—2025年）》提出，要建立健全行政执法人员退出机制，对不符合执法要求的行政执法人员要依法（　　）其行政执法证件。

A. 暂扣　　B. 收回　　C. 撤销　　D. 注销

答案：ABD

依据：《提升行政执法质量三年行动计划（2023—2025年）》：二、重点任务。（一）全面提升行政执法人员能力素质。3. 切实加强全方位管理。建立健全行政执法人员退出机制，对不符合执法要求的行政执法人员要依法暂扣、收回或者注销其行政执法证件。

3.《提升行政执法质量三年行动计划（2023—2025年）》要求，建立健全行政执法标准化制度化培训机制，开展分类分级分层培训，在完成政治理论教育和党性教育学时的基础上，确保行政执法人员每人每年接受不少于60学时的（　　）培训。

A. 公共法律知识

B. 业务知识

C. 行政执法技能

D. 职业道德

答案：ABC

依据：《提升行政执法质量三年行动计划（2023—2025年）》：二、重点任务。（一）全面提升行政执法人员能力素质。2. 大力提升业务能力。建立健全行政执法标准化制度化培训机制，开展分类分级分层培训，在完成政治理论教育和党性教育学时的基础上，确保行政执法人员每人每年接受不少于60学时的公共法律知识、业务知识和行政执法技能培训……

4.《提升行政执法质量三年行动计划（2023—2025年）》提出，推进行政执法和行政执法监督一体化平台与（　　）等数据标准的相互兼容，形成全国统一的行政执法数据标准体系。

A. 国家“互联网＋监管”系统

B. 全国信用信息共享平台

C. “双随机、一公开”系统

D. “信用中国”网站

答案：ABC

依据：《提升行政执法质量三年行动计划（2023—2025年）》：二、重点任务。（五）健全行政执法和行政执法监督科技保障体系。2. 推进行政执法数据互联互通。推进行政执法和行政执法监督一体化平台与国家“互联网＋监管”系统、全国信用信息共享平台、“双随机、一公开”系统等数据标准的相互兼容，形成全国统一的行政执法数据标准体系。

5.《提升行政执法质量三年行动计划（2023—2025年）》提出，要推进行政执法队伍的（　　）建设，持续提升做好行政执法工作的能力素养和本领，实现行政执法工作政治效果、法律效果和社会效果的有机统一。

A. 革命化　　B. 正规化　　C. 专业化　　D. 职业化

答案：ABCD

依据：《提升行政执法质量三年行动计划（2023—2025年）》：二、重点任务。（一）全面提升行政执法人员能力素质。1. 着力提高政治能力。推进行政执法队伍的革命化、正规化、专业化、职业化建设，持续提升做好行政执法工作的能力素养和本领，实现行政执法工作政治效果、法律效果和社会效果的有机统一。

6.《国务院关于加强和规范事中事后监管的指导意见》中规定的基本原则包括（　　）。

A. 依法监管　　B. 分级分类　　C. 寓管于服　　D. 科学高效

答案：ABCD

依据：《国务院关于加强和规范事中事后监管的指导意见》：一、总体要求。（二）基本原则。依法监管、公平公正、公开透明、分级分类、科学高效、寓管于服。

7.《国务院关于加强和规范事中事后监管的指导意见》中规定，夯实监管责任的方式包括（　　）。

A. 明确监管对象和范围

B. 厘清监管事权

C. 严管严查

D. 责任追究

答案：AB

依据：《国务院关于加强和规范事中事后监管的指导意见》：二、夯实监管责任。（三）明确监管对象和范围。要严格按照法律法规和“三定”规定明确的监管职责和监管事项，依法对市场主体进行监管，做到监管全覆盖，杜绝监管盲区和真空……（四）厘清监管事权。各部门要充分发挥在规则和标准制定、风险研判、统筹协调等方面的作用，指导本系统开展事中事后监管……

8.《国务院办公厅关于全面推行行政执法公示制度执法全过程记录制度重大执法决定法制审核制度的指导意见》中确立的基本原则包括（　　）。

A. 坚持依法规范

B. 坚持执法为民

C. 坚持务实高效

D. 坚持改革创新

答案：ABCD

依据：《国务院办公厅关于全面推行行政执法公示制度执法全过程记录制度重大执法决定法制审核制度的指导意见》：一、总体要求。（二）基本原则。坚持依法规范、坚持执法为民、坚持务实高效、坚持改革创新、坚持统筹协调。

9.《国务院办公厅关于全面推行行政执法公示制度执法全过程记录制度重大执法决定法制审核制度的指导意见》规定，配备音像记录设备，要按照（　　）的原则，结合本地区经济发展水平和本部门执法具体情况确定，不搞“一刀切”。

A. 厉行节约　　B. 性能适度　　C. 安全稳定　　D. 适量够用

答案：ABCD

依据：《国务院办公厅关于全面推行行政执法公示制度执法全过程记录制度重大执法决定法制审核制度的指导意见》：三、全面推行执法全过程记录制度。（八）规范音像记录……配备音像记录设备、建设询问室和听证室等音像记录场所，要按照工作必需、厉行节约、性能适度、安全稳定、适量够用的原则，结合本地区经济发展水平和本部门执法具体情况确定，不搞“一刀切”。

10.《国务院办公厅关于全面推行行政执法公示制度执法全过程记录制度

重大执法决定法制审核制度的指导意见》规定，要重视执法人员能力素质建设，着力提升执法人员业务能力和执法素养，打造（　　）的执法队伍。

A. 政治坚定　　B. 作风优良　　C. 纪律严明　　D. 廉洁务实

答案：ABCD

依据：《国务院办公厅关于全面推行行政执法公示制度执法全过程记录制度重大执法决定法制审核制度的指导意见》：六、加大组织保障力度。（二十三）加强队伍建设。高素质的执法人员是全面推行“三项制度”取得实效的关键。要重视执法人员能力素质建设，加强思想道德和素质教育，着力提升执法人员业务能力和执法素养，打造政治坚定、作风优良、纪律严明、廉洁务实的执法队伍……

判断题

1. 未取得行政执法证件的人员可以独立从事行政执法工作。

答案：错误

依据：《提升行政执法质量三年行动计划（2023—2025年）》：二、重点任务。（一）全面提升行政执法人员能力素质。3. 切实加强全方位管理。严格落实行政执法人员资格管理和持证上岗制度，未取得行政执法证件的人员不得独立从事行政执法工作。

2. 建立健全防震减灾法律规范体系，就要坚持立法先行、立改废释并举，加快推进地震预警、地震重点监视防御区管理、地震资料管理、地震信息服务等重点领域立法工作。

答案：正确。

依据：《中国地震局党组关于认真贯彻习近平新时代中国特色社会主义思想 大力推进新时代防震减灾事业现代化建设的意见》：三、新时代防震减灾事业现代化建设的重点任务。（四）大力推进社会治理现代化。建立健全防震减灾法律规范体系。坚持立法先行、立改废释并举，加快推进地震预警、地震重点监视防御区管理、地震资料管理、地震信息服务等重点领域立法工作，不断完善以防震减灾法为统领，以行政法规、部门规章为主干，以地方性法规、地方政府规章及规范性文件为支撑的防震减灾法律法规体系。

3.《提升行政执法质量三年行动计划（2023—2025年）》提出，2024年底前基本建成制度完善、机制健全、职责明确、监督有力、运转高效的省市县三级全覆盖的行政执法协调监督工作体系。

答案：错误

依据：《提升行政执法质量三年行动计划（2023—2025年）》：二、重点任务。（四）加快构建行政执法协调监督工作体系。2.健全行政执法监督机制。强化上级行政机关对下级行政机关行政执法工作的全方位、全流程监督，严格履行常态化、长效化监督，2024年底前基本建成制度完善、机制健全、职责明确、监督有力、运转高效的省市县乡四级全覆盖的行政执法协调监督工作体系。

4.提升依法行政能力，就要提升法治宣传教育实效，构建党委领导、政府主导、部门联动、社会参与、法治保障的防震减灾工作机制。

答案：正确。

依据：《中国地震局党组关于认真贯彻习近平新时代中国特色社会主义思想 大力推进新时代防震减灾事业现代化建设的意见》：三、新时代防震减灾事业现代化建设的重点任务。（四）大力推进社会治理现代化。提升依法行政能力。提升法治宣传教育实效，构建党委领导、政府主导、部门联动、社会参与、法治保障的防震减灾工作机制。

5.安评单位信用监管工作应该遵循依法依规、客观公正、公开透明、动态管理的原则。

答案：正确。

依据：《地震安全性评价单位信用监管实施办法（试行）》第三条规定，安评单位信用监管工作遵循依法依规、客观公正、公开透明、动态管理的原则。

6.《提升行政执法质量三年行动计划（2023—2025年）》中规定，对行政执法人员开展分类分级分层培训，行政执法人员除了在完成政治理论教育和党性教育学时的基础上，还需要确保每人每年接受不少于50学时的公共法律知识、业务知识和行政执法技能培训。

答案：错误

依据：《提升行政执法质量三年行动计划（2023—2025年）》：二、重点任务。（一）全面提升行政执法人员能力素质。2.大力提升业务能力。建立健全行政执法标准化制度化培训机制，开展分类分级分层培训，在完成政治理论教育和党性教育学时的基础上，确保行政执法人员每人每年接受不少于60学时的公共法律知识、业务知识和行政执法技能培训，原则上于2024年6月前完成对本地区、本部门行政执法队伍的全员轮训。

7.《国务院关于加强和规范事中事后监管的指导意见》规定，对审批改为备案的事项，主管部门要加强核查，对未经备案从事相关经营活动的市场主体依法予以查处。

答案：正确

依据：《国务院关于加强和规范事中事后监管的指导意见》：二、夯实监管责任。（三）明确监管对象和范围……对审批改为备案的事项，主管部门要加强核查，对未经备案从事相关经营活动的市场主体依法予以查处……

8.《国务院关于加强和规范事中事后监管的指导意见》规定，各部门要厘清监管事权，充分发挥在规则和标准制定、风险研判、统筹协调等方面的作用，指导本系统开展事中事后监管。

答案：正确

依据：《国务院关于加强和规范事中事后监管的指导意见》：二、夯实监管责任。（四）厘清监管事权。各部门要充分发挥在规则和标准制定、风险研判、统筹协调等方面的作用，指导本系统开展事中事后监管……

9.《国务院关于加强和规范事中事后监管的指导意见》规定，要结合权责清单编制，全面梳理各部门职责范围内的监管事项，明确监管主体、监管对象、监管措施、设定依据、处理方式等内容。

答案：正确

依据：《国务院关于加强和规范事中事后监管的指导意见》：三、健全监管规则和标准。（五）健全制度化监管规则……要结合权责清单编制，在国家“互联网＋监管”系统监管事项目录清单基础上，全面梳理各级政府和部门职责范围内的监管事项，明确监管主体、监管对象、监管措施、设定依据、处理方式等内容，纳入国家“互联网＋监管”系统统一管理并动态更新，提升监管规范化、标准化水平……

10.《国务院关于加强和规范事中事后监管的指导意见》规定，要深入推进“互联网＋监管”，充分运用大数据等技术，加强对风险的跟踪预警。

答案：正确

依据：《国务院关于加强和规范事中事后监管的指导意见》：四、创新和完善监管方式。（七）深入推进“互联网＋监管”。依托国家“互联网＋监管”系统，联通汇聚全国信用信息共享平台、国家企业信用信息公示系统等重要监管平台数据，以及各级政府部门、社会投诉举报、第三方平台等数据，加强监管信息归集共享，将政府履职过程中形成的行政检查、行政处罚、行政强制等信息以及司法判决、违法失信、抽查抽检等信息进行关联整合，并归集到相关市场主体名下。充分运用大数据等技术，加强对风险的跟踪预警……

11.《国务院关于加强和规范事中事后监管的指导意见》规定，规范涉企行政检查和处罚，要健全行政执法自由裁量基准制度，合理确定裁量范围、种类和幅度，严格限定裁量权的行使，禁止将罚没收入与行政执法机关利益挂钩。

答案：正确

依据：《国务院关于加强和规范事中事后监管的指导意见》：六、提升监管规范性和透明度。（十七）规范涉企行政检查和处罚。对涉企现场检查事项进行全面梳理论证，通过取消、整合、转为非现场检查等方式，压减重复或不必要的检查事项，着力解决涉企现场检查事项多、频次高、随意检查等问题。清理规范行政处罚事项，对重复处罚、标准不一、上位法已作调整的事项及时进行精简和规范。加强行政执法事项目录管理，从源头上减少不必要的执法事项。健全行政执法自由裁量基准制度，合理确定裁量范围、种类和幅度，严格限定裁量权的行使。禁止将罚没收入与行政执法机关利益挂钩。

12.《国务院关于加强和规范事中事后监管的指导意见》规定，要全面推进监管执法公开，重大行政执法决定必须经过法制审核，未经法制审核或审核未通过的，不得作出决定。

答案：正确

依据：《国务院关于加强和规范事中事后监管的指导意见》：六、提升监管规范性和透明度。（十八）全面推进监管执法公开。聚焦行政执法的源头、过程、结果等关键环节，严格落实行政执法公示、执法全过程记录、重大执法决定法制审核制度。建立统一的执法信息公示平台，按照"谁执法谁公示"原则，除涉及国家秘密、商业秘密、个人隐私等依法不予公开的信息外，行政执法职责、依据、程序、结果等都应对社会公开。对行政执法的启动、调查取证、审核决定、送达执行等全过程进行记录，做到全程留痕和可回溯管理。重大行政执法决定必须经过法制审核，未经法制审核或审核未通过的，不得作出决定。

13.《国务院办公厅关于全面推行行政执法公示制度执法全过程记录制度重大执法决定法制审核制度的指导意见》规定，强化事前公开，行政执法机关要全面准确及时主动公开行政执法主体、人员、职责、权限、依据、程序、救济渠道和随机抽查事项清单等信息。

答案：正确

依据：《国务院办公厅关于全面推行行政执法公示制度执法全过程记录制度重大执法决定法制审核制度的指导意见》：二、全面推行行政执法公示制度。（四）强化事前公开。行政执法机关要统筹推进行政执法事前公开与政府信息公开、权责清单公布、“双随机、一公开”监管等工作。全面准确及时主动公开行政执法主体、人员、职责、权限、依据、程序、救济渠道和随机抽查事项清单等信息……

14.《国务院办公厅关于全面推行行政执法公示制度执法全过程记录制度重大执法决定法制审核制度的指导意见》规定，全面推行执法全过程记录制度，行政执法机关要通过文字、音像等记录形式，对行政执法的启动、调查取证、审核决定、送达执行等全部过程进行记录。

答案：正确

依据：《国务院办公厅关于全面推行行政执法公示制度执法全过程记录制度重大执法决定法制审核制度的指导意见》：三、全面推行执法全过程记录制度。行政执法全过程记录是行政执法活动合法有效的重要保证。行政执法机关要通过文字、音像等记录形式，对行政执法的启动、调查取证、审核决定、送达执行等全部过程进行记录，并全面系统归档保存，做到执法全过程留痕和可回溯管理。

15.《综合行政执法制式服装和标志管理办法》规定，司法部负责指导协调本领域制式服装和标志管理工作。

答案：错误

依据：《综合行政执法制式服装和标志管理办法》第三条第一款规定，财政部、司法部负责制定综合行政执法制式服装和标志管理制度，国务院综合行政执法主管部门负责指导协调本领域制式服装和标志管理工作。

16.《综合行政执法制式服装和标志管理办法》规定，县级及以上地方人民政府司法行政、财政部门负责本地区综合行政执法制式服装和标志监督管理工作。

答案：正确

依据：《综合行政执法制式服装和标志管理办法》第三条第二款规定，县级及以上地方人民政府司法行政、财政部门负责本地区综合行政执法制式服装和标志监督管理工作。

17. 行政机关内部会议纪要可以作为行政执法依据。

答案：错误

依据：中共中央、国务院印发的《法治政府建设实施纲要（2021—2025年）》：五、健全行政执法工作体系，全面推进严格规范公正文明执法。（十五）完善行政执法程序……行政机关内部会议纪要不得作为行政执法依据。

18. 创新行政执法方式，广泛运用说服教育、劝导示范、警示告诫、指导约谈等方式，努力做到宽严相济、法理相融，让执法既有力度又有温度。

答案：正确

依据：中共中央、国务院印发的《法治政府建设实施纲要（2021—2025年）》：五、健全行政执法工作体系，全面推进严格规范公正文明执法。（十六）创新行政执法方式。广泛运用说服教育、劝导示范、警示告诫、指导约谈等方式，努力做到宽严相济、法理相融，让执法既有力度又有温度……

19. 各单位党政主要负责人是推动法治建设的第一责任人，其履行推进法治建设第一责任人的情况不需要纳入领导干部年终述职考核内容。

答案：错误

依据：中共中央办公厅、国务院办公厅印发的《党政主要负责人履行推进法治建设第一责任人职责规定》第八条规定，上级党委应当将下级党政主要负责人履行推进法治建设第一责任人职责情况纳入政绩考核指标体系，作为考察使用干部、推进干部能上能下的重要依据。第九条规定，党政主要负责人不履行或者不正确履行推进法治建设第一责任人职责的，应当依照《中国共产党问责条例》等有关党内法规和国家法律法规予以问责。

20. 畅通违法行为投诉举报渠道，对举报严重违法违规行为和重大风险隐患的有功人员依法予以表扬。

答案：错误

依据：中共中央、国务院印发的《法治政府建设实施纲要（2021—2025年）》：五、健全行政执法工作体系，全面推进严格规范公正文明执法。（十四）加大重点领域执法力度……建立完善严重违法惩罚性赔偿和巨额罚款制度、终身禁入机制，让严重违法者付出应有代价。畅通违法行为投诉举报渠道，对举报严重违法违规行为和重大风险隐患的有功人员依法予以奖励和严格保护。

五、地震行政执法实务

单选题

1. 以下说法错误的是（　　）。

A. 地震行政执法过程必须坚持严格依法办事、依法管理，保证有法必依、执法必严、违法必究

B. 地震行政执法过程应当程序公正大于实体公正

C. 地震行政执法过程必须坚持法律面前人人平等

答案：B

依据：第一章　地震行政执法概述：二、地震行政执法总体要求。（二）地震行政执法过程必须做到实体与程序并重，规范执法流程，重点围绕地震行政许可、地震行政处罚、地震行政检查等执法行为，对具体执法环节和相关程序作出具体规定，不断严格程序，规范行为。（《地震行政执法指南》，中国法制出版社 2021 年版）

2. 加强地震行政执法人员培训、考核和教育管理，落实执法人员（　　）制度。

A. 上岗考核　　　　B. 上岗培训　　　　C. 持证上岗

答案：C

依据：第一章　地震行政执法概述：四、地震行政执法人员。（一）地震行政执法人员执法资格。地震行政执法人员是指地震行政执法机关直接从事行政许可、行政处罚、行政检查、行政确认等地震行政执法活动的在编在岗人员，地震行政执法人员实行持证上岗和资格管理制度。（《地震行政执法指南》，中国法制出版社 2021 年版）

3. 地震行政执法人员在执法过程中，应牢记（　　）的理念，树立热情服务、服务发展的意识。

A. 不忘初心、牢记使命

B. 全心全意、为人民服务

C. 执法为民、文明执法

答案：C

依据：第一章　地震行政执法概述：四、地震行政执法人员。（三）地震行政执法人员用语规范。地震行政执法人员在执法过程中，应牢记执法为民、文明执法的理念，树立热情服务、服务发展的意识，做到态度和蔼、语言文明、耐心细致、服务周到。（《地震行政执法指南》，中国法制出版社 2021 年版）

4. 地震行政执法人员在执法过程中，不得粗暴对待当事人，不得侵害执法对象的人格尊严，这体现了（　　）的要求。

A. 文明执法　　B. 规范执法　　C. 公正执法

答案：A

依据：第一章　地震行政执法概述：四、地震行政执法人员。（三）地震行政执法人员用语规范。地震行政执法人员在执法过程中，应牢记执法为民、文明执法的理念，树立热情服务、服务发展的意识，做到态度和蔼、语言文明、耐心细致、服务周到。（《地震行政执法指南》，中国法制出版社 2021 年版）

5. 地震行政执法机关的执法行为要严格按照法定的权限和程序进行，采取的措施要有法律依据，不得与法律相抵触，这体现了（　　）的要求。

A. 高效便民　　B. 合法行政　　C. 权责一致

答案：B

依据：第一章　地震行政执法概述：六、地震行政执法基本原则。（一）合法原则。地震行政执法机关在行政执法过程中，必须严格按照地震法律、法规和规章的规定从事行政管理活动，按照法定权限和程序严格执

法，采取的措施要有法律依据，不得与法律相抵触。（《地震行政执法指南》，中国法制出版社 2021 年版）

6. 地震行政执法机关应当自立案之日起（　　）内，对地震违法行为作出行政处罚决定。法律、法规、规章另有规定的，从其规定。

A. 90 日　　B. 15 日　　C. 30 日

答案：A

依据：总册　第十三章　地震行政处罚普通程序：13.5　文书送达。地震行政执法机关应当自行政处罚案件立案之日起 90 日内作出行政处罚决定。法律、法规、规章另有规定的，从其规定。（《地震行政执法手册》，中国法制出版社 2024 年版）

7. 公民、法人或其他组织应当自觉履行地震行政执法机关作出的执法决定，无正当理由拒不履行的，地震行政执法机关可（　　）。

A. 自行强制执行

B. 申请人民法院强制执行

C. 申请上一级地震行政执法机关强制执行

答案：B

依据：第一章　地震行政执法概述：七、地震行政执法程序。（一）地震行政执法的一般程序。5. 执行。公民、法人或其他组织应当自觉履行地震行政执法机关作出的执法决定，无正当理由拒不履行的，地震行政执法机关可申请人民法院强制执行。（《地震行政执法指南》，中国法制出版社 2021 年版）

8. 关于地震行政执法过程的原始记录，以下地震行政执法机关的做法错误的是（　　）。

A. 不得伪造、剪辑、删改

B. 地震行政执法过程原始记录应当主动公示

C. 地震行政执法全过程记录资料应当按照有关档案管理规定进行归档保存

答案：B

依据：第一章　地震行政执法概述：八、全面推进地震行政执法“三项制度”。（二）推行执法全过程记录制度。4. 严格记录管理使用。地震行政执法机关对地震行政执法过程原始记录，不得伪造、剪辑、删改；地震行政执法过程原始记录不得主动公示；地震行政执法案卷和执法全过程记录资料应当按照有关档案管理规定进行归档保存。（《地震行政执法指南》，中国法制出版社 2021 年版）

9. 凡涉及重大（　　），可能造成重大社会影响或引发社会风险，直接关系行政相对人或第三人重大权益，经过（　　）作出行政执法决定，以及案件情况疑难复杂、涉及多个法律关系的，都要进行法制审核。以下正确的是（　　）。

A. 公共利益　听证程序

B. 公众利益　监督程序

C. 社会利益　审查程序

答案：A

依据：《国务院办公厅关于全面推行行政执法公示制度执法全过程记录制度重大执法决定法制审核制度的指导意见》：四、全面推行重大执法决定法制审核制度。（十二）明确审核范围。凡涉及重大公共利益，可能造成重大社会影响或引发社会风险，直接关系行政相对人或第三人重大权益，经过听证程序作出行政执法决定，以及案件情况疑难复杂、涉及多个法律关系的，都要进行法制审核……

10. 基于计算机应用、通信和现代管理技术等电子化技术手段形成的包括文字、图形符号、数字、字母等的客观资料，属于地震行政执法证据形式中的（　　）。

A. 视听资料　　　　B. 电子数据　　　　C. 书证

答案：B

依据：第二章　地震行政执法证据收集与适用：二、地震行政执法证据的形式。（四）电子数据。电子数据是指基于计算机应用、通信和现代管理技术等电子化技术手段形成的包括文字、图形符号、数字、字母等的客观资料。包括电子邮件、电子数据、聊天记录、博客、微博、手机短信、电子签名、域名等。（《地震行政执法指南》，中国法制出版社 2021 年版）

11. 在地震行政执法过程中制作的现场笔录，应当载明时间、地点和事件等内容，并由（　　）签名。

A. 执法人员

B. 当事人

C. 执法人员和当事人

答案：C

依据：总册　第二章　地震行政执法证据收集与适用：2.3　地震行政执法证据的收集。2. 提取证据。（7）现场笔录的提取。地震行政执法程序中制作的现场笔录，应当载明时间、地点和事件等内容，并由执法人员和当事人签名……（《地震行政执法手册》，中国法制出版社 2024 年版）

12. 以下哪项不属于证据形式中的电子数据（　　）。

A. 视听资料　　B. 电子邮件　　C. 聊天记录

答案：A

依据：第二章　地震行政执法证据收集与适用：二、地震行政执法证据的形式。（四）电子数据。电子数据是指基于计算机应用、通信和现代管理技术等电子化手段形成的包括文字、图形符合、数字、字母等的客观资料。包括电子邮件、电子数据、聊天记录、博客、微博、手机短信、电子签名、域名等。（《地震行政执法指南》，中国法制出版社 2021 年版）

13. 在地震行政执法中伪造证据、（　　）的，应当追究其法律责任。

A. 隐匿证据　　B. 毁灭证据　　C. 以上均包含

答案：C

依据：第二章　地震行政执法证据收集与适用：三、地震行政执法举证责任。（一）提供证据的责任。在地震行政执法中伪造证据、隐匿证据或者毁灭证据的，应当追究其法律责任；当事人对自己提出的主张，有责任提供证据。（《地震行政执法指南》，中国法制出版社 2021 年版）

14. 以下不能作为证人的是（　　）。

A. 被剥夺政治权利的人

B. 未成年人

C. 精神上有缺陷的人

答案：C

依据：第二章　地震行政执法证据收集与适用：四、地震行政执法证据的收集。（二）证据的收集方式。3. 调查证据。（1）对证人的调查。凡是知道案件事实的人，都有作证的义务；但生理上、精神上有缺陷或者年幼、不能辨别是非，不能正确表达意志的人，不能作为证人。（《地震行政执法指南》，中国法制出版社 2021 年版）

15. 在地震行政执法过程中，存在证据可能灭失或以后难以取得的情况时，地震行政执法机关应当采取措施对证据加以（　　）。

A. 保存　　B. 保全　　C. 保护

答案：B

依据：第二章　地震行政执法证据收集与适用：四、地震行政执法证据的收集。（四）证据保存与保全。2. 证据保全。在地震行政执法过程中，存在证据可能灭失或以后难以取得的情况时，地震行政执法机关应当根据相对人的请求或依职权，采取措施对证据加以确定和保护。（《地震行政执法指南》，中国法制出版社 2021 年版）

16. 关于地震行政执法举证责任，以下说法错误的是（　　）。

A. 在依职权的地震行政执法中，地震行政执法机关对将要实施的行政执法行为承担举证责任

B. 在依申请的地震行政执法中，申请人应当就申请事项向地震行政执法机关提供其符合申请条件的相应证据材料

C. 地震行政执法机关只需自己对主动收集的证据进行质证

答案：C

依据：总册　第二章　地震行政执法证据收集与适用：2.2　地震行政执法举证责任。2. 对证据材料的证明责任。地震行政执法机关对地震行政执法过程中的证据材料，无论是相对人提供的，还是自己主动收集的，都有义务对其合法性、客观性和关联性进行质证并作出最终判断。（《地震行政执法手册》，中国法制出版社 2024 年版）

17. 关于证据保存，以下说法错误的是（　　）。

A. 地震行政执法机关及其工作人员查处违法行为时，必须妥善保存所收集的与违法行为有关的证据

B. 对涉案物品应当如实填写物品清单，并按照国家有关规定予以处理

C. 对需要检验、鉴定的物品，可以自行委托检验、鉴定机构进行检验、鉴定

答案：C

依据：第二章　地震行政执法证据收集与适用：四、地震行政执法证据的收集。（四）证据保存与保全。1. 证据保存。地震行政执法机关及其工作人员查处违法行为时，必须妥善保存所收集的与违法行为有关的证据。对涉案物品应当如实填写物品清单，并按照国家有关规定予以处理。对易腐、变质等不宜或不易保存的物品，应当采取必要措施，留取证据；对需要检验、鉴定的物品，应当由法定检验、鉴定机构进行检验、鉴定，并出具检验报告或鉴定结论。（《地震行政执法指南》，中国法制出版社 2021 年版）

18. 有关多个证据的证明力认定，以下哪种说法错误（　　）。

A. 国家机关以及其他职能部门依职权制作的公文文书优于其他书证

B. 原件、原物优于复制件、复制品

C. 传来证据优于原始证据

答案：C

依据：第二章　地震行政执法证据收集与适用：五、地震行政执法证据的适用。（二）认证。4. 多个证据的证明力认定：（1）国家机关以及其他职能部门依职权制作的公文文书优于其他书证；（2）鉴定意见、现场笔录、勘验笔录、档案材料以及经过公证或者登记的书证优于其他书证、视听资料和证人证言；（3）原件、原物优于复制件、复制品；（4）法定鉴定部门的鉴定结论优于其他鉴定部门的鉴定意见；（5）行政机关主持勘验所制作的勘验笔录优于其他部门主持勘验所制作的勘验笔录；（6）原始证据优于传来证据；（7）其他证人证言优于与当事人有亲属关系或者其他密切关系的证人提供的对该当事人有利的证言；（8）当场作证的证人证言优于非当场作证的证人证言；（9）数个种类不同、内容一致的证据优于一个孤立的证据。（《地震行政执法指南》，中国法制出版社 2021 年版）

19. 外国的组织或者个人来华开展地震监测须与（　　）合作，并经国家地震行政执法机关批准，不得独立进行。

A. 国内个人

B. 国内中介组织

C. 国内有关部门或单位

答案：C

依据：一、防震减灾法律规定（三）地震监测预报：外国组织或个人在中国管辖范围内从事地震监测活动：报批程序。《中华人民共和国防震减灾法》第三十三条规定，外国的组织或者个人在中华人民共和国领域和中华人民共和国管辖的其他海域从事地震监测活动，必须经国务院地震工作主管部门会同有关部门批准，并采取与中华人民共和国有关部门或者单位合作的形式进行。

20. 外国组织或者个人在华从事地震监测活动时，以下哪项活动是合法的（　　）。

A. 观测数据可以实时向境外传输

B. 可以不接受地震行政执法机关对监测活动的监督检查

C. 监测数据要双方共享

答案： C

依据： 总册　附件 1　地震行政检查事项表第九项检查事项：对外国组织或者个人在华违法从事地震监测活动的行政检查。2. 检查内容。（4）外国组织或个人在华从事地震监测活动时，是否向境外实时传输观测数据、是否接受中方合作单位对监测活动的检查、是否向中国地震局提交全部原始观测数据。（《地震行政执法手册》，中国法制出版社 2024 年版）

21. 地震行政许可的实施主体是经法律、法规授权，依法实施地震行政许可事项的国家地震行政执法机关和（　　）。

A. 省、自治区、直辖市地震行政执法机关

B. 市级地震行政执法机关

C. 县级地震行政执法机关

答案： A

依据： 第三章　地震行政许可：三、地震行政许可的主体。地震行政许可的主体包括申请人和许可机关。（二）地震行政许可的实施主体是经法律、法规授权，依法实施地震行政许可事项的国家地震行政执法机关和省、自治区、直辖市地震行政执法机关。（《地震行政执法指南》，中国法制出版社 2021 年版）

22. 地震行政许可的申请人是受地震行政执法机关行政管理的（　　）、法人和其他组织。

A. 自然人　　　　B. 个人　　　　C. 公民

答案： C

依据： 第三章　地震行政许可：三、地震行政许可的主体。地震行政许可的主体包括申请人和许可机关。（一）地震行政许可的申请人是受地震行政执法机关行政管理的公民、法人和其他组织。（《地震行政执法指南》，中国法制出版社 2021 年版）

23. 公民、法人或其他组织依法取得的地震行政许可受法律保护，地震行政执法机关不得擅自改变已经生效的地震行政许可，这属于（　　）原则。

A. 权利保障　　B. 信赖保护　　C. 严格责任

答案：B

依据： 第三章　地震行政许可：二、地震行政许可的原则。（五）信赖保护原则。公民、法人或其他组织依法取得的地震行政许可受法律保护，地震行政执法机关不得擅自改变已经生效的地震行政许可。（《地震行政执法指南》，中国法制出版社 2021 年版）

24. 出于公共利益需要，地震行政执法机关依法变更已生效的地震行政许可，给相对人造成财产损失的，地震行政执法机关应当（　　）。

A. 依法给予补偿

B. 依法给予赔偿

C. 不负任何责任

答案：A

依据： 二、行政许可法律规定（一）行政许可原则：信赖利益保护原则。《中华人民共和国行政许可法》第八条第二款规定，公民、法人或者其他组织依法取得的行政许可受法律保护，行政机关不得擅自改变已经生效的行政许可……由此给公民、法人或者其他组织造成财产损失的，行政机关应当依法给予补偿。

25. 地震行政执法机关依法可以撤销地震行政许可，被许可人的合法权益受到损害的，地震行政执法机关应当（　　）。

A. 依法给予赔偿

B. 依法给予补偿

C. 不负任何责任

答案：A

依据： 总册　第七章　地震行政许可程序：7.3　撤销及注销。1. 撤销。依法可以撤销地震行政许可的情形，撤销地震行政许可，被许可人的合法

权益受到损害的，地震行政执法机关应当依法给予赔偿。（《地震行政执法手册》，中国法制出版社 2024 年版）

26.（　　）应当按照职责分工，加强对抗震设防要求的执行情况进行监督检查。

A. 各级人民政府地震行政执法机关

B. 县级以上人民政府地震行政执法机关

C. 省级地震行政执法机关

答案：B

依据：一、防震减灾法律规定（七）监督管理：相关部门的监管职责。《中华人民共和国防震减灾法》第七十六条规定，县级以上人民政府建设、交通、铁路、水利、电力、地震等有关部门应当按照职责分工，加强对工程建设强制性标准、抗震设防要求执行情况和地震安全性评价工作的监督检查。

27. 地震行政执法机关针对公民、法人或者其他组织某一方面进行的检查，属于（　　）。

A. 全面检查　　B. 专门检查　　C. 联合检查

答案：B

依据：总册　第八章　地震行政检查一般规定：8.3　地震行政检查种类。2. 全面检查和专门检查。全面检查内容广、综合性强，是对公民、法人或者其他组织多方面或全方位的检查。如，地震行政执法机关对企业建设地震监测台网的检查，因为对水库、核设施的检查，可以全面了解整个设施抗御地震存在的风险。专门检查是指对公民、法人或者其他组织某一方面进行的检查。如，地震行政执法机关对学校防震减灾知识宣传教育的检查。（《地震行政执法手册》，中国法制出版社 2024 年版）

28. 为了（　　），地震行政执法机关联合两个以上其他有行政检查权的行政部门对某一方面的情况可以开展联合检查。

A. 节省执法资源　　B. 提高行政效率　　C. 扩大执法覆盖面

答案：B

依据：第四章　地震行政检查：四、地震行政检查的种类。（六）联合检查。联合检查是指地震行政执法机关联合两个以上其他有行政检查权的行政部门对某一方面的情况进行的检查。联合检查重点体现在两个以上的部门对某一方面的事务均有行政检查权；所检查内容上的关联性，为提高行政效率而进行的联合检查。（《地震行政执法指南》，中国法制出版社 2021 年版）

29. 落实地震行政执法检查制度，要求各级地震行政执法机关应当（　　）组织开展地震行政检查。

A. 定期或者不定期　　B. 定期　　C. 随时

答案：A

依据：总册　第八章　地震行政检查的一般规定：8.3　地震行政检查种类。5. 定期检查和不定期检查。定期检查是指地震行政执法机关相隔一定时间对公民、法人或者其他组织进行的检查。不定期检查是指地震行政执法机关对公民、法人或者其他组织进行检查的间隔时间不确定。（《地震行政执法手册》，中国法制出版社 2024 年版）

30. 事中检查是指地震行政执法机关对公民、法人或者其他组织从事某项活动过程中进行的检查，是一种（　　）检查。

A. 预防性　　B. 补救性　　C. 纠正性

答案：B

依据：总册　第八章　地震行政检查一般规定：8.3　地震行政检查种类。6. 事前检查、事中检查和事后检查。事中检查是指地震行政执法机关对公民、 法人或者其他组织从事某项活动过程中进行的检查。在这个时间段活动已开始但尚未完成，事中检查是一种补救性检查。（《地震行政执法手册》，中国法制出版社 2024 年版）

31. 地震行政执法机关在监督检查时发现的案件，应当（　　）。

A. 及时受理　　B. 移送公安机关　　C. 报请办理

答案：A

依据：三、防震减灾规章规定（五）地震行政执法程序：及时受理的案件范围。《地震行政执法规定》第二十六条规定，地震行政执法机关对下列案件应当及时受理：（一）监督检查中发现的……

32. 进行现场执法检查时，应通知被检查人到场，或有（　　）到场。

A. 见证人　　B. 记录人　　C. 证人

答案：A

依据：第四章　地震行政检查：六、地震行政检查的程序。（四）实施检查。3. 进行现场执法检查时，应通知被检查人到场，或有见证人到场。（《地震行政执法指南》，中国法制出版社 2021 年版）

33. 关于现场检查，以下说法错误的是（　　）。

A. 地震行政执法机关可以对任何场所进行检查

B. 检查时地震行政执法人员应出示检查证明文件和行政执法证

C. 检查的情况应制作检查笔录，由检查人员、被检查人和见证人签名或者盖章

答案：A

依据：第四章　地震行政检查：六、地震行政检查的程序。（四）实施检查。1. 地震行政检查人员可以进入现场进行检查，但不得超越权限进入禁止进入的场所进行检查。（《地震行政执法指南》，中国法制出版社 2021 年版）

34. 地震行政执法人员在作出《地震行政检查责令限期整改通知书》后，应当场交付检查对象，不在场的，应当在通知书载明日期的次日起（　　）内交付。

A. 3 日　　B. 5 日　　C. 7 日

答案：C

依据：总册　第十章　地震行政检查一般程序：10.6　现场处理措施。

3. 依法应当采取的其他现场措施。地震行政执法人员在作出《地震行政检查责令限期整改通知书》后，应当场交付检查对象，不在场的，应当在检查整改通知书载明日期的次日起 7 日内交付。（《地震行政执法手册》，中国法制出版社 2024 年版）

35. 地震行政执法机关应当对新建水库和已建水库的地震台站的（　　）能否满足监测能力和定位精度要求进行检查。

A. 占地规模　　B. 布设数量和分布　　C. 布设范围

答案：B

依据：分册一　水库专用地震监测台网建设运行行政检查专项手册　第二章　水库台网建设行政检查一般程序：2.4　现场检查内容。5. 查看新建水库和已建水库的地震台站布设数量和分布是否满足监测能力和定位精度要求。（《地震行政执法手册》，中国法制出版社 2024 年版）

36. 专用地震监测台网、强震动监测设施、社会地震监测台站（点）中止或终止运行的，应当按规定报省级地震行政执法机关（　　）。

A. 备案　　B. 批准　　C. 同意并备案

答案：A

依据：第四章　地震行政检查：七、地震行政检查的关键问题。（五）专用地震监测台网和社会地震监测台站（点）的行政检查。1. 专用地震监测台网、强震动监测设施、社会地震监测台站（点）的中止或终止运行应当按规定报省级地震行政执法机关备案。（《地震行政执法指南》，中国法制出版社 2021 年版）

37. 地震行政处罚的主体是特定的，有权对违反地震行政管理秩序的行为作出行政制裁的主体包括国家和（　　）地震行政执法机关及法律、法规授权的其他地震行政主体。

A. 省级以上　　B. 市级以上　　C. 县级以上

答案：C

依据：第五章　地震行政处罚：二、地震行政处罚的主体。行政处罚是由特定主体依法实施的行政行为。依据现行地震法律、法规和规章的规定，有权对违反地震行政管理秩序的行为作出行政制裁的主体为国家和县级以上地震行政执法机关及法律、法规授权的其他地震行政主体。（《地震行政执法指南》，中国法制出版社 2021 年版）

38. 两个或两个以上的地震行政执法机关对地震行政处罚案件管辖权发生争议时，报请（　　）地震行政执法机关指定某一地震行政执法机关管辖。

A. 共同的上一级　　B. 各自的上一级　　C. 省级

答案：A

依据：第五章　地震行政处罚：五、地震行政处罚的管辖和适用。（一）地震行政处罚的管辖。3. 地震行政处罚指定管辖，是指两个或两个以上的地震行政执法机关对地震行政处罚案件管辖权发生争议时，报请共同的上一级地震行政执法机关指定某一地震行政执法机关管辖。指定管辖一经作出，被指定管辖的地震行政执法机关必须遵守执行，不得再次移送。（《地震行政执法指南》，中国法制出版社 2021 年版）

39. 地震行政执法机关发现其查处的行政案件不属于自己管辖的，应将其移送给（　　），如果发现违法行为涉嫌犯罪的，应当及时将案件移送给（　　）处理。以下正确的是（　　）。

A. 上一级地震行政执法机关　检察机关

B. 有管辖权的行政执法主体　司法机关

C. 省级地震行政执法机关　公安机关

答案：B

依据：第五章　地震行政处罚：五、地震行政处罚的管辖和适用。（一）地震行政处罚的管辖。4. 地震行政处罚的移送管辖，是指地震行政执法机关发现其查处的行政案件不属于自己管辖的，应将其移送给有管辖权的行政执法主体，如果发现违法行为涉嫌犯罪的，应当及时将案件移送给司法机关处理。（《地震行政执法指南》，中国法制出版社 2021 年版）

40. 尚未完全丧失辨认或者控制自己行为能力的精神病人、智力残疾人有违法行为的，（　　）从轻或者减轻行政处罚。

A. 适当　　B. 应当　　C. 可以

答案：C

依据： 第五章　地震行政处罚：五、地震行政处罚的管辖和适用。（三）地震行政处罚的裁量。2. 尚未完全丧失辨认或者控制自己行为能力的精神病人、智力残疾人有违法行为的，可以从轻或者减轻行政处罚。（《地震行政执法指南》，中国法制出版社 2021 年版）

41. 违法行为在（　　）内未被地震行政执法机关发现的，不再给予处罚，涉及公民生命健康安全、金融安全且有危害后果的，上述期限延长至五年，法律另有规定的除外。

A. 1 年　　B. 2 年　　C. 5 年

答案：B

依据： 总册　第十五章　地震行政处罚适用执行：15.3　依法不予地震行政处罚。（6）违法行为在两年内未被发现的，不再给予行政处罚，涉及公民生命健康安全且有危害后果的，上述期限延长至 5 年。（《地震行政执法手册》，中国法制出版社 2024 年版）

42. 外国的组织或者个人未经批准，在中华人民共和国领域和中华人民共和国管辖的其他海域从事地震监测活动的，由（　　）责令停止违法行为，没收监测成果和监测设施，并处一万元以上十万元以下的罚款。

A. 省级地震行政执法机关

B. 国家地震行政执法机关

C. 违法行为发生地的地震行政执法机关

答案：B

依据： 一、防震减灾法律规定（八）法律责任：对外国组织或者个人未经批准，在中华人民共和国领域和其管辖的其他海域从事地震监测活动的行政处罚。《中华人民共和国防震减灾法》第八十六条第一款规定，违反本法规定，外国的组织或者个人未经批准，在中华人民共和国领域和中华人民共和国管辖的其他海域从事地震监测活动的，由国务院地震工作主管部门责令停止违法行为，没收监测成果和监测设施，并处一万元以上十万元以下的罚款……

43. 地震行政执法机关作出罚款决定后，除法律规定可以当场收缴的罚款外，作出行政处罚决定的行政执法机关及其执法人员不得（　　）收缴罚款。

A. 主动　　B. 强制　　C. 自行

答案：C

依据：总册　第十五章　地震行政处罚适用执行：15.5　地震行政处罚执行。1. 执行原则。（2）罚缴分离原则。地震行政执法机关作出罚款决定后，除法律规定可以当场收缴的罚款外，作出行政处罚决定的行政机关及其执法人员不得自行收缴罚款。（《地震行政执法手册》，中国法制出版社 2024 年版）

44. 地震行政处罚（　　）适用于地震行政执法人员在违法行为现场作出行政处罚的决定。

A. 特别程序　　B. 简易程序　　C. 一般程序

答案：B

依据：第五章　地震行政处罚：六、地震行政处罚的简易程序。（二）地震行政处罚简易程序要求。地震行政处罚简易程序适用于地震行政执法人员在违法行为现场作出行政处罚的决定。（《地震行政执法指南》，中国法制出版社 2021 年版）

45. 地震行政处罚决定书应当在宣告后当场交付当事人，当事人不在场的，应当在（　　）内依照《民事诉讼法》相关规定将行政处罚决定书送达当事人。

A. 5 日　　B. 7 日　　C. 10 日

答案：B

依据：总册　第十三章　地震行政处罚普通程序：13.5　文书送达。1. 地震行政处罚决定书应当在宣告后当场交付当事人。当事人不在场的，地震行政执法机关应当在 7 日内依照《民事诉讼法》的有关规定，采取直接送达、留置送达、邮寄送达、委托送达、公告送达、转交送达以及传真、电子邮件送达等方式，将行政处罚决定书送达当事人。（《地震行政执法手册》，中国法制出版社 2024 年版）

46. 对情节复杂或者重大违法行为的行政处罚，须经地震行政执法机关法制审核机构审核后，由（　　）决定。

A. 地震行政执法机关负责人

B. 地震行政执法机关法制审核机构负责人

C. 地震行政执法机关负责人召集会议集体讨论

答案：C

依据：第五章　地震行政处罚：七、地震行政处罚的一般程序。（六）处罚决定。1. 地震行政处罚由地震行政执法机关负责人决定，对情节复杂或者重大违法行为的行政处罚，须经地震行政执法机关法制审核机构审核后，由地震行政执法机关负责人召集会议集体讨论决定。（《地震行政执法指南》，中国法制出版社 2021 年版）　《中华人民共和国行政处罚法》第五十七条第二款规定，对情节复杂或者重大违法行为给予行政处罚，行政机关负责人应当集体讨论决定。

47. 关于地震行政处罚听证程序，以下说法错误的是（　　）。

A. 当事人要求听证的，应当在地震行政执法机关告知后 5 日内提出，逾期视为放弃听证

B. 地震行政执法机关应当在举行听证的 7 日前，以书面形式通知当事人听证的时间、地点

C. 听证应当公开举行

答案：C

依据：第五章　地震行政处罚：七、地震行政处罚的一般程序。（五）处

罚听证。2. 地震行政处罚听证程序。（3）除涉及国家秘密、商业秘密和个人隐私外，听证应当公开举行。（《地震行政执法指南》，中国法制出版社 2021 年版）

48. 地震行政处罚决定依法作出后，当事人应当在行政处罚决定的期限内履行，对地震行政处罚决定不服申请行政复议或者提起行政诉讼的，行政处罚（　　）执行，除法律另有规定外。

A. 不停止　　B. 停止　　C. 不再

答案：A

依据：第五章　地震行政处罚：八、地震行政处罚的执行。（一）执行原则。1. 申诉不停止执行原则。地震行政处罚决定依法作出后，当事人应当在行政处罚决定的期限内履行，对地震行政处罚决定不服申请行政复议或者提起行政诉讼的，行政处罚不停止执行，除法律另有规定外。（《地震行政执法指南》，中国法制出版社 2021 年版）

49. 当事人到期不缴纳罚款的，作出行政处罚决定的地震行政执法机关可以每日按罚款数额的 3% 加处罚款，加处罚款的数额（　　）。

A. 可以超出罚款的数额

B. 不受限制

C. 不得超出罚款的数额

答案：C

依据：第五章　地震行政处罚：八、地震行政处罚的执行。（三）执行措施。2. 当事人逾期不履行行政处罚决定的，作出行政处罚决定的地震行政执法机关可以采取下列措施：（1）到期不缴纳罚款的，每日按罚款数额的 3% 加处罚款，加处罚款的数额不得超出罚款的数额。（《地震行政执法指南》，中国法制出版社 2021 年版）

50. 地震行政执法机关对案件涉案金额、违法情节、行为后果等达到刑事追诉标准、涉嫌犯罪的，应向（　　）移送。

A. 违法行为发生地的同级公安机关

B. 上一级地震行政执法机关

C. 上一级地震行政执法机关的同级公安机关

答案：A

依据：第七章　地震行政执法管辖和案件移送：三、涉嫌犯罪案件的移送。（一）涉嫌犯罪案件移送。地震行政执法机关对案件涉案金额、违法情节、行为后果等达到刑事追诉标准、涉嫌犯罪的，应向违法行为发生地的同级公安机关移送。（《地震行政执法指南》，中国法制出版社 2021 年版）

51. 地震行政执法机关移送涉嫌犯罪案件之前，已经作出警告、罚款等地震行政处罚决定的，（　　）。

A. 停止执行　　B. 不停止执行　　C. 暂缓执行

答案：B

依据：第七章　地震行政执法管辖和案件移送：三、涉嫌犯罪案件的移送。（五）注意事项。4. 地震行政执法机关移送案件之前，已经作出的警告、罚款等地震行政处罚决定，不停止执行。（《地震行政执法指南》，中国法制出版社 2021 年版）

52. 随着全面深化改革的不断深入，已有部分市、县地震部门并入同级应急管理部门，对市、县地震部门并入前的行政行为不服的，由（　　）管辖。

A. 并入前的市、县地震部门的上一级部门

B. 由并入前市、县地震部门所在地的上一级人民政府

C. 继续行使其职权的应急管理部门的上一级部门

答案：C

依据：第八章　地震行政复议：五、地震行政复议管辖。（四）对被撤销的地震行政执法机关在其被撤销前的行政行为不服的，由继续行使其职权的上一级主管部门管辖。随着全面深化改革的不断深入，已有部分市、县地震部门并入同级应急管理部门，对市、县地震部门并入前的行政行为不服的，由继续行使其职权的应急管理部门的上一级部门管辖。（《地震行政执法指南》，中国法制出版社 2021 年版）

53. 对省级地震行政执法机关的行政行为不服的，向（　　）申请地震行政复议。

A. 国务院　　B. 中国地震局　　C. 信访部门

答案：B

依据：总册　第十八章　地震行政复议：18.2　地震行政复议范围与管辖。4. 地震行政复议管辖。（2）对省级以上地震具体行政执法机关作出的行政行为不服的，向国家地震行政执法机关申请地震行政复议。（《地震行政执法手册》，中国法制出版社 2024 年版）

54. 某市地震执法机关进行行政执法检查时发现某房地产开发有限公司建设的某商住综合楼工程依法应当进行地震安全性评价，但该工程并未依法落实却已开工建设。某市地震执法机关责令该公司限期改正违法行为，并予以罚款。该公司可以（　　）。

A. 自接到处罚决定书之日起 60 日内提出行政复议

B. 自知道或者应当知道这一行政行为之日起 60 日内提出地震行政复议申请

C. 自接到处罚决定书之日起 90 日内申请行政复议

答案：B

依据：总册　第十八章　行政复议：18.3　地震行政复议的申请与受理。1. 地震行政复议的申请期限。公民、法人或者其他组织认为地震行政执法机关的行政行为侵犯其合法权益的，可以自知道或者应当知道该行政行为之日起 60 日内提出地震行政复议申请；法律规定的申请期限超过 60 日的除外。（《地震行政执法手册》，中国法制出版社 2024 年版）

55. 地震行政执法机关的主要负责人承担本部门的应诉工作，履行地震行政应诉职责。地震行政执法机关负责人包括行政机关的（　　）负责人，以及其他参与分管的负责人。

A. 正职　　B. 正职、副职　　C. 副职

答案：B

依据：第九章　地震行政应诉：四、地震行政应诉工作机制。（一）地

震行政应诉工作机构。地震行政执法机关负责人包括行政机关的正职、副职负责人，以及其他参与分管的负责人。（《地震行政执法指南》，中国法制出版社 2021 年版）

56. 地震行政执法机关及其工作人员违法行使职权，侵犯公民、法人和其他组织的合法权益造成实际损害的，该（　　）为赔偿义务机关，承担赔偿义务。

A. 地震行政执法机关

B. 地震行政执法机关及其工作人员

C. 其工作人员

答案：A

依据：第十章　地震行政赔偿：四、地震行政赔偿义务机关。（一）地震行政执法机关及其工作人员违法行使职权，侵犯公民、法人和其他组织的合法权益造成实际损害的，该地震行政执法机关为赔偿义务机关，承担赔偿责任。（《地震行政执法指南》，中国法制出版社 2021 年版）

57. 地震行政赔偿以（　　）为归责标准。

A. 地震行政执法机关或其工作人员实施的与行使职权无关的个人行为

B. 地震行政执法机关或其工作人员作出职权行为时有过错

C. 地震行政执法人员违法行使职权，且给公民、法人或其他组织的人身和财产造成直接损害

答案：C

依据：第十章　地震行政赔偿：五、地震行政赔偿的原则。（一）违法责任原则。地震行政赔偿以地震行政执法人员违法行使职权，且给公民、法人或其他组织的人身和财产造成直接损害为归责标准，而不以地震行政执法机关或其工作人员作出职权行为有无过错为标准。（《地震行政执法指南》，中国法制出版社 2021 年版）

58. 地震行政赔偿请求人在向人民法院提起行政赔偿之前，应先向地震行政赔偿义务机关要求赔偿，由地震行政赔偿义务机关依法进行处理，对处理结果

不服的，再向人民法院提起赔偿诉讼。这属于地震行政赔偿的（　　）原则。

A. 违法责任原则　　B. 行政先行处置原则　　C. 便民原则

答案：B

依据：第十章　地震行政赔偿：五、地震行政赔偿的原则。（二）行政先行处置原则。地震行政赔偿请求人在向人民法院提起行政赔偿之前，应先向地震行政赔偿义务机关要求赔偿，由地震行政赔偿义务机关依法进行处理。对处理结果不服的，再向人民法院提起赔偿诉讼。（《地震行政执法指南》，中国法制出版社 2021 年版）

59. 地震行政赔偿主要以（　　）方式为主。

A. 恢复原状　　B. 支付赔偿金　　C. 返还财产

答案：B

依据：第十章　地震行政赔偿：八、地震行政赔偿的方式。（一）赔偿方式。地震行政赔偿主要以支付赔偿金为主，恢复原状或返还财产为辅的方式。（《地震行政执法指南》，中国法制出版社 2021 年版）

60. 以下哪种说法正确（　　）。

A. 地震行政赔偿费用，不列入本级人民政府财政预算

B. 地震行政赔偿金先由地震行政执法机关先行垫付，再向同级财政申请核拨

C. 地震行政赔偿请求人要求行政赔偿的，地震行政赔偿义务机关、复议机关应当向地震赔偿请求人收取相关费用

答案：B

依据：第十章　地震行政赔偿：十一、特殊说明。2. 地震行政赔偿金先由地震行政执法机关先行垫付，再向同级财政申请核拨。（《地震行政执法指南》，中国法制出版社 2021 年版）

61. 地震行政执法责任制是（　　）地震行政执法机关行政执法活动的一项重要制度。

A. 规范和监督　　B. 规范和制约　　C. 制约和监督

答案：A

依据：《国务院办公厅关于推行行政执法责任制的若干意见》：行政执法责任制是规范和监督行政机关行政执法活动的一项重要制度。

62. 落实地震行政执法责任制，按年度开展本单位内设机构、专门执法机构及其执法人员的行政执法评议，加强考核结果运用，落实（　　）措施。

A. 奖惩　　B. 奖励　　C. 惩罚

答案：A

依据：第十一章　地震行政执法监督：五、地震行政执法综合监督的主要内容。（八）行政执法评议考核和奖惩制度。落实行政执法责任制，按年度开展本单位内设机构、专门执法机构及其执法人员的行政执法评议，加强考核结果运用，落实奖惩措施。（《地震行政执法指南》，中国法制出版社 2021 年版）

63. 发挥（　　）层级监督作用，严格依法审查被申请人行政行为的合法性、合理性。

A. 行政诉讼　　B. 行政复议　　C. 行政检查

答案：B

依据：第十一章　地震行政执法监督：五、地震行政执法综合监督的主要内容。（九）行政复议和行政应诉制度。发挥行政复议的层级监督作用，严格依法审查被申请人行政行为的合法性、合理性。完善行政应诉工作，地震行政执法机关负责人依法出庭应诉。积极履行人民法院生效裁判。（《地震行政执法指南》，中国法制出版社 2021 年版）

64. 地震行政执法监督调查应当在立案之日起（　　）内完成，情节复杂或者有其他特殊原因的，经地震行政执法监督机关负责人批准可以适当延长时间，但最长不得超过（　　）。以下正确的是（　　）。

A. 1 个月　2 个月　　B. 2 个月　6 个月　　C. 2 个月　3 个月

答案：C

依据： 第十一章　地震行政执法监督：八、地震行政执法监督程序。（二）调查。开展地震行政执法监督调查活动时，应由 2 名以上地震行政执法监督人员参加并出示地震行政执法监督证件开展调查活动。调查处理工作应当在立案之日起 2 个月内完成，情节复杂或者有其他特殊原因的，经地震行政执法监督机关负责人批准可以适当延长时间，但最长不得超过 3 个月。（《地震行政执法指南》，中国法制出版社 2021 年版）

65. 违反地震行政监督，造成不良后果或者影响，情节较轻的，由上级地震行政执法机关责令限期改正；情节严重的，依法追究单位主管人员和直接责任人员的（　　）。

A. 行政责任　　B. 刑事责任　　C. 民事责任

答案：A

依据： 第十一章　地震行政执法监督：九、地震行政执法监督结果及其处理。（五）违反地震行政监督，造成不良后果或者影响，情节较轻的，由上级地震行政执法机关责令限期改正；情节严重的，依法追究单位主管人员和直接责任人员的行政责任。（《地震行政执法指南》，中国法制出版社 2021 年版）

66. 推行行政执法责任制的关键是要落实行政执法责任，对有关地震行政执法人员，可以根据年度考核情况，或者根据过错形式、危害大小、情节轻重，给予（　　）等处理。

A. 限期整改、通报批评

B. 批评教育、离岗培训

C. 警告、通报批评

答案：B

依据： 《国务院办公厅关于推行行政执法责任制的若干意见》：四、认真落实行政执法责任。推行行政执法责任制的关键是要落实行政执法责任。对有违法或者不当行政执法行为的行政执法部门，可以根据造成后果的严重程度或者影响的恶劣程度等具体情况，给予限期整改、通报批评、取消评比先进的资格等处理；对有关行政执法人员，可以根据年度考核情况，或者根据过错形式、危害大小、情节轻重，给予批评教育、离岗培训、调离执法岗位、取消执法资格等处理……

67. 地震行政执法行政责任不包括（　　）。

A. 行政补偿　　B. 行政处分　　C. 行政赔偿

答案：A

依据：第十二章　地震行政执法责任：一、地震行政执法责任概述。（四）地震行政执法责任分类。2. 根据地震违法行为的法律性质和责任承担方式，地震行政执法的法律责任可分为民事责任、刑事责任、行政责任和国家赔偿责任。地震行政执法行政责任包括行政处分、行政处罚和行政赔偿。（《地震行政执法指南》，中国法制出版社 2021 年版）

68. 地震行政执法行政处分的种类不包括（　　）。

A. 警告　　B. 记过　　C. 降职

答案：C

依据：第十二章　地震行政执法责任：二、地震行政执法行政处分。（三）行政处分的种类及期限。1. 警告，期限 6 个月；2. 记过，期限 12 个月；3. 记大过，期限 18 个月；4. 降级，期限 24 个月；5. 撤职，期限 24 个月；6. 开除。（《地震行政执法指南》，中国法制出版社 2021 年版）

69. 地震行政执法人员在行政执法中利用职权或者职务上的影响为本人或者他人谋取私利的，情节较重的，予以（　　）。

A. 警告、记过或者记大过

B. 降级或者撤职

C. 开除

答案：B

依据：第十二章　地震行政执法责任：二、地震行政执法行政处分。（四）地震执法违法行为及其行政处分。1. 地震行政执法人员在行政执法中有下列行为之一的，予以警告、记过或者记大过；情节较重的，予以降级或者撤职；情节严重的，予以开除：（1）贪污贿赂的；（2）利用职权或者职务上的影响为本人或者他人谋取私利的；（3）纵容、默许特定关系人利用本人职权或者职务上的影响谋取私利的。（《地震行政执法指南》，中国法制出版社 2021 年版）

70. 以下说法正确的是（　　）。

A. 监察部门或地震行政执法机关对本单位涉嫌违法的地震行政执法人员进行初步调查和立案，可以由 1 名办案人员进行

B. 以非法方式收集的证据可以作为给予行政处分的依据

C. 作出行政处分决定前，处分机关应当将调查认定的违法事实及拟给予行政处分的依据告知被调查人，听取被调查人的陈述和申辩，不得因被调查人的申辩而加重行政处分

答案： C

依据： 第十二章　地震行政执法责任：二、地震行政执法行政处分。（七）地震行政执法行政处分的程序。1. 立案调查。监察部门或地震行政执法机关对本单位涉嫌违法的地震行政执法人员进行初步调查和立案，应当由 2 名以上办案人员进行……严禁以威胁、引诱、欺骗及其他非法方式收集证据；以非法方式收集的证据不得作为给予行政处分的依据。2. 陈述申辩。作出行政处分决定前，处分机关应当将调查认定的违法事实及拟给予行政处分的依据告知被调查人，听取被调查人的陈述和申辩，并对其陈述的事实、理由和证据进行核实，并记录在案。被调查人提出的事实、理由和证据成立的，应予采纳。不得因被调查人的申辩而加重行政处分。（《地震行政执法指南》，中国法制出版社 2021 年版）

71. 以下关于地震行政执法文书的特点错误的是（　　）。

A. 地震行政执法文书的制作主体只能是地震行政执法机关

B. 地震行政执法文书一般采用格式化文书，由上级地震行政执法机关统一制作，下级执法主体直接适用

C. 地震行政执法文书在制作完毕、送达后，依然可以变更或撤销

答案：C

依据：第十三章　地震行政执法文书格式和归档管理：一、地震行政执法文书概述。（二）地震行政执法文书的特点。4. 确定性。地震行政执法文书一经制作完毕、送达，非经法定程序不得变更或撤销。（《地震行政执法指南》，中国法制出版社 2021 年版）

72. 地震行政执法填入式文书的格式相对固定，如行政处罚决定书等，在制作此类文书时，只需要按照（　　）在空白处进行填写即可。

A. 实际情况　　B. 执法事实　　C. 实际需求

答案：C

依据：第十三章　地震行政执法文书格式和归档管理：一、地震行政执法文书概述。（四）地震行政执法文书的种类。2. 笔录式文书和填入式文书。填入式文书的格式相对固定，如责令停止违法行为通知书、行政处罚决定书等，这类文书在制作过程中只需要按照实际需求在空白处填写即可。（《地震行政执法指南》，中国法制出版社 2021 年版）

73. 对同一行政处罚事项，上级地震行政执法机关已经制定了行政处罚裁量权基准的，下级地震行政执法机关原则上直接适用，如下级地震行政执法机关不能直接适用，可以结合本地区实际情况，在（　　）规定的范围内进行合理细化量化，但不能超出上级地震行政执法机关划定的阶次或者幅度。

A. 法律

B. 法律、法规

C. 法律、法规、规章

答案：C

依据：《地震行政处罚裁量权基准适用办法》第七条规定，各省级、市县地震行政执法机关可以参照本办法，结合本行政区域内实际，制定行政处罚裁量权基准。对同一行政处罚事项，上级地震行政执法机关已经制定行政处罚裁量权基准的，下级地震行政执法机关原则上应当直接适用；如下级地震行政执法机关不能直接适用，可以结合本行政区域内经济社会发展状况，在法律、法规、规章规定的行政处罚裁量权范围内进行合理细化量化，但不能超出上级地震行政执法机关划定的阶次或者幅度。下级地震行政执法机关制定的行政处罚裁量权基准与上级地震行政执法机关制定的行政处罚裁量权基准冲突的，应当适用上级地震行政执法机关制定的行政处罚裁量权基准。《国务院办公厅关于进一步规范行政裁量权基准制定和管理工作的意见》：二、明确行政裁量权基准制定职责权限。（五）严格规范行政裁量权基准制定权限……对同一行政执法事项，上级行政机关已经制定行政裁量权基准的，下级行政机关原则上应直接适用；如下级行政机关不能直接适用，可以结合本地区经济社会发展状况，在法律、法规、规章规定的行政裁量权范围内进行合理细化量化，但不能超出上级行政机关划定的阶次或者幅度。下级行政机关制定的行政裁量权基准与上级行政机关制定的行政裁量权基准冲突的，应适用上级行政机关制定的行政裁量权基准。

74. 地震行政执法机关在进行行政处罚时，如实施违法行为的相对人是不满（　　）的未成年人，则依法不予处罚。

A. 十二周岁　　B. 十四周岁　　C. 十六周岁

答案：B

依据：《地震行政处罚裁量权基准适用办法》第十三条规定，地震行政执法机关在实施地震行政处罚时，有下列情形之一的，依法不予行政处罚：（一）不满十四周岁的未成年人有违法行为的；（二）精神病人、智力残疾人在不能辨认或者不能控制自己行为时有违法行为的；（三）违法行为轻微并及时改正，没有造成危害后果的；（四）除法律、行政法规另有规定外，当事人有证据足以证明没有主观过错的；（五）违法事实不清、证据不足的；（六）违法行为在二年内未被发现的，不再给予行政处罚；涉及公民生命健康安全且有危害后果的，上述期限延长至五年，法律另有规定的除外；（七）法律法规规定不予处罚的其他情形。初次违法且危害后果轻微并及时改正的，可以不予行政处罚。《中华人民共和国行政处罚法》第三十条规定，不满十四周岁的未成年人有违法行为的，不予行政处罚，责令监护人加以管教；已满十四周岁不满十八周岁的未成年人有违法行为的，应当从轻或者减轻行政处罚。

75. 在地震观测环境保护范围内从事防震减灾法律法规禁止的活动，造成地震监测站点功能全部丧失或者地震观测环境不可恢复的，对个人最高可以罚款（　　）。

A. 1000 元　　B. 1500 元　　C. 2000 元

答案：C

依据：《地震行政处罚裁量权基准适用办法》附件中第二项违法行为：在地震观测环境保护范围内从事法律法规禁止的行为，危害地震观测环境。关于裁量档次属于特别严重，对应的裁量幅度为对个人处 1000 元以上 2000 元以下的罚款，对单位处 100000 元以上 200000 元以下的罚款。

76. 破坏典型地震遗址、遗迹，造成典型地震遗址、遗迹局部可修复性破坏的，对个人可处（　　）罚款。

A. 1000 元以下　　B. 1000 元以上　　C. 10000 元以上

答案：A

依据：《地震行政处罚裁量权基准适用办法》附件中第三项违法行为：破坏典型地震遗址、遗迹。关于裁量档次属于严重，对应的裁量幅度为对个人处 1000 元以下的罚款，对单位处 20000 元以上 100000 元以下的罚款。

77. 建设工程在工程设计前未依法进行地震安全性评价，经责令限期改正，（　　），处一定数额的罚款。

A. 逾期不改正的

B. 及时改正的

C. 经教育告知并及时改正的

答案：A

依据：《地震行政处罚裁量权基准适用办法》附件中第五项违法行为：建设工程未依法进行地震安全性评价的。关于裁量档次属于一般，对应的裁量幅度为责令限期改正，逾期不改正的，处 30000 元以上 90000 元以下的罚款。

78. 地震安全性评价单位首次以其他地震安全性评价单位的名义承揽地震安全性评价业务，主动上报违法所得的，地震行政执法机关应当（　　），并处 10000 元以上 15000 元以下的罚款。

A. 责令改正，没收违法所得

B. 限期改正

C. 进行批评教育

答案：A

依据：《地震行政处罚裁量权基准适用办法》附件中第七项违法行为：地震安全性评价单位以其他地震安全性评价单位的名义承揽地震安全性评价业务。关于裁量档次属于一般，对应的裁量幅度为责令改正，没收违法所得，并处 10000 元以上 15000 元以下的罚款。

79. 行为人擅自向社会公告震后地震趋势判定，造成不良社会影响后及时采取了补救措施，有效防止事态扩大，地震行政执法机关应当（　　）。

A. 不予处罚

B. 给予警告

C. 移交公安机关依法给予治安管理处罚

答案：B

依据：《地震行政处罚裁量权基准适用办法》附件中第十项违法行为：擅自公告震后地震趋势判定。关于裁量档次属于一般，对应的裁量幅度为警告。

80. 建设工程在工程设计前没有按照地震安全性评价报告所确定的抗震设防要求进行抗震设防，经责令限期改正，逾期不改正的，地震行政执法机关应当对建设单位（　　）。

A. 处 30000 元以上 90000 元以下的罚款

B. 给予警告

C. 没收违法所得

答案：A

依据：《地震行政处罚裁量权基准适用办法》附件中第六项违法行为：未按照地震安全性评价报告所确定的抗震设防要求进行抗震设防。关于裁量档次属于一般，对应的裁量幅度为责令限期改正，逾期不改正的，处 30000 元以上 90000 元以下的罚款。

81. 防震减灾法律法规规章对个人罚款只规定最高数额没有规定最低数额的，裁量档次为（　　）的按最高罚款数额的 50% 以下确定。

A. 情节一般　　B. 情节严重　　C. 情节特别严重

答案：B

依据：《地震行政处罚裁量权基准适用办法》第十条第一款规定，防震减灾法律法规规章已经规定处罚种类的，实施裁量权时，不得改变行政处罚种类；对当事人实施罚款的，其罚款数额的确定遵循下列规则：（一）罚款为一定幅度的数额的，裁量档次为一般的按最低罚款数额到最高罚款数额的 30% 以下（包含本数）这一幅度确定；裁量档次为情节严重的按最高罚款数额的 30%—70%（不包含本数）这一幅度确定；裁量档次为情节特别严重的按最高罚款数额的 70% 以上（包含本数）到最高罚款数额这一幅度实施行政处罚。（二）对个人罚款只规定最高数额没有规定最低数额的，裁量档次为情节严重的按最高罚款数额的 50% 以下确定（不包含本数），裁量档次为情节特别严重的按最高罚款数额的 50% 以上（包含本数）到最高罚款数额确定。（三）罚款的裁量档次从情节严重开始的，情节严重的处罚按最低罚款数额到最高罚款数额这一幅度的 50% 以下确定（不包含本数），情节特别严重的处罚按最高罚款数额的 50% 以上（包含本数）到最高罚款数额这一幅度实施行政处罚。

82. 涉及重大公共利益的案件，地震行政执法机关负责人在作出地震行政处罚的决定之前，应当进行（　　）。

A. 主要负责人审批　　B. 法制审核　　C. 集体讨论

答案：B

依据：《地震行政处罚裁量权基准适用办法》第十二条规定，有下列情形之一，在地震行政执法机关负责人作出地震行政处罚的决定之前，应当由从事行政处罚决定法制审核的人员进行法制审核；未经法制审核或者审核未通过的，不得作出决定：（一）涉及重大公共利益的；（二）直接关系当事人或者第三人重大权益，经过听证程序的；（三）案件情况疑难复杂、涉及多个法律关系的；（四）法律、法规规定应当进行法制审核的其他情形。

83. 尚未完全丧失辨认或者控制自己行为能力的精神病人有违法行为的，可以（　　）。

A. 从轻或者减轻行政处罚

B. 不予处罚

C. 从重处罚

答案：A

依据：《地震行政处罚裁量权基准适用办法》第十四条规定，尚未完全丧失辨认或者控制自己行为能力的精神病人、智力残疾人有违法行为的，可以从轻或者减轻行政处罚。《中华人民共和国行政处罚法》第三十一条规定，精神病人、智力残疾人在不能辨认或者不能控制自己行为时有违法行为的，不予行政处罚，但应当责令其监护人严加看管和治疗。间歇性精神病人在精神正常时有违法行为的，应当给予行政处罚。尚未完全丧失辨认或者控制自己行为能力的精神病人、智力残疾人有违法行为的，可以从轻或者减轻行政处罚。

84. 发生地震时，为了控制、减轻和消除其引起的社会危害，对违反突发事件应对措施的行为，应当（　　）。

A. 依法快速处罚

B. 依法快速、从重处罚

C. 依法从重处罚

答案：B

依据：《地震行政处罚裁量权基准适用办法》第十六条第二款规定，发生地震等突发事件，为了控制、减轻和消除突发事件引起的社会危害，对违反突发事件应对措施的行为，应当依法快速、从重处罚。《中华人民共和国行政处罚法》第四十九条规定，发生重大传染病疫情等突发事件，为了控制、减轻和消除突发事件引起的社会危害，行政机关对违反突发事件应对措施的行为，依法快速、从重处罚。

85. 监督检查地震行政处罚裁量权基准制定后，应当按照（　　）中备案制度确定的程序和时限报送备案，主动接受备案审查机关监督。

A. 法律

B. 地方性法规

C. 规章和规范性文件

答案：C

依据：《地震行政处罚裁量权基准适用办法》第十八条规定，监督检查地震行政处罚裁量权基准制定后，应当按照规章和规范性文件备案制度确定的程序和时限报送备案，主动接受备案审查机关监督。

86. 由于不规范适用行政处罚裁量权基准造成严重后果的，应当（　　）严格追究有关人员责任。

A. 依法

B. 依法依规依纪

C. 依法依规

答案：B

依据：《地震行政处罚裁量权基准适用办法》第二十条第二款规定，因不规范适用行政处罚裁量权基准造成严重后果的，应当依法依规依纪严格追究有关人员责任。

87. 违法行为涉嫌犯罪的，地震行政执法机关应当将案件及时移送（　　），依法追究刑事责任。

A. 司法机关

B. 公安机关

C. 相关行政执法机关

答案：A

依据：《地震行政处罚裁量权基准适用办法》第二十一条规定，违法行为涉嫌犯罪的，地震行政执法机关应当将案件及时移送司法机关，依法追究刑事责任。不得以行政处罚代替刑事处罚。

88. 对在地震行政处罚中收缴的罚款，地震行政执法机关或者个人（　　）。

A. 可以根据需要适当进行部分截留

B. 不得以任何形式截留、私分或者变相私分

C. 可以变相私分

答案：B

依据：《地震行政处罚裁量权基准适用办法》第二十二条规定，除法律另有规定外，作出行政处罚决定的地震行政执法机关及其执法人员不得自行收缴罚款。罚款、没收的违法所得，必须全部上缴国库，任何地震行政执法机关或者个人不得以任何形式截留、私分或者变相私分。当事人到期不缴纳罚款的，作出行政处罚决定的地震行政执法机关可以每日按罚款数额的百分之三加处罚款，加处罚款的数额不得超出罚款的数额。《中华人民共和国行政处罚法》第七十四条第二款规定，罚款、没收的违法所得或者没收非法财物拍卖的款项，必须全部上缴国库，任何行政机关或者个人不得以任何形式截留、私分或者变相私分。

89. 外国组织在华从事地震监测活动经中国地震局审批并获得行政许可，但没有与中华人民共和国有关部门或者单位开展实质性合作的，（　　），不予处罚。

A. 经过教育告知并及时改正的

B. 经过批评教育的

C. 经过督促整改的

答案：A

依据：《地震行政处罚裁量权基准适用办法》附件中第九项违法行为：外国组织或者个人未经批准，在中华人民共和国领域和其管辖的其他海域从事地震监测活动。违法情节：外国组织或个人在华从事地震监测活动经国务院地震工作主管部门（中国地震局）审批并获得行政许可，但未与中华人民共和国有关部门或者单位开展实质性合作，经教育告知并及时改正的。关于裁量档次属于轻微，对应的裁量幅度为不予处罚。

90.（　　）的建设工程，没有按照地震动参数复核或者地震小区划结果确定的抗震设防要求进行抗震设防，地震行政执法机关应当责令限期改正，最高可处 30000 元罚款。

A. 未开工建设　　B. 已开工建设　　C. 已经完成设计

答案：B

依据：《地震行政处罚裁量权基准适用办法》附件中第十一项违法行为：经过地震动参数复核或者地震小区划工作的区域内不需要进行地震安全性评价的建设工程，未按照复核或者确定的抗震设防要求进行抗震设防。违法情节：已开工建设的建设工程，未按照地震动参数复核或者地震小区划结果确定的抗震设防要求进行抗震设防。关于裁量档次属于特别严重，对应的裁量幅度为责令限期改正，处 21000 元以上 30000 元以下的罚款。

多选题

1. 以下哪些属于地震行政执法依据（　　）。

A. 宪法　　B. 法律　　C. 行政法规　　D. 规范性文件

答案：ABC

依据：第一章　地震行政执法概述：五、地震行政执法依据。（一）宪法。宪法是国家的根本大法，在一国法律体系中具有最高的法律地位和法律效力，宪法关于国家机构及其权力的设置是地震工作管理部门实施地震行政执法的最高法律渊源。（二）法律。全国人民代表大会及其常务委员会制定颁布的适用于全国范围内防震减灾及其管理工作的相关法律。（三）行政法规。行政法规是由国务院制定发布的规范地震行政执法的法律规范。（《地震行政执法指南》，中国法制出版社 2021 年版）

2. 地震行政执法机关作出的行政执法决定要事实清楚、证据确凿，应当（　　）。

A. 以证据为依据

B. 以事实为根据

C. 以政策为抓手

D. 以法律为准绳

答案：BD

依据：第一章　地震行政执法概述：七、地震行政执法程序。（一）地震行政执法的一般程序。2. 调查取证。地震行政执法机关作出的行政执法决定要事实清楚、证据确凿，应当以事实为根据，以法律为准绳。对于立案办理的案件，地震行政执法机关应当全面调查取证，查明违法事实，做到先取证后决定。地震行政执法人员进行地震行政检查、处罚等执法活动，应当出示表明其身份的执法证件，依法全面、客观、及时开展调查取证。（《地震行政执法指南》，中国法制出版社 2021 年版）

3. 当事人认为地震行政执法人员与本案有以下哪些关系，有权申请执法人员回避（　　）。

A. 近亲属关系

B. 利害关系

C. 抚养、赡养关系

D. 有其他关系可能影响公正执法

答案：ABCD

依据：第一章　地震行政执法概述：七、地震行政执法程序。（二）地震行政执法的主要程序制度。1. 回避。当事人认为地震行政执法人员与本案有近亲属关系、利害关系或者有其他关系可能影响公正执法，有权申请执法人员回避。执法人员认为自己与本案有利害关系或者有其他关系，应当申请回避。行政执法人员包括笔录人、翻译人员、鉴定人、勘验人。“近亲属”，包括配偶、父母、子女、兄弟姐妹、祖父母、外祖父母、孙子女、外孙子女和其他具有扶养、赡养关系的亲属。（《地震行政执法指南》，中国法制出版社 2021 年版）

4. 地震行政执法文书一般采取直接送达方式，不能直接送达的，参照《民事诉讼法》的规定，采取（　　）等方式送达。

A. 留置送达　　B. 邮寄送达　　C. 委托送达　　D. 电子送达

答案：ABCD

依据：第一章　地震行政执法概述：七、地震行政执法程序。（二）地震行政执法的主要程序制度。3. 送达。地震行政执法机关制作的行政处理决定应当依法及时送达有关当事人。地震行政执法文书一般采取直接送达方式，不能直接送达的，参照《民事诉讼法》的规定，采取留置、邮寄、委托、电子送达等方式送达。（《地震行政执法指南》，中国法制出版社 2021 年版）

5. 地震行政执法内容包括（　　）。

A. 地震行政征收

B. 地震行政检查

C. 地震行政许可

D. 地震行政处罚

答案：BCD

依据：第一章　地震行政执法概述：七、地震行政执法程序。（一）地震行政执法的一般程序。地震行政执法包括地震行政许可、地震行政处罚、地震行政检查、地震行政复议行为，除法律有特别规定外，执法程序一般包括受理、调查取证、告知理由、作出决定、执行程序等环节。（《地震行政执法指南》，中国法制出版社 2021 年版）

6. 地震行政执法机关要全面推行（　　）（简称“三项制度”），提升地震行政执法能力和水平。

A. 地震行政执法公示制度

B. 地震行政执法全过程记录制度

C. 地震重大执法决定法制审核制度

D. 地震行政执法公开制度

答案：ABC

依据：第一章　地震行政执法概述：八、全面推进地震行政执法“三项制度”。地震行政执法机关要全面推行地震行政执法公示制度、地震行政执法全过程记录制度、地震重大执法决定法制审核制度（简称“三项制度”），提升地震行政执法能力和水平。（《地震行政执法指南》，中国法制出版社 2021 年版）

7. 严格执行重大执法决定法制审核制度，就是对地震重大执法决定的（　　）进行审核。

A. 正当性　　B. 合理性　　C. 合法性　　D. 适当性

答案：CD

依据：第一章　地震行政执法概述：八、全面推进地震行政执法“三项制度”。（三）严格执行重大执法决定法制审核制度。1. 审核机构。依据各级地震行政执法机关“三定”方案的机构设置和职能分工，本单位负责法律事务的部门为重大地震行政执法决定法制审核机构，对地震重大执法决定的合法性、适当性进行审核。（《地震行政执法指南》，中国法制出版社 2021 年版）

8. 推行行政执法公示制度，就是要做到（　　）。

A. 畅通公示渠道

B. 事先信息公开

C. 事中公示

D. 事后公开

答案：ABCD

依据：第一章　地震行政执法概述：八、全面推进地震行政执法“三项制度”。（一）推行行政执法公示制度。1. 畅通公示渠道。2. 事先信息公开。3. 事中公示。4. 事后公开。（《地震行政执法指南》，中国法制出版社 2021 年版）

9. 地震行政执法机关在实施地震行政许可、行政处罚、行政检查等行政行为中，以下哪几项属于地震重大执法决定事项（　　）。

A. 当事人、利害关系人人数较多或者争议较大的

B. 案件情况疑难、复杂的

C. 对个人处 2 万元以上的罚款，对法人或其他组织处 10 万元以上罚款的

D. 经过听证程序作出的行政许可、行政处罚决定

答案：ABCD

依据：第一章　地震行政执法概述：八、全面推进地震行政执法“三项制度”。（三）严格执行重大执法决定法制审核制度。2. 审核范围。地震行政执法机关在实施地震行政许可、行政处罚、行政检查等行政行为中，当事人、利害关系人人数较多或者争议较大的；案件情况疑难、复杂的；撤回、撤销行政许可的；对个人处 2 万元以上的罚款，对法人或其他组织处 10 万元以上罚款的；经过听证程序作出的行政许可、行政处罚决定等事项，属于地震重大执法决定事项。（《地震行政执法指南》，中国法制出版社 2021 年版）

10. 以下哪些属于地震行政执法证据形式（　　）。

A. 书证　　B. 视听资料　　C. 电子数据　　D. 鉴定意见

答案：ABCD

依据：第二章　地震行政执法证据收集与适用：二、地震行政执法证据的形式。（一）书证。（二）物证。（三）视听资料。（四）电子数据。（五）证人证言。（六）当事人陈述。（七）鉴定意见。（八）勘验笔录与现场笔录。（《地震行政执法指南》，中国法制出版社 2021 年版）

11. 地震行政执法人员在收集证据时，对涉及（　　）的，应当予以保密。

A. 国家秘密　　B. 商业秘密　　C. 公共安全　　D. 个人隐私

答案：ABD

依据：第二章　地震行政执法证据收集与适用：四、地震行政执法证据的收集。（一）证据的收集。2. 地震行政执法人员在收集证据时，对涉及国家秘密、商业秘密或者个人隐私的，应当予以保密。（《地震行政执法指南》，中国法制出版社 2021 年版）

12. 以下哪些不需要质证，可直接予以认定，当事人有相反证据足以推翻的除外（　　）。

A. 众所周知的事实

B. 按照法律规定推定的事实

C. 自然规律及定理

D. 已经依法证明的事实

答案：ABCD

依据：第二章　地震行政执法证据收集与适用：五、地震行政执法证据的适用。（一）质证。众所周知的事实；自然规律及定理；按照法律规定推定的事实；已经依法证明的事实；根据日常生活经验法则推定的事实，不需要质证，可直接予以认定，当事人有相反证据足以推翻的除外。（《地震行政执法指南》，中国法制出版社 2021 年版）

13. 当事人应当围绕证据的（　　），针对证据有无证明效力以及证明效力大小，进行质证。

A. 客观性　　B. 关联性　　C. 合法性　　D. 真实性

答案：BCD

依据：第二章　地震行政执法证据收集与适用：五、地震行政执法证据的适用。（一）质证。当事人应当围绕证据的关联性、合法性和真实性，针对证据有无证明效力以及证明效力大小，进行质证。（《地震行政执法指南》，中国法制出版社 2021 年版）

14. 以下不能作为定案依据的证据材料有（　　）。

A. 严重违反法定程序收集的证据材料

B. 当事人无正当事由超出举证期限提供的证据材料

C. 不能正确表达意志的证人提供的证言

D. 被当事人或者他人进行技术处理而无法辨明真伪的证据材料

答案：ABCD

依据：第二章　地震行政执法证据收集与适用：五、地震行政执法证据的适用。（二）认证。3. 不能作为定案依据的证据材料：（1）严重违反法定程序收集的证据材料；（2）以偷拍、偷录、窃听等手段获取侵害他人合法权益的证据材料；（3）以利诱、欺诈、胁迫、暴力等不正当手段获取的证据材料；（4）当事人无正当事由超出举证期限提供的证据材料；（5）在中华人民共和国领域以外或者在中华人民共和国香港特别行政区、澳门特别行政区和台湾地区形成的未办理法定证明手续的证据材料；（6）当事人无正当理由拒不提供原件、原物，又无其他证据印证，且对方当事人不予认可的证据的复制件或者复制品；（7）被当事人或者他人进行技术处理而无法辨明真伪的证据材料；（8）不能正确表达意志的证人提供的证言；（9）不具备合法性和真实性的其他证据材料。（《地震行政执法指南》，中国法制出版社 2021 年版）

15. 地震行政许可的一般程序包括（　　）。

A. 申请　　B. 受理　　C. 审查　　D. 决定

答案：ABCD

依据：第三章　地震行政许可：四、地震行政许可的程序。地震行政许可属于依申请的行政行为，国家和省、自治区、直辖市地震行政执法机关依法设定的地震行政许可事项，都应当依法定程序进行申请和审批。地震行政许可的一般程序是：申请、受理、审查、决定。（《地震行政执法指南》，中国法制出版社 2021 年版）

16. 地震行政许可申请方式包括（　　）。

A. 通过省级以上人民政府政务服务网向地震行政执法机关在线提出

B. 在当地省级以上人民政府政务服务中心地震行政审批服务窗口提出

C. 以邮政速递方式将申办材料向省级以上地震行政执法机关提交

D. 以电报或者传真的方式提出

答案：ABCD

依据：第三章　地震行政许可：四、地震行政许可的程序。（一）申请。3. 地震行政许可申请可以通过省级以上人民政府政务服务网，向地震行政执法机关在线提出和办理，也可以在当地政务服务中心地震行政审批服务窗口提出申请，还可以通过邮政速递方式将申办材料向省级以上地震行政执法机关提交申请。（《地震行政执法指南》，中国法制出版社 2021 年版）《中华人民共和国行政许可法》第二十九条第三款规定，行政许可申请可以通过信函、电报、电传、传真、电子数据交换和电子邮件等方式提出。

17. 外国组织或者个人在华从事地震监测活动申请地震行政许可需要提交的材料包括（　　）。

A. 外国组织或者个人在华从事地震监测活动行政许可申请表

B. 外国组织背景简介、个人简历

C. 经中国驻外使、领馆认证的外国卫生医疗机构或中国政府指定的卫生检疫部门出具的健康证明书

D. 地震监测活动资助项目任务书全文

答案：ABCD

依据：中国地震局官网关于外国组织或个人在华从事地震监测活动在线申请：办事指南。八、申报材料。《外国组织或者个人在华从事地震监测活动行政许可申请表》；外国组织背景简介、个人简历（包括学历、工作经历）；经中国驻外使、领馆认证的外国卫生医疗机构或中国政府指定的卫生检疫部门出具的健康证明书；地震监测活动资助项目任务书全文，须明确仪器布设范围、监测内容（观测物理量、观测精度、监测范围等）、研究目的、技术手段、仪器技术指标等。

18. 外国组织或者个人在华从事地震监测活动时，（　　）不予作出地震行政许可。

A. 流体观测　　B. GPS　　C. 重力观测　　D. 地电观测

答案： BC

依据： 中国地震局官网关于外国组织或个人在华从事地震监测活动在线申请：办事指南。七、许可条件。2. 监测活动须不涉及国家秘密和危害国家安全的观测，GPS 和重力观测不予行政许可。

19. 重大工程抗震设防要求审定的申请材料包括哪些（　　）。

A. 申请表

B. 地震安全性评价报告

C. 项目可研报告

D. 地震安全性评价委托合同

答案： ABD

依据： 分册二　第二章　重大工程抗震设防要求审定行政许可程序：2.1　申请。5. 申请重大工程抗震设防要求审定行政许可的，应提交以下材料，且均需要提供电子版：（1）申请表（2 份，加盖公章，附件 4、5）；（2）地震安全性评价报告（12 份，加盖公章，含必要的工程地质剖面、钻孔柱状图及波速测试结果、土样动力参数等原始数据）；（3）地震安全性评价委托合同（复印件 2 份，加盖公章）。（《地震行政执法手册》，中国法制出版社 2024 年版）

20. 地震行政许可申请人依托政务服务网、地震信息网、政务大厅服务窗口办理申请，应知晓的地震行政许可相关信息包括（　　）。

A. 申请人线下办理的政务服务中心窗口或省级以上地震行政执法机关的详细地址，并附路线及地图

B. 在线办理的网址和办理时间

C. 申请人需乘坐的公交车次、地铁线、站点

D. 咨询电话、监督投诉电话、办理流程

答案： ABCD

依据： 第三章　地震行政许可：五、地震行政许可申请人应知晓的重

（　　）。

A. 较大数额罚款

B. 没收较大数额违法所得、没收较大价值非法财物

C. 其他较重的行政处罚

D. 法律、法规、规章规定的其他情形

答案：ABCD

依据：总册　第十四章　地震行政处罚听证程序：14.1　听证适用范围。地震行政执法机关拟作出下列行政处罚决定，应当告知当事人有要求听证的权利，当事人要求听证的，地震行政执法机关应当组织听证：（1）较大数额罚款；（2）没收较大数额违法所得、没收较大价值非法财物；（3）其他较重的行政处罚；（4）法律、法规、规章规定的其他情形。（《地震行政执法手册》，中国法制出版社 2024 年版）

30. 当事人应当自收到行政处罚决定书之日起 15 日内，（　　）缴纳罚款。

A. 到指定的银行

B. 到作出行政处罚决定的地震行政执法机关

C. 以汇款的方式

D. 通过电子支付系统

答案：AD

依据：第五章　地震行政处罚：八、地震行政处罚的执行。（一）执行原则。2. 罚缴分离原则。当事人应当自收到行政处罚决定书之日起 15 日内，到指定的银行或者通过电子支付系统缴纳罚款。银行应当收受罚款，并将罚款直接上缴国库。（《地震行政执法指南》，中国法制出版社 2021 年版）

31. 地震行政复议的主体只能是依法设定的具有复议管辖权的（　　）。

A. 国家地震行政执法机关

B. 同级人民政府

C. 人民法院

D. 人民检察院

答案：AB

依据：总册　第十八章　地震行政复议：18.1　一般规定。2. 地震行政复议的主体只能是依法设定的具有复议管辖权的同级人民政府和国家地震行政执法机关。（《地震行政执法手册》，中国法制出版社 2024 年版）

32. 地震行政复议期间，一般不停止对原地震行政行为的执行，但以下哪种情况可以停止执行（　　）。

A. 被申请人认为需要停止执行的

B. 地震行政复议机关认为需要停止执行的

C. 申请人申请停止执行，地震行政复议机关认为其要求合理，决定停止执行的

D. 法律、法规、规章规定停止执行的其他情形

答案：ABCD

依据：五、行政复议法规规定（三）行政复议审理：停止执行的情形。《中华人民共和国行政复议法》第四十二条规定，行政复议期间行政行为不停止执行；但是有下列情形之一的，应当停止执行：（一）被申请人认为需要停止执行；（二）行政复议机关认为需要停止执行；（三）申请人、第三人申请停止执行，行政复议机关认为其要求合理，决定停止执行；（四）法律、法规、规章规定停止执行的其他情形。

33. 以下说法正确的是（　　）。

A. 在地震行政复议过程中，一般由被申请人对其作出的行政行为合法性、适当性负举证责任。

B. 复议期间，被申请人可自行向申请人和其他有关单位或者个人收集证据。

C. 申请人可以查阅、复制被申请人提出的所有证据材料。

D. 申请人提出赔偿的，应当提供相关受损害证据，但因被申请人原因导致申请人无法举证的，由被申请人承担举证责任。

答案：AD

依据：总册　第十八章　地震行政复议：18.4　地震行政复议的证据及材料要求。3. 在地震行政复议过程中，一般由被申请人对其作出的行政行为的合法性、适当性负有举证责任。复议期间，被申请人不得自行向申请人和其他有关单位或者个人收集证据。申请人、第三人及其委托代理人可以按照规定查阅、复制被申请人提出的书面答复、作出行政行为的证据、依据和其他有关材料，除涉及国家秘密、商业秘密、个人隐私或者可能危及国家安全、公共安全、社会稳定的情形外，国家地震行政复议机构应当同意。4. 有下列情形之一的，申请人应当提供证据：（2）提出行政赔偿请求的，提供受行政行为侵害而造成损害的证据，但是因被申请人原因导致申请人无法举证的，由被申请人承担举证责任。（《地震行政执法手册》，中国法制出版社 2024 年版）

34. 可以申请地震行政复议的行为包括（　　）。

A. 对地震行政机关作出的赔偿损失的决定不服的

B. 地震行政执法机关对其内部人员作出的奖惩、任免等内部行为

C. 对地震行政机关作出的警告、罚款等行政处罚决定不服的

D. 国家行为

答案：AC

依据：总册　第十八章　地震行政复议：18.2　地震行政复议范围与管辖。1. 有下列情形之一的，公民、法人或者其他组织可以依法申请地震行政复议：（1）对地震行政执法机关作出的地震行政处罚决定不服……（3）对地震行政执法机关作出的赔偿决定或者不予赔偿决定不服……3. 对地震行政执法机关作出的下列行为不得申请行政复议：（1）国家行为；（2）地震行政执法机关对其内部工作人员作出的奖惩、任免等决定。（《地震行政执法手册》，中国法制出版社 2024 年版）

35. 地震行政机关负责人不能出庭的正当理由包括（　　）。

A. 不可抗力

B. 意外事件

C. 需要履行他人不能代替的公务

D. 公务繁忙

答案： ABC

依据： 第九章　地震行政应诉：四、地震行政应诉工作机制。（一）地震行政应诉工作机构。地震行政机关负责人不能出庭的正当理由包括：1. 不可抗力；2. 意外事件；3. 需要履行他人不能代替的公务；4. 无法出庭的其他正当事由。（《地震行政执法指南》，中国法制出版社 2021 年版）

36. 地震行政执法机关对已经生效的判决、裁定或者调解书，有下列情形之一的，自知道或者应当知道之日起 6 个月内向上一级人民法院提出申请再审（　　）。

A. 有新的证据，足以推翻原判决、裁定的

B. 原判决、裁定认定事实的主要证据是伪造的

C. 据以作出原判决、裁定的法律文书被撤销或者变更的

D. 审判人员审理该案件时有贪污受贿、徇私舞弊、枉法裁判行为的

答案： ABCD

依据： 第九章　地震行政应诉：八、申诉与抗诉。（二）申请再审。地震行政执法机关对已经生效的判决、裁定或者调解书，可以在 6 个月内向上一级人民法院提出申请再审。有下列情形之一的，自知道或者应当知道之日起 6 个月内提出：1. 有新的证据，足以推翻原判决、裁定的；2. 原判决、裁定认定事实的主要证据是伪造的；3. 据以作出原判决、裁定的法律文书被撤销或者变更的；4. 审判人员审理该案件时有贪污受贿、徇私舞弊、枉法裁判行为的。（《地震行政执法指南》，中国法制出版社 2021 年版）

37. 地震行政执法机关行使地震行政处罚裁量权，应当遵循（　　）、综合裁量、处罚与教育相结合等原则。

A. 法制统一　　B. 公平公正　　C. 过罚相当　　D. 罪责刑相适应

答案： ABC

依据：《地震行政处罚裁量权基准适用办法》第五条规定，地震行政执法机关行使地震行政处罚裁量权，应当遵循法制统一、公平公正、过罚相当、综合裁量、处罚与教育相结合等原则，体现合法性、合理性、科学性和可操作性。

38. 地震行政执法机关在实施地震行政处罚时，属于依法应当从轻或者减轻行政处罚的情形有（　　）。

A. 违法行为人主动供述地震行政执法机关尚未掌握的违法行为的

B. 违法行为人主动消除或者减轻违法行为危害后果的

C. 违法行为人受他人胁迫或者诱骗实施违法行为的

D. 精神病人在不能控制辨认或不能控制自己行为时有违法行为的

答案：ABC

依据：《地震行政处罚裁量权基准适用办法》第十五条第一款规定，地震行政执法机关在实施地震行政处罚时，有下列情形之一的，应当依法从轻或者减轻行政处罚：（一）已满十四周岁不满十八周岁的未成年人实施违法行为的；（二）违法行为人主动消除或者减轻违法行为危害后果的；（三）违法行为人受他人胁迫或者诱骗实施违法行为的；（四）违法行为人配合查处违法行为有立功表现的；（五）违法行为人主动供述地震行政执法机关尚未掌握的违法行为的；（六）法律、法规规定其他应当从轻或者减轻行政处罚的。

39. 地震行政执法机关在实施地震行政处罚时，属于依法从重处罚的情形有（　　）。

A. 拒不整改或者整改不力，其违法行为处于持续状态的

B. 违法行为情节恶劣，造成严重社会影响的

C. 教唆、胁迫、诱骗他人实施违法行为的

D. 拒绝、阻碍或者以暴力威胁行政执法人员的

答案：ABCD

依据：《地震行政处罚裁量权基准适用办法》第十六条第一款规定，

地震行政执法机关在实施地震行政处罚时，有下列情形之一的，可以依法从重行政处罚：（一）因同一性质的违法行为受过刑事处罚，一年内因同一种违法行为受到两次以上行政处罚的；（二）拒不整改或者整改不力，其违法行为处于持续状态的；（三）拒绝、阻碍或者以暴力威胁行政执法人员的；（四）教唆、胁迫、诱骗他人实施违法行为的；（五）隐匿、销毁违法行为证据的；（六）违法行为情节恶劣，造成严重社会影响的；（七）故意实施违法行为，严重影响社会经济秩序的或造成严重安全生产隐患的；（八）对举报人、证人打击报复的；（九）违反抗震设防要求管理规定，且违法行为标的工程投资总额较大或者违法所得数额较大的；（十）法律、法规规定其他应当从重处罚的。

40. 中国地震局对下级地震行政执法机关经办的行政处罚案件进行复查的方式有（　　）。

A. 行政执法情况检查

B. 行政执法案卷评查

C. 行政强制措施

D. 依法行政考核

答案：ABD

依据：《地震行政处罚裁量权基准适用办法》第十九条规定，中国地震局通过行政执法情况检查、行政执法案卷评查、依法行政考核等方式，定期对下级地震行政执法机关经办的行政处罚案件进行复查，对行使行政处罚裁量权工作进行监督。

41. 地震行政执法机关在实施行政处罚时，如何处理罚款（　　）。

A. 由地震行政执法机关自行决定罚款金额

B. 罚款必须全部上缴国库

C. 无条件对当事人进行罚款减免

D. 逾期不缴纳罚款的，可以加处罚款

答案：BD

依据：《地震行政处罚裁量权基准适用办法》第二十二条规定，除法律另有规定外，作出行政处罚决定的地震行政执法机关及其执法人员不得自行收缴罚款。罚款、没收的违法所得，必须全部上缴国库，任何地震行政执法机关或者个人不得以任何形式截留、私分或者变相私分。当事人到期不缴纳罚款的，作出行政处罚决定的地震行政执法机关可以每日按罚款数额的百分之三加处罚款，加处罚款的数额不得超出罚款的数额。

42. 在地震观测环境保护范围内从事防震减灾法律法规禁止的活动，造成地震监测站点功能部分丧失或者地震观测环境部分破坏的，可以对违法行为人（　　）。

A. 给予警告，责令停止违法行为，恢复原状或者采取其他补救措施

B. 造成损失的，依法承担赔偿责任

C. 对个人处 1000 元以下的罚款

D. 对单位处 20000 元以上 100000 元以下的罚款

答案：ABCD

依据：《地震行政处罚裁量权基准适用办法》附件中第二项违法行为：在地震观测环境保护范围内从事法律法规禁止的行为，危害地震观测环境。关于裁量档次属于严重，对应的裁量幅度为对个人和单位给予警告，责令停止违法行为，恢复原状或者采取其他补救措施。造成损失的，依法承担赔偿责任，对个人处 1000 元以下的罚款，对单位处 20000 元以上 100000 元以下的罚款。

43. 破坏典型地震遗址、遗迹，造成典型地震遗址、遗迹不可修复性破坏的，可以对违法行为人（　　）。

A. 给予警告

B. 责令停止违法行为，恢复原状或者采取其他补救措施。造成损失的，依法承担赔偿责任

C. 对个人处 1000 元以上 2000 元以下的罚款

D. 对单位处 100000 元以上 200000 元以下的罚款

答案：BCD

依据：《地震行政处罚裁量权基准适用办法》附件中第三项违法行为：破坏典型地震遗址、遗迹。关于裁量档次属于特别严重，对应的裁量幅度为责令停止违法行为，恢复原状或者采取其他补救措施，造成损失的，依法承担赔偿责任。对个人处 1000 元以上 2000 元以下的罚款，对单位处 100000 元以上 200000 元以下的罚款。

44. 违法行为人没有按照要求增建抗干扰设施，但未造成危害后果，并且违法行为被发现后，在责令期限内及时改正的，对其（　　）。

A. 不予处罚

B. 给予警告

C. 进行教育

D. 处以 20000 以下罚款

答案：AC

依据：《地震行政处罚裁量权基准适用办法》附件中第四项违法行为：未按照要求增建抗干扰设施或者新建地震监测设施。关于裁量档次属于轻微，对应的裁量幅度为不予处罚，应当进行教育。

45. 外国组织或者个人在华从事地震监测活动超过行政许可规定的期限，地震行政执法机关应没收（　　）。

A. 监测成果　　B. 监测设施　　C. 个人生活物品　D. 护照

答案：AB

依据：《地震行政处罚裁量权基准适用办法》附件中第九项违法行为：外国组织或者个人未经批准，在中华人民共和国领域和其管辖的其他海域从事地震监测活动。关于裁量档次属于一般，对应的裁量幅度为责令停止违法行为，没收监测成果和监测设施……

46. 地震安全性评价单位首次允许其他地震安全性评价单位以本单位的名义从事地震安全性评价活动，但主动上报违法所得的，地震行政执法机关应当（　　）。

A. 责令改正

B. 没收违法所得

C. 处 10000 元以上 15000 元以下的罚款

D. 没收非法财物

答案：ABC

依据：《地震行政处罚裁量权基准适用办法》附件中第八项违法行为：地震安全性评价单位允许其他单位以本单位的名义承揽地震安全性评价业务。关于裁量档次属于一般，对应的裁量幅度为责令改正，没收违法所得，并处 10000 元以上 15000 元以下的罚款。

判断题

1. 地震行政执法是地震行政执法机关执行所有的国家法律、法规和规章的行为。

答案：错误

依据：第一章　地震行政执法概述：一、地震行政执法概念及特征。（二）地震行政执法特征。3. 地震行政执法是地震行政执法机关执行国家地震行政管理法律、法规和规章的行为。地震行政执法并不是地震行政执法机关执行所有的国家法律、法规和规章的行为，而是在其法定职权内，执行那些涉及地震行政管理活动的法律、法规和规章的行为。（《地震行政执法指南》，中国法制出版社 2021 年版）

2. 地震行政执法具有法定性、经常性、双重性。

答案：正确

依据：第一章　地震行政执法概述：一、地震行政执法概念及特征。（二）地震行政执法特征。5. 地震行政执法具有法定性、经常性、双重性。地震行政执法机关在从事地震行政执法活动时，其执法权限不得超出法定范围，且应当按照法定的时间、方式、手段、程序行使权力。（《地震行政执法指南》，中国法制出版社 2021 年版）

3. 地震行政执法的主体是特定的，其他国家机关、社会团体、组织和个人，未经授权不得从事地震行政执法活动。

答案：正确

依据：第一章　地震行政执法概述：一、地震行政执法概念及特征。（二）地震行政执法特征。1. 地震行政执法的主体特定。地震行政执法是各级地震行政执法机关在法定职权范围内实施的专业管理活动，其他国家机关、社会团体、组织和个人，未经授权不得从事地震行政执法活动。（《地震行政执法指南》，中国法制出版社 2021 年版）

4. 宪法关于国家机构及其权力的设置是地震工作管理部门实施地震行政执法的最高法律渊源。

答案：正确

依据：第一章　地震行政执法概述：五、地震行政执法依据。（一）宪法。宪法是国家的根本大法，在一国法律体系中具有最高的法律地位和法律效力，宪法关于国家机构及其权力的设置是地震工作管理部门实施地震行政执法的最高法律渊源。（《地震行政执法指南》，中国法制出版社 2021 年版）

5. 地震行政执法依据不包括宪法。

答案：错误

依据：第一章　地震行政执法概述：五、地震行政执法依据。（一）宪法。（二）法律。（三）行政法规。（四）地方性法规。（五）部门规章。（六）地方政府规章。（《地震行政执法指南》，中国法制出版社 2021 年版）

6. 地震行政执法必须遵循合法、公开、公正、及时的原则。

答案：正确

依据：第一章　地震行政执法概述：六、地震行政执法基本原则。地震行政执法必须遵循合法、公开、公正、及时的原则。（《地震行政执

法指南》，中国法制出版社 2021 年版）

7. 地震行政执法机关从事地震行政管理，执行法律、法规和规章时，要事先公布行政执法的依据，地震执法程序和地震行政执法决定内容可以不向当事人公开。

答案：错误

依据：第一章　地震行政执法概述：六、地震行政执法基本原则。（二）公开原则。地震行政执法机关从事地震行政管理，执行法律、法规和规章时，要事先公布行政执法的依据，即地震行政管理法律、法规和规章，未经公布的，不得作为行政执法的依据；同时，地震执法程序也应当公开；地震行政执法决定内容，包括结论、事实依据，裁决理由都应当向当事人公开。（《地震行政执法指南》，中国法制出版社 2021 年版）

8. 地震行政执法机关在行使裁量权时要做到客观、适度、公正。

答案：正确

依据：第一章　地震行政执法概述：六、地震行政执法基本原则。（三）公正原则。地震行政执法机关实施地震行政管理时，不仅要严格遵守地震法律、法规和规章规定的职权和程序，而且在行使行政自由裁量权时，也要做到客观、适度、公正，不得感情用事，显失公正；要立足全局利益，尽可能照顾当地风俗民情，处理好合法与合理的关系，还要严格遵守党和国家的相关政策。（《地震行政执法指南》，中国法制出版社 2021 年版）

9. 地震行政执法程序约束地震行政执法机关的执法行为，要求地震行政执法机关在作出行政行为时，必须符合地震法律、法规、规章规定的执法程序，否则视为执法行为无效。

答案：正确

依据：第一章　地震行政执法概述：七、地震行政执法程序。地震行政执法程序约束地震行政执法机关的执法行为，要求地震行政执法机关在作出行政行为时，必须符合地震法律、法规、规章规定的执法程序，否则视为执法行为无效……（《地震行政执法指南》，中国法制出版社 2021 年版）

10. 地震行政执法程序是法定程序的，任何组织和个人不得非法破坏和任意变更。

答案：正确

依据：第一章　地震行政执法概述：七、地震行政执法程序。地震行政执法程序是针对地震执法管理程序的法律规定，适用地震管理执法过程，与地震行政执法无关的其他行为不受约束。地震行政执法程序是法定程序的，任何组织和个人不得非法破坏和任意变更。（《地震行政执法指南》，中国法制出版社 2021 年版）

11. 地震行政执法除法律有特别规定外，执法程序一般包括受理、调查取证、告知理由、作出决定、执行程序等环节。

答案：正确

依据：第一章　地震行政执法概述：七、地震行政执法程序。（一）地震行政执法的一般程序。地震行政执法包括地震行政许可、地震行政处罚、地震行政检查、地震行政复议行为，除法律有特别规定外，执法程序一般包括受理、调查取证、告知理由、作出决定、执行程序等环节。（《地震行政执法指南》，中国法制出版社 2021 年版）

12. 地震行政执法人员进行地震行政检查、处罚等执法活动，应当出示表明其身份的执法证件，依法全面、客观、及时开展调查取证。

答案：正确

依据：第一章　地震行政执法概述：七、地震行政执法程序。（一）地震行政执法的一般程序。2. 调查取证。地震行政执法人员进行地震行政检查、处罚等执法活动，应当出示表明其身份的执法证件，依法全面、客观、及时开展调查取证。（《地震行政执法指南》，中国法制出版社 2021 年版）

13. 地震行政执法案件及其文书案卷，应当按照统一格式登记保管，并报上级地震行政执法机关备案。

答案：正确

依据：第一章　地震行政执法概述：七、地震行政执法程序。（二）地震行政执法的主要程序制度。4. 备案。地震行政执法案件及其文书案卷，应当按照统一格式登记保管，并报上级地震行政执法机关备案。（《地震行政执法指南》，中国法制出版社 2021 年版）

14. 当事人要求听证的，应当承担地震行政执法机关组织听证的费用。

答案：错误

依据：总册　第一章　地震行政执法一般规定：1.5　地震行政执法的主要程序制度。2. 听证。地震行政执法机关在作出较大数额的罚款、没收较大数额违法所得等较重处罚决定前，或者地震行政许可事项因直接涉及申请人与他人之间重大利益关系的，在作出行政许可决定前，应当告知当事人、申请人、利害关系人享有要求听证的权利，若其提出听证申请，地震行政执法机关应当组织听证，并承担组织听证费用。（《地震行政执法手册》，中国法制出版社 2024 年版）

15. 地震行政执法决定执行后，承办人员应当制作结案报告，将有关材料进行整理装订，并由承办人员签名或盖章后，归档保存。

答案：正确

依据：第一章　地震行政执法概述：七、地震行政执法程序。（二）地震行政执法的主要程序制度。5. 归档。地震行政执法决定执行后，承办人员应当制作结案报告，将有关材料进行整理装订，并由承办人员签名或盖章后，归档保存。（《地震行政执法指南》，中国法制出版社 2021 年版）

16. 因地震行政执法机关违法行使职权给公民、法人或其他组织的合法权益造成实际损失的，该地震行政执法机关应当作为赔偿义务机关予以赔偿。

答案：正确

依据： 总册　第二十章　地震行政赔偿：20.1　地震行政赔偿义务机关。1. 地震行政执法机关及其工作人员违法行使职权，侵犯公民、法人和其他组织的合法权益造成实际损害的，该地震行政执法机关为赔偿义务机关，承担赔偿义务。（《地震行政执法手册》，中国法制出版社 2024 年版）

17. 地震行政执法证据是指在行政执法中，地震行政执法机关和相对人收集采用的，用以证明案件事实和当事人主张成立，并表现为一定证据形式的事实材料和凭证。

答案：正确

依据： 第二章　地震行政执法证据收集与适用：一、地震行政执法证据的概念。地震行政执法证据是指在行政执法中，地震行政执法机关和相对人收集采用的，用以证明案件事实和当事人主张成立，并表现为一定证据形式的事实材料和凭证。（《地震行政执法指南》，中国法制出版社 2021 年版）

18. 证人不一定是自然人。

答案：错误

依据： 第二章　地震行政执法证据收集与适用：二、地震行政执法证据的形式。（五）证人证言。证人必须是自然人，包括直接或间接了解案件情况的人，证人既可以陈述目睹的事实，也可转述耳闻的事实。证人有权要求宣读、查阅或修改询问笔录，有权使用本民族语言文字进行陈述。（《地震行政执法指南》，中国法制出版社 2021 年版）

19. 被破坏的地震监测设施、设备等属于物证。

答案：正确

依据： 第二章　地震行政执法证据收集与适用：二、地震行政执法证据的形式。（二）物证。物证是指以物品的外形、质量、特征来证明案件事实的物品和痕迹，如被破坏的地震监测设施、设备等。（《地震行政执

法指南》，中国法制出版社 2021 年版）

20. 以非法手段收集的证据不得作为处罚的依据。

答案：正确

依据：总册　第二章　地震行政执法证据收集与适用：2.3　地震行政执法证据收集。地震行政执法人员在收集证据时，必须合法、公正、全面、客观，必要时可以进行检查；不得以利诱、欺诈、胁迫、暴力等不正当的手段获取证据材料，也不得以偷拍、偷录、窃听等手段获取侵犯他人合法权益的证据材料；以非法手段收集的证据不得作为处罚的依据。（《地震行政执法手册》，中国法制出版社 2024 年版）

21. 地震行政执法过程中制作的现场笔录，应当由执法人员和当事人签名，当事人拒绝签名或者不能签名的，应当注明原因。

答案：正确

依据：第二章　地震行政执法证据收集与适用：四、地震行政执法证据的收集。（三）提取证据。7. 现场笔录的提取。地震行政执法程序中制作的现场笔录，应当载明时间、地点和事件等内容，并由执法人员和当事人签名。当事人拒绝签名或者不能签名的，应当注明原因。有其他人在现场的，可由其他人签名。法律、法规和规章对现场笔录的制作形式另有规定的，从其规定。（《地震行政执法指南》，中国法制出版社 2021 年版）

22. 地震行政执法人员在收集证据时，严禁通过暴力或者威胁、引诱、欺骗等非法手段调查、收集证据。

答案：正确

依据：第二章　地震行政执法证据收集与适用：四、地震行政执法证据的收集。（一）证据的收集。1. 严禁通过暴力或者威胁、引诱、欺骗等非法手段调查、收集证据。（《地震行政执法指南》，中国法制出版社 2021 年版）

23. 地震行政执法机关及其工作人员查处违法行为时，必须妥善保存所收集的与违法行为有关的证据。

答案：正确

依据：第二章　地震行政执法证据收集与适用：四、地震行政执法证据的收集。（四）证据保存与保全。1. 证据保存。地震行政执法机关及其工作人员查处违法行为时，必须妥善保存所收集的与违法行为有关的证据。（《地震行政执法指南》，中国法制出版社 2021 年版）

24. 地震行政执法机关应当依照法定程序，采取合法手段，客观、全面地收集证据，可以仅收集对当事人不利的证据。

答案：错误

依据：第二章　地震行政执法证据收集与适用：四、地震行政执法证据的收集。（一）证据的收集。1. 地震行政执法人员在收集证据时，必须合法、公正、全面、客观。（《地震行政执法指南》，中国法制出版社 2021 年版）

25. 地震行政执法机关对与违法行为有关的场所进行检查时，地震行政执法人员应出示检查证明文件和行政执法证。

答案：正确

依据：第二章　地震行政执法证据收集与适用：四、地震行政执法证据的收集。（二）证据的收集方式。3. 调查证据。（2）对现场的检查。地震行政执法机关可以对与违法行为有关的场所进行检查；检查时，地震行政执法人员应出示检查证明文件和行政执法证。（《地震行政执法指南》，中国法制出版社 2021 年版）

26. 地震行政机关执法人员在询问和检查时应当制作笔录。

答案：正确

依据：第二章　地震行政执法证据收集与适用：四、地震行政执法证据的收集。（二）证据的收集方式。3. 调查证据。（2）对现场的检查。检查的情况应制作检查笔录，由检查人员、被检查人和见证人签名或者

盖章；被检查人拒绝签名或者盖章的，应当在笔录上注明。（《地震行政执法指南》，中国法制出版社 2021 年版）

27. 以偷拍、偷录、窃听等手段获取侵害他人合法权益的证据材料不能作为定案依据。

答案：正确

依据：第二章　地震行政执法证据收集与适用：五、地震行政执法证据的适用。（二）认证。3. 不能作为定案依据的证据材料：（2）以偷拍、偷录、窃听等手段获取侵害他人合法权益的证据材料。（《地震行政执法指南》，中国法制出版社 2021 年版）

28. 地震行政许可就是地震行政审批。

答案：错误

依据：第三章　地震行政许可：一、地震行政许可的概念。地震行政许可，是指地震行政执法机关依法对公民、法人或者其他组织提出的申请，通过颁发证明或者批准、登记、认可等方式，允许其行使某项权利，从事某项活动的行政行为。（《地震行政执法指南》，中国法制出版社 2021 年版）

29. 地震行政执法机关设定和实施地震行政许可，应当遵循公开、公平、公正的原则。

答案：正确

依据：第三章　地震行政许可：二、地震行政许可的原则。（二）公开、公平、公正原则。地震行政执法机关设定和实施地震行政许可，应当遵循公开、公平、公正的原则。（《地震行政执法指南》，中国法制出版社 2021 年版）

30. 地震行政执法机关实施地震行政许可，应当遵循便民的原则，提高办事效率，提供优质服务。

答案：正确

依据：第三章　地震行政许可：二、地震行政许可的原则。（三）便民原则。地震行政执法机关实施地震行政许可，应当遵循便民的原则，提高办事效率，提供优质服务。（《地震行政执法指南》，中国法制出版社2021年版）

31. 地震行政执法机关应当落实应急管理综合行政执法技术检查员相关规定，建立地震行政执法专家库，根据地震行政执法具体任务，推动市县开展“执法＋专家”式执法。

答案：正确

依据：分册一　第一章　水库台网建设行政检查前准备：1.5　专家参与执法。地震行政执法机关应当落实应急管理综合行政执法技术检查员相关规定，建立地震行政执法专家库，根据地震行政执法具体任务，推动市县开展“执法＋专家”式执法。鼓励引导本机关地震监测预报预警、地震灾害防御、防震减灾公共服务、地震科技与国际合作等领域专家发挥专业优势，积极参加市县日常地震行政执法，为基层行政执法提供专业技术支撑服务。（《地震行政执法手册》，中国法制出版社2024年版）

32. 公民、法人或者其他组织依法取得的地震行政许可可以转让。

答案：错误

依据：第三章　地震行政许可：二、地震行政许可的原则。（七）严格责任原则。公民、法人或者其他组织依法取得的地震行政许可，除法律、法规规定依照法定条件和程序可以转让的外，不得转让。（《地震行政执法指南》，中国法制出版社2021年版）

33. 外国组织或者个人在华从事地震监测活动必须遵守中华人民共和国的有关法律、法规的规定，并不得涉及国家秘密和危害国家安全。

答案：正确

依据：总册　附件1　地震行政检查事项表第九项检查事项：对外国

组织或者个人在华违法从事地震监测活动的行政检查。2. 检查内容。（2）外国组织或个人在华从事地震监测活动必须遵守中华人民共和国的有关法律、法规的规定，并不得涉及国家秘密和危害国家安全。（《地震行政执法手册》，中国法制出版社 2024 年版）

34. 申请人申请地震行政许可，应如实向地震行政执法机关提交有关材料和反映真实情况，并对申请材料内容的真实性负责。

答案：正确

依据：第三章　地震行政许可：四、地震行政许可的程序。（一）申请。4. 申请人申请地震行政许可，应如实向地震行政执法机关提交有关材料和反映真实情况，并对申请材料内容的真实性负责。（《地震行政执法指南》，中国法制出版社 2021 年版）

35. 地震行政许可属于依职权的行政行为。

答案：错误

依据：第三章　地震行政许可：四、地震行政许可的程序。地震行政许可属于依申请的行政行为，国家和省、自治区、直辖市地震行政执法机关依法设定的地震行政许可事项，都应当依法定程序进行申请和审批。（《地震行政执法指南》，中国法制出版社 2021 年版）

36. 地震行政执法机关认为申请事项依法不需要地震行政许可的，应即时告知申请人不予受理。

答案：正确

依据：第三章　地震行政许可：四、地震行政许可的程序。（二）受理。1. 地震行政执法机关认为申请事项依法不需要地震行政许可的，应即时告知申请人不予受理。（《地震行政执法指南》，中国法制出版社 2021 年版）

37. 受理或不予受理地震行政许可申请，均应出具加盖地震行政执法机关印章和注明日期的书面凭证。

答案：正确

依据：第三章　地震行政许可：四、地震行政许可的程序。（二）受理。6. 受理或不予受理地震行政许可申请，应出具加盖地震行政执法机关印章和注明日期的书面凭证。（《地震行政执法指南》，中国法制出版社 2021 年版）

38. 地震行政执法机关对地震行政许可申请进行审查时，发现行政许可事项直接关系他人重大利益的，应当告知该利害关系人。

答案：正确

依据：第三章　地震行政许可：四、地震行政许可的程序。（三）审查。2. 地震行政执法机关对地震行政许可申请进行审查时，发现行政许可事项直接关系他人重大利益的，应告知该利害关系人。申请人、利害关系人有权进行陈述和申辩。行政机关应当听取申请人、利害关系人的意见。（《地震行政执法指南》，中国法制出版社 2021 年版）

39. 地震行政许可申请人提交的申请材料不齐全或者不符合法定形式的，地震行政执法机关可以当场告知或者多次分别告知申请人需要补正的内容。

答案：错误

依据：第三章　地震行政许可：四、地震行政许可的程序。（二）受理。4. 申请材料不齐全或不符合法定要求的，地震行政执法机关工作人员应当当场或在 5 日内一次告知申请人需要补正的全部内容，逾期不告知的，自收到申请材料之日起即为受理。（《地震行政执法指南》，中国法制出版社 2021 年版）

40. 地震行政许可的申请材料存在错误，可以当场更正的，地震行政执法机关工作人员应当允许申请人当场更正。

答案：正确

依据：总册　第七章　地震行政许可程序：7.1　一般程序。2. 受理。（3）申请材料存在错误，可以当场更正的，地震行政执法机关工作人员

应当允许申请人当场更正。（《地震行政执法手册》，中国法制出版社 2024 年版）

41. 地震行政许可听证的主持人，可以是负责该地震行政许可申请的工作人员。

答案：错误

依据： 总册　第七章　地震行政许可程序：7.1　一般程序。4. 听证。（2）听证应当公开举行，地震行政执法机关应当指定审查该地震行政许可申请的工作人员以外的人员为听证主持人，申请人、利害关系人认为主持人与该行政许可事项有直接利害关系的，有权申请其回避。（《地震行政执法手册》，中国法制出版社 2024 年版）

42. 地震行政执法机关应当于举行听证的 5 日前将举行听证的时间、地点通知申请人、利害关系人。

答案：错误

依据： 总册　第七章　地震行政许可程序：7.1　一般程序。4. 听证。（1）地震行政执法机关应当于举行听证的 7 日前将举行听证的时间、地点通知申请人、利害关系人，必要时予以公告。（《地震行政执法手册》，中国法制出版社 2024 年版）

43. 依据便民原则，所有的地震行政许可事项均应配备相应的办事指南。

答案：正确

依据： 第三章　地震行政许可：五、地震行政许可申请人应知晓的重点信息。依据便民原则，所有的地震行政许可事项均应配备相应的办事指南，由省级以上地震行政执法机关制定，并依托政务服务网、地震信息网、政务大厅服务窗口等进行公示。（《地震行政执法指南》，中国法制出版社 2021 年版）

44. 地震行政执法机关实施地震行政许可和对地震行政许可事项进行监督检查，可以收取相关费用。

答案：错误

依据：第三章　地震行政许可：五、地震行政许可申请人应知晓的重点信息。3. 地震行政执法机关实施地震行政许可和对地震行政许可事项进行监督检查，不收取任何费用，所需经费列入本级财政预算。（《地震行政执法指南》，中国法制出版社 2021 年版）

45. 被许可人以欺骗、贿赂等不正当手段取得地震行政许可的，应当予以撤销。

答案：正确

依据：第三章　地震行政许可：六、地震行政许可的变更、撤销、注销。（二）撤销。2. 被许可人以欺骗、贿赂等不正当手段取得地震行政许可的，应当予以撤销。（《地震行政执法指南》，中国法制出版社 2021 年版）

46. 个人和组织发现违法从事地震行政许可事项的活动，有权向地震行政执法机关举报，地震行政执法机关应及时核实、处理。

答案：正确

依据：第三章　地震行政许可：七、地震行政许可的监督检查。（五）个人和组织发现违法从事地震行政许可事项的活动，有权向地震行政执法机关举报，地震行政执法机关应及时核实、处理。（《地震行政执法指南》，中国法制出版社 2021 年版）

47. 地震行政执法机关在监督检查时，发现直接关系公共安全、人身健康、生命财产安全的重要设备、设施存在安全隐患的，应责令停止建造、安装和使用，并责令设计、建造、安装和使用单位立即改正。

答案：正确

依据：第三章　地震行政许可：七、地震行政许可的监督检查。（六）地震行政执法机关在监督检查时，发现直接关系公共安全、人身健康、生命财产安全的重要设备、设施存在安全隐患的，应责令停止建造、

安装和使用，并责令设计、建造、安装和使用单位立即改正。（《地震行政执法指南》，中国法制出版社 2021 年版）

48. 地震行政执法机关在对防震减灾知识宣传教育工作开展检查时，可以对防震减灾知识宣传教育相关的基础设施、场馆等建设、运行情况进行检查。

答案：正确

依据：总册　附件 1　地震行政检查事项表第八项检查事项：对有关单位的防震减灾知识宣传教育工作的行政检查。2. 检查内容。（1）检查对象为已命名或拟申报各级防震减灾科普示范学校及科普教育基地的单位，应对照相关命名标准逐项对照检查。比如：①检查对象防震减灾知识宣传教育相关基础设施、场馆等建设、运行情况（如展示区面积、展示内容设计和更新、地震灾害隐患排查治理等）。（《地震行政执法手册》，中国法制出版社 2024 年版）

49. 地震行政执法机关进行地震检查行为时，其动机必须符合法定目的，不能违反社会公益。

答案：正确

依据：第四章　地震行政检查：二、地震行政检查的原则。（二）合理性原则。地震行政执法机关进行地震检查行为时，其动机必须符合法定目的，不能违反社会公益，要出于善良的动机。（《地震行政执法指南》，中国法制出版社 2021 年版）

50. 地震行政检查人员进行检查时，不得妨碍社会公共秩序，不得索取或收受财物，不得影响其正常的生产、工作、生活秩序。

答案：正确

依据：第四章　地震行政检查：二、地震行政检查的原则。（五）保护公共秩序原则。检查人员进行地震检查时，不得妨碍社会公共秩序，不得以检查为名刁难和要挟公民、法人或其他组织，不得索取或收受财物，不得影响其正常的生产、工作、生活秩序。（《地震行政执法指南》，中

国法制出版社 2021 年版）

51. 社会公众无权查阅和获取地震行政执法机关的检查记录与处理结果。

答案：错误

依据：第四章　地震行政检查：二、地震行政检查的原则。（四）公开及时原则。地震行政执法机关应将地震行政检查的目的、方式、结果向社会公开；除法律有特别规定外，地震检查工作的依据、事实、内容、程序和结果应当公开，社会公众有权查阅和获取地震行政执法机关的检查记录与处理结果。（《地震行政执法指南》，中国法制出版社 2021 年版）

52. 业务检查是指地震行政执法机关针对公民、法人或者其他组织的日常情况实施的检查。

答案：错误

依据：总册　第八章　地震行政检查一般规定：8.3　地震行政检查种类。3. 联合检查和业务检查。业务检查是指负有防震减灾管理职责和地震行政检查双重职责的地震行政执法机关在业务范围内实施的检查。如，地震行政执法机关对建设单位增建抗干扰设施或者新建地震监测设施的检查。（《地震行政执法手册》，中国法制出版社 2024 年版）

53. 地震行政执法人员在开展行政检查前应当做好证件、文书、装备等相应的准备工作。

答案：正确

依据：第四章　地震行政检查：六、地震行政检查的程序。（一）检查前的准备。4. 准备证件及法规标准文书、装备。地震行政检查人员应准备执法证件，地震法律法规、各种执法文书及执法车辆、录像、照相、录音、检测工具仪器和防护工具等。（《地震行政执法指南》，中国法制出版社 2021 年版）

54. 实施地震行政检查可以依职权进行，也可以根据投诉举报开展。

答案：正确

依据：第四章　地震行政检查：六、地震行政检查的程序。实施地震行政检查可以依职权进行，也可以根据投诉举报开展。依职权检查是指地震行政执法机关依据地震法律、法规和规章规定或授权的行政检查权进行的检查。依投诉举报开展的检查主要是指案件来源以个人、单位、社会团体等的投诉举报为主进行的地震执法检查。（《地震行政执法指南》，中国法制出版社 2021 年版）

55. 地震行政执法人员制作完成的《地震行政检查记录》应当交由被检查单位的负责人阅核、签字，如其拒绝签字，应将情况记录在案，并向所属地震行政执法机关报告。

答案：正确

依据：总册　第十章　地震行政检查一般程序：10.5　现场检查记录。地震行政检查结束后，行政执法人员应当制作《地震行政检查记录》，将检查的时间、地点、内容、发现的问题及其处理情况如实记录，并由地震行政执法人员和被检查单位的负责人阅核、签字；被检查单位的负责人拒绝签字的，地震行政执法人员应当将情况记录在案，并向其所属地震行政执法机关报告。（《地震行政执法手册》，中国法制出版社 2024 年版）

56. 地震行政检查人员可以进入任何场所现场进行检查。

答案：错误

依据：第四章　地震行政检查：六、地震行政检查的程序。（四）实施检查。1. 地震行政检查人员可以进入现场进行检查，但不得超越权限进入禁止进入的场所进行检查。（《地震行政执法指南》，中国法制出版社 2021 年版）

57. 在地震行政检查结束后，地震行政执法机关对检查的情况和处理结果予以记录，由检查人员签字后归档。

答案：正确

依据：第四章　地震行政检查：六、地震行政检查的程序。（九）归档。在地震行政检查结束后，地震行政执法机关对检查的情况和处理结果予以记录，由检查人员签字后归档。（《地震行政执法指南》，中国法制出版社 2021 年版）

58. 在检查过程中，地震行政执法机关对被检查人的不当行为无权处理。

答案：错误

依据：第四章　地震行政检查：六、地震行政检查的程序。（四）实施检查。4. 在检查过程中，地震行政执法机关对被检查人的不当行为有权处理。（《地震行政执法指南》，中国法制出版社 2021 年版）

59. 没收违法所得与没收非法财物是不同的行政处罚种类。

答案：正确

依据：总册　第十一章　地震行政处罚一般规定：11.3　地震行政处罚种类。2. 罚款、没收违法所得、没收非法财物。（《地震行政执法手册》，中国法制出版社 2024 年版）

60. 警告既具有教育性质又具有制裁性质。

答案：正确

依据：第五章　地震行政处罚：三、地震行政处罚的种类。（一）警告。警告是指地震行政执法机关对违反行政管理秩序的公民、法人或其他组织所实施的一种谴责和告诫，既具有教育性质又具有制裁性质。（《地震行政执法指南》，中国法制出版社 2021 年版）

61. 地震行政执法机关实施行政处罚，应当坚持处罚与教育相结合的原则。

答案：正确

依据：第五章　地震行政处罚：四、地震行政处罚的原则。（三）处罚与教育相结合原则。地震行政执法机关实施行政处罚，纠正违法行为，应当坚持处罚与教育相结合，教育公民、法人或者其他组织自觉守法。

（《地震行政执法指南》，中国法制出版社 2021 年版）

62. 地震行政执法机关对违法行为人的同一个违法行为可以给予两次以上罚款的行政处罚。

答案：错误

依据：第五章　地震行政处罚：四、地震行政处罚的原则。（六）一事不再罚原则。地震行政执法机关对违法行为人的同一个违法行为不得给予两次以上罚款的行政处罚。（《地震行政执法指南》，中国法制出版社 2021 年版）

63. 地震行政执法机关在实施行政处罚时，必须保障行政相对人的合法权益。

答案：正确

依据：第五章　地震行政处罚：四、地震行政处罚的原则。（四）权利保障原则。地震行政执法机关在实施行政处罚时，必须保障行政相对人的合法权益……（《地震行政执法指南》，中国法制出版社 2021 年版）

64. 职能分离原则要求地震行政执法机关将其内部的某些相关职能加以分离，由不同的机构或不同的工作人员掌管或行使，如行政处罚调查人员与处罚决定人员分离。

答案：正确

依据：第五章　地震行政处罚：四、地震行政处罚的原则。（五）职能分离原则。要求地震行政执法机关将其内部的某些相关职能加以分离，由不同的机构或不同的工作人员掌管或行使……（《地震行政执法指南》，中国法制出版社 2021 年版）

65. 公民、法人或其他组织对地震行政执法机关所给予的行政处罚，享有陈述权、申辩权。

答案：正确

依据：第五章　地震行政处罚：四、地震行政处罚的原则。（四）权利保障原则。公民、法人或其他组织对地震行政执法机关所给予的行政处罚，享有陈述权、申辩权……（《地震行政执法指南》，中国法制出版社2021年版）

66. 与地震行政处罚案件有利害关系的地震行政执法人员可以参与案件的调查、处理和决定。

答案：错误

依据：第五章　地震行政处罚：五、地震行政处罚的管辖和适用。（二）地震行政处罚的回避。地震行政处罚的回避是指与地震行政处罚案件有利害关系的地震行政执法人员不得参与案件的调查、处理和决定。（《地震行政执法指南》，中国法制出版社2021年版）

67. 地震行政处罚原则上是由违法行为发生地的地震行政执法机关管辖。

答案：正确

依据：第五章　地震行政处罚：五、地震行政处罚的管辖和适用。（一）地震行政处罚的管辖。1. 地震行政处罚地域管辖，是指同级地震行政执法机关之间处理地震行政处罚案件的分工和权限。原则上是由违法行为发生地的地震行政执法机关管辖。法律、行政法规另有规定的除外。（《地震行政执法指南》，中国法制出版社2021年版）

68. 指定管辖一经作出，被指定管辖的地震行政执法机关必须遵守执行，不得再次移送。

答案：正确

依据：第五章　地震行政处罚：五、地震行政处罚的管辖和适用。（一）地震行政处罚的管辖。3. 地震行政处罚指定管辖，是指两个或两个以上的地震行政执法机关对地震行政处罚案件管辖权发生争议时，报请共同的上一级地震行政执法机关指定某一地震行政执法机关管辖。指定管辖一经作出，被指定管辖的地震行政执法机关必须遵守执行，不得再次移送。

（《地震行政执法指南》，中国法制出版社 2021 年版）

69. 确定立案办理的案件，应当填写立案审批表，由地震行政执法机关负责人批准立案，确定立案日期和一名以上地震行政执法人员为案件承办人。

答案：错误

依据：第五章　地震行政处罚：七、地震行政处罚的一般程序。（一）立案。4. 立案审批。符合以上立案条件，确需立案的，应填写立案审批表，载明案由、案件来源、案件名称、当事人、案件基本情况等内容。立案审批表应当经两名承办人签署意见及姓名、执法证件编号、时间后，送地震行政执法机关负责人审核、批准。（《地震行政执法指南》，中国法制出版社 2021 年版）

70. 国家地震行政复议机构应当自地震行政复议申请受理之日起 7 日内，向被申请人送达申请书副本或者行政复议申请笔录复印件。

答案：正确

依据：总册　第十八章　地震行政复议：18.4　地震行政复议的证据及材料要求。1. 国家地震行政复议机构应当自地震行政复议申请受理之日起 7 日内，向被申请人送达申请书副本或者行政复议申请笔录复印件。（《地震行政执法手册》，中国法制出版社 2024 年版）

71. 国家地震行政复议机构审理行政复议案件，应当由两名以上行政复议人员参加。

答案：正确

依据：总册　第十八章　地震行政复议：18.5　地震行政复议的审理和决定。1. 国家地震行政复议机构审理行政复议案件，应当由两名以上行政复议人员参加。（《地震行政执法手册》，中国法制出版社 2024 年版）

72. 被诉地震行政执法机关负责人要带头履行行政应诉职责，积极出庭应诉。

答案：正确

依据：第九章　地震行政应诉：二、地震行政应诉的原则。（一）依法应诉原则。被诉地震行政执法机关负责人要带头履行行政应诉职责，积极出庭应诉。不能出庭的，应当委托相应的工作人员出庭，不得仅委托律师出庭。（《地震行政执法指南》，中国法制出版社 2021 年版）

73. 地震行政执法机关在实施行政处罚时已经制定了行政处罚裁量权基准的，无须在行政处罚决定书中明确行政处罚基准的具体适用情况。

答案：错误

依据：《地震行政处罚裁量权基准适用办法》第六条规定，地震行政执法机关实施行政处罚应当以法律、法规、规章为依据。有行政处罚裁量权基准的，应当在行政处罚决定书中对行政处罚裁量权基准的适用情况予以明确。

74. 地震行政执法机关在行使地震行政处罚裁量基准时，可以改变防震减灾法律法规规章已经规定的处罚种类。

答案：错误

依据：《地震行政处罚裁量权基准适用办法》第十条第一款规定，防震减灾法律法规规章已经规定处罚种类的，实施裁量权时，不得改变行政处罚种类；对当事人实施罚款的，其罚款数额的确定遵循下列规则：（一）罚款为一定幅度的数额的，裁量档次为一般的按最低罚款数额到最高罚款数额的 30% 以下（包含本数）这一幅度确定；裁量档次为情节严重的按最高罚款数额的 30%—70%（不包含本数）这一幅度确定；裁量档次为情节特别严重的按最高罚款数额的 70% 以上（包含本数）到最高罚款数额这一幅度实施行政处罚。（二）对个人罚款只规定最高数额没有规定最低数额的，裁量档次为情节严重的按最高罚款数额的 50% 以下确定（不包含本数），裁量档次为情节特别严重的按最高罚款数额的 50% 以上（包含本数）到最高罚款数额确定。（三）罚款的裁量档次从情节严重开始的，情节严重的处罚按最低罚款数额到最高罚款数额这一幅度的50%以下确定（不包含本数），情节特别严重的处罚按最高罚款数额的50%以上（包含本数）到最高罚款数额这一幅度实施行政处罚。

75. 违法行为涉嫌犯罪的，地震行政执法机关应当将案件及时移送司法机关，依法追究刑事责任。不得以行政处罚代替刑事处罚。

答案：正确

依据：《地震行政处罚裁量权基准适用办法》第二十一条规定，违法行为涉嫌犯罪的，地震行政执法机关应当将案件及时移送司法机关，依法追究刑事责任。不得以行政处罚代替刑事处罚。

76. 违法行为人侵占地震监测设施，但没有对地震观测活动造成直接影响，并且在责令期限内已经停止违法行为，主动恢复原状或采取补救措施、消除不良后果，则对其不予处罚，但应当进行教育。

答案：正确

依据：《地震行政处罚裁量权基准适用办法》附件中第一项违法行为：侵占、毁损、拆除或者擅自移动地震监测设施。关于裁量档次属于轻微，对应的裁量幅度为不予处罚，应当进行教育。

77. 建设工程在工程可行性研究阶段没有依法进行地震安全性评价，经教育告知并及时改正的，仍然要处以一定数额罚款。

答案：错误

依据：《地震行政处罚裁量权基准适用办法》附件中第五项违法行为：建设工程未依法进行地震安全性评价的。关于裁量档次属于轻微，对应的裁量幅度为不予处罚。

78. 违法行为人因违法承揽业务被查处后，再次以其他地震安全性评价单位的名义承揽地震安全性评价业务的，地震行政执法机关可以依职权，责令其改正，没收违法所得，并处35000元以上50000元以下的罚款。

答案：正确

依据：《地震行政处罚裁量权基准适用办法》附件中第七项违法行为：地震安全性评价单位以其他地震安全性评价单位的名义承揽地震安全性评价业务。关于裁量档次属于特别严重，对应的裁量幅度为责令改正，没收违法所得，并处35000元以上50000元以下的罚款。

79. 擅自向社会公告震后地震趋势判定属于初次违法且尚未造成不良社会影响并及时改正的，可以不予行政处罚。

答案：正确

依据：《地震行政处罚裁量权基准适用办法》附件中第十项违法行为：擅自公告震后地震趋势判定。关于裁量档次属于轻微，对应的裁量幅度为不予处罚。

80. 建设工程在立项时，没有按照地震小区划结果确定的抗震设防要求抗震设防的，经教育告知并及时改正的，地震行政执法机关对建设单位不予处罚。

答案：正确

依据：《地震行政处罚裁量权基准适用办法》附件中第十一项违法行为：经过地震动参数复核或者地震小区划工作的区域内不需要进行地震安全性评价的建设工程，未按照复核或者确定的抗震设防要求进行抗震设防。关于裁量档次属于轻微，对应的裁量幅度为不予处罚。

81. 中国地震局发现下级地震行政执法机关制定的行政处罚裁量权基准与法律、法规、规章相抵触的，应当依法予以退回。

答案：错误

依据：《地震行政处罚裁量权基准适用办法》第二十条第一款规定，中国地震局发现下级地震行政执法机关制定的行政处罚裁量权基准与法律、法规、规章相抵触的，应当依法予以纠正。

六、地震行政执法典型案例

单选题

1. 某市地震局在行政检查时发现某房地产公司承建的建设工程未进行地震安全性评价，该建设工程属于应评未评。该市地震局在送达《行政处罚决定书》时，该房地产公司拒绝签收，最后该市地震局采取留置的方式进行了送达。以下说法正确的是（　　）。

A. 将《行政处罚决定书》放在该公司即可

B. 将《行政处罚决定书》转交他人代送

C. 将《行政处罚决定书》留在该公司并邀请有关证人作证、拍照

答案：C

依据：三、行政处罚法律规定（四）行政处罚决定：采用恰当的方式送达处罚决定书。《中华人民共和国行政处罚法》第六十一条第一款规定，行政处罚决定书应当在宣告后当场交付当事人；当事人不在场的，行政机关应当在七日内依照《中华人民共和国民事诉讼法》的有关规定，将行政处罚决定书送达当事人。《中华人民共和国民事诉讼法》第八十九条规定，受送达人或者他的同住成年家属拒绝接收诉讼文书的，送达人可以邀请有关基层组织或者所在单位的代表到场，说明情况，在送达回证上记明拒收事由和日期，由送达人、见证人签名或者盖章，把诉讼文书留在受送达人的住所；也可以把诉讼文书留在受送达人的住所，并采用拍照、录像等方式记录送达过程，即视为送达。

2. 某县地震局在行政检查时发现某公司承建的建设工程属于容易引发次生灾害的建设工程，应当进行地震安全性评价，但该公司未进行地震安全性评价。县地震局向该公司送达了《行政处罚决定书》，该公司拒不履行法定义

务。因此，县地震局向法院申请了强制执行，法院在审查申请书时发现对该违法行为给予行政处罚的规定未进行公布。以下说法正确的是（　　）。

A. 对该违法行为给予行政处罚的规定可以不公布

B. 对该违法行为给予行政处罚的规定在局内部进行公布即可

C. 对该违法行为给予行政处罚的规定应当公布

答案：C

依据：三、行政处罚法律规定（一）行政处罚原则：行政处罚信息应当公开。《中华人民共和国行政处罚法》第五条第一款规定，行政处罚遵循公正、公开的原则。第三款规定，对违法行为给予行政处罚的规定必须公布；未经公布的，不得作为行政处罚的依据。

3. 某市地震局了解到，该地区水利工程枢纽建设工程应当进行地震安全性评价。该市地震局主动联系该建设工程指挥部进行沟通，但是该工程指挥部始终处于回避状态；该市地震局多次上门对相关指挥部负责人进行说服教育，最后该建设工程指挥部最终履行了法律义务。以下说法正确的是（　　）。

A. 没有沟通和说服教育的必要

B. 有必要进行说服教育

C. 直接走处罚程序即可

答案：B

依据：三、行政处罚法律规定（一）行政处罚原则：处罚与教育相结合原则。《中华人民共和国行政处罚法》第六条规定，实施行政处罚，纠正违法行为，应当坚持处罚与教育相结合，教育公民、法人或者其他组织自觉守法。

4. 某市地震局了解到，某房地产公司在某地震台观测环境保护范围内开展建设工程施工作业，严重破坏了该地震台的观测环境，导致该地震台无法正常观测，在增加抗干扰措施后仍无法正常工作。市地震局对该房地产公司作出了行政处罚的决定，并要求其依法承担赔偿责任。以下说法正确的是（　　）。

A. 该市地震局在作出行政处罚后不得再要求该公司承担赔偿责任

B. 该市地震局有权要求该公司承担赔偿责任

C. 该公司受到行政处罚后，可不再承担赔偿责任

答案：B

依据：三、行政处罚法律规定（一）行政处罚原则：造成损失应依法承担赔偿责任。《中华人民共和国行政处罚法》第八条第一款规定，公民、法人或者其他组织因违法行为受到行政处罚，其违法行为对他人造成损害的，应当依法承担民事责任。《中华人民共和国防震减灾法》第八十四条规定，违反本法规定，有下列行为之一的，由国务院地震工作主管部门或者县级以上地方人民政府负责管理地震工作的部门或者机构责令停止违法行为，恢复原状或者采取其他补救措施；造成损失的，依法承担赔偿责任：（二）危害地震观测环境的……

5. 某市地震局了解到，某公民在该市地震局所属的某地震监测台站的观测环境保护范围内搭建设施，并进行往复机械运动，严重影响了该地震监测台站的正常监测。某市地震局致函该公民，责令其停止违法行为，但该公民置之不理，该市地震局决定立案，对该公民进行行政处罚。该公民对该市地震局的行政处罚决定不服，直接提起行政诉讼。以下说法正确的是（　　）。

A. 该公民应该先申请行政复议

B. 该公民没有起诉权

C. 该公民可以直接提起行政诉讼

答案：C

依据：三、行政处罚法律规定（一）行政处罚原则：申请行政复议或者提起行政诉讼的权利。《中华人民共和国行政处罚法》第七条第一款规定，公民、法人或者其他组织对行政机关所给予的行政处罚，享有陈述权、申辩权；对行政处罚不服的，有权依法申请行政复议或者提起行政诉讼。

6. 某市地震局了解到，该市自然观景项目对该市地震局所属的某地震台站地震监测造成干扰，随即该市地震局致函该项目建设单位，责令其限期改正，但该项目未改正。该市地震局决定对该项目建设单位处以罚款。该省地震局在了解到具体情况后，也对该项目建设单位给予了罚款。以下说法正确的是（　　）。

A. 市地震局处罚后省地震局可以再次进行处罚

B. 就该同一个违法行为只能罚款一次

C. 省地震局可以加重处罚

答案：B

依据：三、行政处罚法律规定（三）行政处罚适用：一事不再罚原则。《中华人民共和国行政处罚法》第二十九条规定，对当事人的同一个违法行为，不得给予两次以上罚款的行政处罚。同一个违法行为违反多个法律规范应当给予罚款处罚的，按照罚款数额高的规定处罚。

7. 某市地震局了解到，其所属的某中心地震台的地震监测设施遭受严重破坏，随即对该违法行为作出了行政处罚的决定，但该当事人在规定的时限内并未履行处罚决定，随后，该市地震局申请法院进行强制执行。法院在审理该案件时，该当事人的代理人陈述其代理人患有间歇性精神病，不应受到行政处罚。后经法院组织鉴定及相关证据证明，该当事人在进行违法行为时精神正常。以下说法正确的是（　　）。

A. 对该当事人不得进行行政处罚

B. 对该当事人应当进行行政处罚

C. 双方可以进行协调解决

答案：B

依据：三、行政处罚法律规定（三）行政处罚适用：对间歇性精神病人在精神正常时的处罚。《中华人民共和国行政处罚法》第三十一条规定，精神病人、智力残疾人在不能辨认或者不能控制自己行为时有违法行为的，不予行政处罚，但应当责令其监护人严加看管和治疗。间歇性精神病人在精神正常时有违法行为的，应当给予行政处罚。尚未完全丧失辨认或者控制自己行为能力的精神病人、智力残疾人有违法行为的，可以从轻或者减轻行政处罚。

8. 某省地震局完成了一项地震小区划工作，并经中国地震局审定，该地震小区划确定的抗震设防要求高于全国地震动参数区划图结果。该省地震局在行政检查时发现，某大型办公楼还未开工建设但已完成设计，其设计施工图未按照地震小区划确定的抗震设防要求进行设计。该省地震局应当（　　）。

A. 认定该办公楼设计施工图合法

B. 责令改正，要求设计施工图按照地震小区划确定的抗震设防要求进行抗震设计，处 9000 元以上 21000 元以下的罚款

C. 直接对其处 9000 元以上 21000 元以下的罚款

答案：B

依据：三、行政处罚法律规定（四）行政处罚适用：责令改正。《中华人民共和国行政处罚法》第二十八条第一款规定，行政机关实施行政处罚时，应当责令当事人改正或者限期改正违法行为。《建设工程抗震设防要求管理规定》第十三条规定，经过地震动参数复核或者地震小区划工作的区域内不需要进行地震安全性评价的建设工程，必须按照地震动参数复核或者地震小区划结果确定的抗震设防要求进行抗震设防。第十七条规定，建设单位违反本规定第十三条的规定，由国务院地震工作主管部门或者县级以上地方人民政府负责管理地震工作的部门或者机构，责令改正，并处 5000 元以上 30000 元以下的罚款。《地震行政处罚裁量权基准适用办法》附件中第十一项违法行为：经过地震动参数复核或者地震小区划工作的区域内不需要进行地震安全性评价的建设工程，未按照复核或者确定的抗震设防要求进行抗震设防。建设工程已经完成设计，在开工建设前未按照地震动参数复核或者地震小区划结果确定的抗震设防要求进行抗震设防属于严重的裁量档次，应当责令限期改正，处 9000 元以上 21000 元以下的罚款。

9. 某市地震局的行政执法主体资格证到期，未经当地司法部门审核更换，继续使用到期的行政执法主体资格证。以下说法正确的是（　　）。

A. 法人证可以代替执法主体资格证

B. 机构代码证可以代替执法主体资格证

C. 行政执法主体资格证到期必须更换

答案：C

依据：三、行政处罚法律规定（三）行政处罚适用：行政主体资格。

《中华人民共和国行政处罚法》第三十八条第一款规定，行政处罚没有依据或者实施主体不具有行政主体资格的，行政处罚无效。

10. 某市地震局在行政检查时发现，某重大建设工程应当进行地震安全性评价，但工程建设单位未依法开展地震安全性评价工作，该市地震局应当（　　）。

A. 当场给予罚款 10000 元的行政处罚

B. 全面、客观、公正地调查，收集有关证据，根据不同情况，作出相应决定

C. 不予处罚

答案：B

依据：三、行政处罚法律规定（四）行政处罚决定：收集证据。《中华人民共和国行政处罚法》第五十四条第一款规定，除本法第五十一条规定的可以当场作出的行政处罚外，行政机关发现公民、法人或者其他组织有依法应当给予行政处罚的行为的，必须全面、客观、公正地调查，收集有关证据；必要时，依照法律、法规的规定，可以进行检查。

11. 某省地震局在调查一起行政处罚案件时，当事人认为其中一名行政执法人员与案件有利害关系，便提出了回避申请，省地震局依法进行审查，在审查决定作出之前，对于该执法人员是否继续开展调查，下列说法正确的是（　　）。

A. 执法人员应停止调查

B. 执法人员应继续调查该案件

C. 执法人员应间断地停止调查

答案：B

依据：三、行政处罚法律规定（四）行政处罚决定：回避。《中华人民共和国行政处罚法》第四十三条规定，执法人员与案件有直接利害关系或者有其他关系可能影响公正执法的，应当回避。当事人认为执法人员与案件有直接利害关系或者有其他关系可能影响公正执法的，有权申请回

避。当事人提出回避申请的，行政机关应当依法审查，由行政机关负责人决定。决定作出之前，不停止调查。

12. 某省地震局在实施处罚的过程中，知悉了当事人经营的规模、策略、承担的风险及核心技术信息。以下说法正确的是（　　）。

A. 应当公示

B. 应该为当事人保密

C. 向省地震局相关负责人报告

答案：B

依据：三、行政处罚法律规定（四）行政处罚决定：保密规定。《中华人民共和国行政处罚法》第五十条规定，行政机关及其工作人员对实施行政处罚过程中知悉的国家秘密、商业秘密或者个人隐私，应当依法予以保密。

13. 某建设工程属于重大建设工程，应当进行地震安全性评价，但该建设工程的建设单位未依法进行地震安全性评价，该地地震局便对该建设单位作出了罚款 5 万元的行政处罚决定。以下说法正确的是（　　）。

A. 可以直接作出罚款决定

B. 应当在作出罚款决定之前责令限期改正，逾期不改正的才可罚款

C. 责令其限期整改即可，不用处以罚款

答案：B

依据：一、防震减灾法律规定（八）法律责任：逾期不改正的，处罚款。《中华人民共和国防震减灾法》第八十七条规定，未依法进行地震安全性评价，或者未按照地震安全性评价报告所确定的抗震设防要求进行抗震设防的……责令限期改正；逾期不改正的，处三万元以上三十万元以下的罚款。

14. 位于青海省民和县的喇家遗址素有 " 东方庞贝 " 之称，是迄今为止发现的我国唯一一处大型灾难遗址。研究人员认为，引起喇家遗址灾难的是一场地震，而摧毁聚落的是随后而来的山洪和黄河大洪水。2021 年，附近村民张

某由于好奇便在晚上偷偷进入遗址保护范围，并对保护标识和安全防护设施造成了轻微破坏（并未造成文物损坏），对张某的处理，以下说法错误的是（　　）。

A. 进行警告和批评教育

B. 由地震部门责令停止违法行为，恢复原状或者采取其他补救措施

C. 造成损失的，依法承担赔偿责任

答案：A

依据：一、防震减灾法律规定（八）法律责任：破坏典型地震遗址、遗迹。《中华人民共和国防震减灾法》第八十四条规定，违反本法规定，有下列行为之一的，由国务院地震工作主管部门或者县级以上地方人民政府负责管理地震工作的部门或者机构责令停止违法行为，恢复原状或者采取其他补救措施；造成损失的，依法承担赔偿责任：（一）侵占、毁损、拆除或者擅自移动地震监测设施的；（二）危害地震观测环境的；（三）破坏典型地震遗址、遗迹的。单位有前款所列违法行为，情节严重的，处二万元以上二十万元以下的罚款；个人有前款所列违法行为，情节严重的，处二千元以下的罚款。构成违反治安管理行为的，由公安机关依法给予处罚。

15. 张某是某市政府的工作人员，该市近日刚发生了地震，张某将自己在工作中获知的关于本次地震的震后趋势判定擅自发布，被省地震局给予警告。但此时该公告的发布已引发民众恐慌，严重扰乱社会秩序。对张某的行为应该（　　）。

A. 由公安机关依法给予治安管理处罚

B. 由省地震局依法给予地震行政处罚

C. 由市政府予以记大过处分

答案：A

依据：三、防震减灾规章规定（一）震后地震趋势判定公告：不得擅自公告震后地震趋势判定。《震后地震趋势判定公告规定》第十条规定，对违反本规定，擅自公告震后地震趋势判定，造成不良社会影响的组

织和个人，由国务院地震工作主管部门或者省、自治区、直辖市人民政府负责管理地震工作的机构给予警告；扰乱社会正常秩序的，由公安机关依法给予治安管理处罚。

16. 某地震台收到当地国土资源部门《关于建设项目用地中杆线迁移的函》，要求地震台在规定时限内将地震台地电测区内的地电阻率及大地电场杆线自行迁移处理。以下说法错误的是（　　）。

A. 划定的地震观测环境保护范围应当纳入土地总体规划和城乡规划

B. 国土资源部门违反了防震减灾法律中关于地震监测设施和地震观测环境保护相关规定

C. 国土资源部门应向上级人民政府申请杆线迁移后组织实施

答案：C

依据：一、防震减灾法律规定（三）地震监测预报：任何单位和个人不得危害地震观测环境。《中华人民共和国防震减灾法》第二十三条第一款规定，国家依法保护地震监测设施和地震观测环境。第三款规定，任何单位和个人不得危害地震观测环境。国务院地震工作主管部门和县级以上地方人民政府负责管理地震工作的部门或者机构会同同级有关部门，按照国务院有关规定划定地震观测环境保护范围，并纳入土地利用总体规划和城乡规划。

17. 某省某州人民政府请求省地震局支持通用机场建设。经专家现场勘选，通用机场距地震监测设施不满足保护要求，受现场条件限制机场和地震台均不能调整位置。针对此种情况，应该优先选择以下哪种措施（　　）。

A. 增建抗干扰设施屏蔽干扰，所需建设费用由通用机场承担

B. 中断地震台站观测，为机场建设创造条件

C. 选址新建地震监测设施

答案：A

依据：一、防震减灾法律规定（三）地震监测预报：增建抗干扰设施。《中华人民共和国防震减灾法》第二十四条第一款规定，新建、扩建、

改建建设工程，应当避免对地震监测设施和地震观测环境造成危害。建设国家重点工程，确实无法避免对地震监测设施和地震观测环境造成危害的，建设单位应当按照县级以上地方人民政府负责管理地震工作的部门或者机构的要求，增建抗干扰设施；不能增建抗干扰设施的，应当新建地震监测设施。《地震监测管理条例》第三十三条第三款规定，本条第一款、第二款规定的措施所需费用，由建设单位承担。

18. 国家某大型炼油厂在地震观测环境保护范围内投产后，对测震、强震、形变、重力等观测项目造成严重影响，致使该地震台站无法正常观测，台站被迫搬迁，选址重建。对于建设费用的承担，说法正确的是（　　）。

A. 当地政府承担

B. 台站管理单位承担

C. 建设单位承担

答案：C

依据：二、防震减灾法规规定（四）地震监测设施和地震观测环境的保护：选址重建费用的承担。《地震监测管理条例》第三十三条规定，建设国家重点工程，确实无法避免对地震监测设施和地震观测环境造成破坏的，建设单位应当按照县级以上地方人民政府负责管理地震工作的部门或者机构的要求，增建抗干扰设施或者新建地震监测设施后，方可进行建设。需要新建地震监测设施的，县级以上地方人民政府负责管理地震工作的部门或者机构，可以要求新建地震监测设施正常运行1年以后，再拆除原地震监测设施。本条第一款、第二款规定的措施所需费用，由建设单位承担。

19. 某市政府在进行道路规划时，拟在地震台150米处修建过境省道，该省地震局和地震中心站与当地政府经多轮沟通协调，由于此地处于高山峡谷地带，台站和公路均无避让空间。为保证地震监测能力，请选择最佳处理措施（　　）。

A. 可要求先增建抗干扰设施进行保护，待抗干扰设施建设完成后方可进行道路修建

B. 为支持地方经济建设，中断受干扰测项为道路建设创造条件

C. 坚决不同意道路建设保护地震观测环境

答案：A

依据：一、防震减灾法律规定（三）地震监测预报：增建抗干扰设施。《中华人民共和国防震减灾法》第二十四条第一款规定，新建、扩建、改建建设工程，应当避免对地震监测设施和地震观测环境造成危害。建设国家重点工程，确实无法避免对地震监测设施和地震观测环境造成危害的，建设单位应当按照县级以上地方人民政府负责管理地震工作的部门或者机构的要求，增建抗干扰设施；不能增建抗干扰设施的，应当新建地震监测设施。《地震监测管理条例》第三十三条第一款规定，建设国家重点工程，确实无法避免对地震监测设施和地震观测环境造成破坏的，建设单位应当按照县级以上地方人民政府负责管理地震工作的部门或者机构的要求，增建抗干扰设施或者新建地震监测设施后，方可进行建设。

20. 某公司新建某制氧工程，属于依法应当进行工程场地地震安全性评价的建设工程。某市地震局在执法检查中发现其应评未评且已开工建设。市地震局随即上报省地震局，省地震局经研究决定予以立案，并依法开展行政处罚。而该公司一直置之不理，并在省局送达了处罚决定书的法定期限内，既不履行处罚决定，也未申请行政复议提起行政诉讼。此时，省地震局应该（　　）。

A. 坚持处罚与教育相结合，教育该公司自觉守法

B. 申请人民法院强制执行

C. 耐心等待该公司履行本行政处罚决定

答案：B

依据：三、行政处罚法律规定（六）行政处罚的执行：申请人民法院强制执行。《中华人民共和国行政处罚法》第七十二条第一款第四项规定，当事人逾期不履行行政处罚决定的，作出行政处罚决定的行政机关可以采取下列措施：……（四）依照《中华人民共和国行政强制法》的规定申请人民法院强制执行。

21. 某国家重点工程 800 千伏特高压直流输电工程在规划输电线路走向时，将线路换流站接地极设计在了位于距离某地磁台约 1 公里处，该工程建设完成后将严重干扰该台站的观测环境。如果你是该台站观测环境保护负责人，你将优先采取以下（　　）措施保护地震观测环境。

A. 与电力规划部门协商要求其调整线路走向尽量避开地震观测环境保护范围

B. 对台站进行迁建并要求工程方承担相关费用

C. 增建抗干扰设施后，方可进行建设

答案：A

依据：一、防震减灾法律规定（三）地震监测预报：地震观测环境保护。《中华人民共和国防震减灾法》第二十三条第一款规定，国家依法保护地震监测设施和地震观测环境。第二十四条第一款规定，新建、扩建、改建建设工程，应当避免对地震监测设施和地震观测环境造成危害。建设国家重点工程，确实无法避免对地震监测设施和地震观测环境造成危害的，建设单位应当按照县级以上地方人民政府负责管理地震工作的部门或者机构的要求，增建抗干扰设施；不能增建抗干扰设施的，应当新建地震监测设施。

22. 某水电工程开工于 2002 年，竣工于 2007 年。电站处于基本烈度 7 度地区，库区有大型活动断裂，为高坝引水式电站，最大坝高 155 米，总装机容量 240MW，总库容 2 亿立方米，工程总投资 20 亿元。以下说法正确的是（　　）。

A. 水电工程竣工于 2007 年，《水库地震监测管理办法》2011 年起施行，水电工程建设早于管理办法出台，不用建设水库地震监测台网

B. 水库库容远低于 5 亿立方米，不用建设水库地震监测台网

C. 应经省地震局评估，确定是否需要补充建设水库地震监测台网或者地震监测设施

答案：C

依据：二、防震减灾法规规定（二）地震监测台网的规划和建设：应

当建设专用地震监测台网的建设工程。《地震监测管理条例》第十四条第一项规定，下列建设工程应当建设专用地震监测台网：（一）坝高 100 米以上、库容 5 亿立方米以上，且可能诱发 5 级以上地震的水库……《水库地震监测管理办法》第九条规定，坝高 100 米以上、库容 5 亿立方米以上的新建水库，应当建设水库地震监测台网，开展水库地震监测。最高水位蓄水区及其外延 10 千米范围内有活动断层通过、遭受地震破坏后可能产生严重次生灾害的新建大型水库，应当设置必要的地震监测设施，密切监视水库地震活动。第十一条规定，符合第九条规定，未建设地震监测台网或者地震监测设施的已建水库，库区及周边地区地震活动有增强趋势的，经省、自治区、直辖市人民政府负责管理地震工作的部门或者机构评估，认为应当补充建设水库地震监测台网或者地震监测设施的，水库建设单位应当根据评估意见，补充建设水库地震监测台网或者地震监测设施，开展水库地震监测。

23. 王某是一位地震研究爱好者，近日他根据自己的研究认为某地未来 15 日内将发生 6.0 级地震，王某随即将自己的地震预测意见发布在其个人微博和朋友圈等社交媒体上。以下对王某行为的叙述错误的是（　　）。

A. 王某应将其地震预测意见向所在地或所预测地的地震部门书面报告

B. 王某应直接向中国地震局书面报告其地震预测意见

C. 地震预测是其个人爱好，信息的发布主要用于学习交流，不属于违法行为

答案：C

依据： 一、防震减灾法律规定（三）地震监测预报：地震预测意见。《中华人民共和国防震减灾法》第二十六条规定，国务院地震工作主管部门和县级以上地方人民政府负责管理地震工作的部门或者机构，根据地震监测信息研究结果，对可能发生地震的地点、时间和震级作出预测。其他单位和个人通过研究提出的地震预测意见，应当向所在地或者所预测地的县级以上地方人民政府负责管理地震工作的部门或者机构书面报告，或者直接向国务院地震工作主管部门书面报告。收到书面报告的部门或者机构应当进行登记并出具接收凭证。

多选题

1. 某省地震局对某建设工程未依法进行地震安全性评价行为开展行政处罚，该建设工程涉及重大公共利益，在省地震局作出地震行政处罚决定之前，下列说法正确的是（　　）。

A. 因涉及重大公共利益，所以在作出行政处罚的决定之前，必须进行法制审核

B. 在作出行政处罚决定之前应告知当事人拟作出的行政处罚内容及事实、理由、依据

C. 在作出行政处罚决定之前应告知当事人依法享有的陈述、申辩、要求听证等权利

D. 处罚可以直接作出决定

答案：ABC

依据：三、行政处罚法律规定（四）行政处罚决定：告知义务与法制审核。《中华人民共和国行政处罚法》第四十四条规定，行政机关在作出行政处罚决定之前，应当告知当事人拟作出的行政处罚内容及事实、理由、依据，并告知当事人依法享有的陈述、申辩、要求听证等权利。第五十八条第一款规定，有下列情形之一，在行政机关负责人作出行政处罚的决定之前，应当由从事行政处罚决定法制审核的人员进行法制审核；未经法制审核或者审核未通过的，不得作出决定：（一）涉及重大公共利益的；（二）直接关系当事人或者第三人重大权益，经过听证程序的；（三）案件情况疑难复杂、涉及多个法律关系的；（四）法律、法规规定应当进行法制审核的其他情形。

2. 某省管辖的地震核查台阵室外天线被破坏，严重影响了正常观测，随即该台阵管理部门执法人员进行执法检查，发现当事人是一群未成年的孩子。以下说法正确的是（　　）。

A. 不满十四周岁的未成年人有违法行为的，不予行政处罚，责令监护人加以管教

B. 证据确凿，应该给予处罚

C. 已满十四周岁不满十八周岁的未成年人有违法行为的，应当从轻或者减轻行政处罚

D. 责成监护人给予处罚

答案：AC

依据：三、行政处罚法律规定（三）行政处罚适用：未成年人行政处罚的适用。《中华人民共和国行政处罚法》第三十条规定，不满十四周岁的未成年人有违法行为的，不予行政处罚，责令监护人加以管教；已满十四周岁不满十八周岁的未成年人有违法行为的，应当从轻或者减轻行政处罚。

3. 2022 年 9—12 月，中国地震局开展了全国大型水库专用地震监测台网建设运行情况行政检查，以下哪些属于应当建设专用地震监测台网或者地震监测设施的水库（　　）。

A. 坝高 100 米以上、库容 5 亿立方米以上的新建水库

B. 坝高 100 米以上、库容 5 亿立方米以上，且可能诱发 5 级以上地震的水库

C. 最高水位蓄水区及其外延 15 千米范围内有活动断层通过、遭受地震破坏后可能产生严重次生灾害的新建大型水库

D. 最高水位蓄水区及其外延 10 千米范围内有活动断层通过、遭受地震破坏后可能产生严重次生灾害的新建大型水库

答案：ABD

依据：二、防震减灾法规规定（二）地震监测台网的规划和建设：应当建设专用地震监测台网的建设工程。《地震监测管理条例》第十四条第一项规定，下列建设工程应当建设专用地震监测台网：（一）坝高 100 米以上、库容 5 亿立方米以上，且可能诱发 5 级以上地震的水库……《水库地震监测管理办法》第九条规定，坝高 100 米以上、库容 5 亿立方米以上的新建水库，应当建设水库地震监测台网，开展水库地震监测。最高水位蓄水区及其外延 10 千米范围内有活动断层通过、遭受地震破坏后可能产生严重次生灾害的新建大型水库，应当设置必要的地震监测设施，密切监视水库地震活动。

4. 某市地震局的行政执法人员对刚刚办结的一起行政处罚案件当场收缴了罚款 20 万元。行政执法人员接着将该笔罚款上缴了本单位财务用于本年度单位津贴的发放。以下说法正确的是（　　）。

A. 执法人员不得自行收缴该笔罚款

B. 该笔罚款应由当事人到指定的银行或者通过电子支付系统缴纳罚款

C. 收受的罚款应由银行直接上缴国库

D. 任何行政机关或者个人不得以任何形式截留、私分或者变相私分该笔罚款

答案：ABCD

依据：三、行政处罚法律规定（五）行政处罚执行：罚款的收缴。《中华人民共和国行政处罚法》第六十七条规定，作出罚款决定的行政机关应当与收缴罚款的机构分离。除依照本法第六十八条、第六十九条的规定当场收缴的罚款外，作出行政处罚决定的行政机关及其执法人员不得自行收缴罚款。当事人应当自收到行政处罚决定书之日起十五日内，到指定的银行或者通过电子支付系统缴纳罚款。银行应当收受罚款，并将罚款直接上缴国库。第七十四条第二款规定，罚款、没收的违法所得或者没收非法财物拍卖的款项，必须全部上缴国库，任何行政机关或者个人不得以任何形式截留、私分或者变相私分。

5. 某省地震局在其制定的规范性文件中设定了行政处罚，并以此为依据开展了地震行政执法。以下说法正确的是（　　）。

A. 规范性文件是可以设定行政处罚的

B. 规范性文件具有一定的法律效力

C. 除法律、法规、规章外，其他规范性文件不得设定行政处罚

D. 规范性文件不具有法律效力

答案：BC

依据：三、行政处罚法律规定（一）行政处罚设定：其他规范性文件不得设定行政处罚。《中华人民共和国行政处罚法》第十六条规定，除法律、法规、规章外，其他规范性文件不得设定行政处罚。

6. A 公司不具备从事地震安全性评价的条件，为了承揽某重大建设工程的地震安全性评价业务，经 B 公司（具备从事地震安全性评价的条件）允许，以 B 公司名义承揽了该建设工程地震安全性评价业务。省地震局对此作出地震行政处罚，以下说法正确的是（　　）。

A. 对 A 公司应当作出行政处罚，B 公司没有违法行为

B. 对 B 公司应当作出行政处罚，A 公司没有违法行为

C. 对 A 公司和 B 公司均应当作出行政处罚

D. 应当责令改正，没收违法所得，并处 1 万元以上 5 万元以下的罚款

答案：CD

依据：二、防震减灾法规规定（六）罚则：相关的法律责任。《地震安全性评价管理条例》第十七条规定，违反本条例的规定，地震安全性评价单位有下列行为之一的，由国务院地震工作主管部门或者县级以上地方人民政府负责管理地震工作的部门或者机构依据职权，责令改正，没收违法所得，并处 1 万元以上 5 万元以下的罚款：（一）以其他地震安全性评价单位的名义承揽地震安全性评价业务的；（二）允许其他单位以本单位名义承揽地震安全性评价业务的。

7. 2006 年，美国某公司与中国一科研机构签订合作协议，在东北某地布设地震台阵，但此项合作并未获得中国地震局的批准，对此中国地震局应当（　　）。

A. 责令停止违法行为

B. 没收监测成果和监测设施

C. 并处一万元以上十万元以下的罚款

D. 情节严重的，并处十万元以上五十万元以下的罚款

答案：ABCD

依据：一、防震减灾法律规定（八）法律责任：对外国组织或者个人未经批准，在中华人民共和国领域和其管辖的其他海域从事地震监测活动的行政处罚。《中华人民共和国防震减灾法》第八十六条第一款规定，违反本法规定，外国的组织或者个人未经批准，在中华人民共和国领域和

中华人民共和国管辖的其他海域从事地震监测活动的，由国务院地震工作主管部门责令停止违法行为，没收监测成果和监测设施，并处一万元以上十万元以下的罚款；情节严重的，并处十万元以上五十万元以下的罚款。

七、地震业务基础知识

单选题

1. 地球由表及里可分为（　　）三层。

A. 地壳、地幔、地核

B. 地壳、地核、地幔

C. 地核、地壳、地幔

答案：A

依据：第二章　地震学基础：2.1　地球内部构造。地球是一个略呈梨形的椭球体，平均半径约 6400k。地球由地表至核心可分为性质不同的三层：最外一层是相当薄的地壳，厚度为几公里至几十公里：其下为地幔，厚约 2900km，地壳与地幔的交界面称为莫霍面：最内的球为地核，半径约 3500km。（《地震工程学》，胡聿贤著，地震出版社 2006 年版）

2. 地下岩层沿一个破裂面或破裂带两侧发生相对位错的现象称之为（　　）。

A. 断层　　B. 错位层　　C. 破裂层

答案：A

依据：第十一章　断层概论：断层是地壳岩石体（地质体）中顺破裂面发生明显位移的一种破裂构造。（《构造地质学》，朱志澄主编，中国地质大学出版社 1999 年版）

3. 1912 年，德国气象学家魏格纳提出的（　　）假说，是地质科学的革命性的开端。

A. 海底扩张　　B. 板块构造　　C. 大陆漂移

答案：C

依据：第九章　海底扩张与板块构造：第一节　海底扩张说的兴起。大陆漂移说是 1915 年由德国魏格纳（Wegener）正式提出来的。他发现大西洋两岸大陆的轮廓非常吻合，似乎大陆沿大西洋发生过裂开和漂移。他从地质上作了进一步的研究后发现，相邻大陆在地质上有许多相似性与可拼接性。（《普通地质学》，夏邦栋主编，地质出版社 1995 年版）

4. 地震是一种自然现象，它是（　　）的一种表现形式。

A. 地球内部物质运动和能量释放

B. 地下水过度开采

C. 天气突然变化

答案：A

依据：第二章　地震并不可怕——认识地震：9. 什么是地震？地震又称地动、地震动，是地壳快速释放能量过程中造成振动，期间产生地震波的一种自然现象。（《地震科普知识百问百答》，地震出版社 2015 年版）

5. 地球上发生的绝大多数地震属于构造地震，构造地震形成的原因是（　　）。

A. 火山爆发

B. 地下岩石在构造力的作用下破裂或沿断层错动

C. 天气剧烈变化

答案：B

依据：第二章　地震并不可怕——认识地震：10. 地震的类型有哪几种？天然地震按成因不同主要有四种类型：构造地震：由地下深处岩层错动、破裂所造成的地震。（《地震科普知识百问百答》，地震出版社 2015 年版）

6. 以下中国历史上造成人员伤亡最严重的地震是（　　）。

A. 1556 年陕西关中地震

B. 1920 年宁夏海原地震

C. 1976 年河北唐山大地震

答案：A

依据：第一章　概论：1.1　前言。我国地震区域广阔而分散，地震频繁而强烈，20 世纪内，震级等于或大于 8 的强地震已经发生 10 次之多，其中发生于人烟稠密之处者，损失惨重。1556 年陕西的关中地震，被害有名可查者即达 83 万余人；1920 年宁夏的海原地震，死亡 20 余万，伤者不计其数；1976 年河北唐山地震，震级近 8 级，死亡达 24 万余。（《地震工程学》，胡聿贤著，地震出版社 2006 年版）

7.（　　）级以下地震在一般情况下不能为人们所感觉。

A. 5　　B. 4　　C. 3.5

答案：C

依据：第七章　地震及地球内部构造：第三节　地震的强度。一、地震的震级。3.5 级以下地震在一般情况下不能为人们所感觉。（《普通地质学》，夏邦栋主编，地质出版社 1995 年版）

8. 全世界每年发生的地震约 500 万次之多，其中有感地震约（　　）次。

A. 4 万　　B. 5 万　　C. 50 万

答案：B

依据：第七章　地震及地球内部构造：第一节　地震的基本概念。一、地震的基本概念。地震是极其频繁的。全球每年发生地震约 500 万次。但是，大部分地震的震级低，只有通过仪器才能察觉。人们能直接感觉的地震每年约 5 万次。（《普通地质学》，夏邦栋主编，地质出版社 1995 年版）

9. 地球上分布的三大主要地震带是（　　）。

A. 环太平洋、印度洋和海岭地震带

B. 环太平洋、地中海—印尼和洋脊地震带

C. 亚欧、北极洋和环太平洋地震带

答案：B

依据：第七章　地震及地球内部构造：第四节　地震的分布。全球地震的分布很有规律，主要集中在三个带，环太平洋地震带、地中海—印尼地震带和洋脊地震带。（《普通地质学》，夏邦栋主编，地质出版社 1995 年版）

10. 环太平洋地震带位于太平洋边缘地区，是海洋构造和大陆构造的过渡地区，集中了全球（　　）的地震。

A. 50%　　　B. 70%　　　C. 80%

答案：C

依据：第七章　地震及地球内部构造：第四节　地震的分布。一、环太平洋地震带。这一地震带集中了世界上 80% 的地震，包括大量的浅源地震，90% 的中源地震，几乎所有深源地震和全球大部分特大地震。（《普通地质学》，夏邦栋主编，地质出版社 1995 年版）

11. 目前地球上最大地震的震级是（　　）级。

A. 8 级　　　B. 9 级　　　C. 9.5 级

答案：C

依据：第二章　地震并不可怕——认识地震：14.　什么是震级？震级是地震的大小，是表征地震强弱的量度，以地震仪测定的每次大地震活动释放的能量来确定。目前地球上最大地震的震级为 9.5 级。（《地震科普知识百问百答》，地震出版社 2015 年版）

12. 我国是个多地震的国家，根据全国震中的分布和地质构造特征可划出（　　）个强震活动带。

A. 20　　　B. 23　　　C. 25

答案：B

依据：1　绪论：1.6.2.2　我国地震带的分布。我国是个多地震的国家，根据全国震中的分布和地质构造特征可划出 23 个强震活动带。（《地震学基础》，宋娟、黄建平编著，石油工业出版社 2018 年版）

13. 世界上 90% 以上的天然地震，属于（　　）地震。

A. 陷落　　B. 构造　　C. 火山

答案：B

依据：第七章　地震及地球内部构造：第一节　地震的基本概念。二、地震的类型。构造地震分布最广，其强度一般也最大。地球上约 90% 的地震和破坏性最大的地震都属于构造地震；火山地震占 7%；陷落地震占 3%。（《普通地质学》，夏邦栋主编，地质出版社 1995 年版）

14. 按震源深度划分，世界绝大多数地震属于（　　）。

A. 中源地震　　B. 深源地震　　C. 浅源地震

答案：C

依据：第七章　地震及地球内部构造：第一节　地震的基本概念。二、地震的类型。不同成因的地震，其震源的深度不同。按照震源深度可以将地震分为：深源地震、中源地震、浅源地震。破坏性最大的地震都属于浅源地震，它约占全球地震总数的 90%，而且其震源多集中在地表以下 5—20km 的深度范围内。（《普通地质学》，夏邦栋主编，地质出版 1995 年版）

15. 震级相差一级，释放能量相差（　　）倍。

A. 10　　B. 20　　C. 32

答案：C

依据：第二章　地震并不可怕——认识地震。14.　什么是震级？地震释放的能量决定地震震级。震级相差 1 级，能量相差 32 倍。（《地震科普知识百问百答》，地震出版社 2015 年版）

16. 1976 年 7 月 28 日，我国河北唐山发生了一次 Ms=7.8 的大地震，震中烈度（　　）度。

A. Ⅷ　　B. X　　C.XI

答案：C

依据：第五章　中国的地震：5.4.5　唐山地震。1976 年 7 月 28 日，我国河北唐山发生了一次 Ms=7.8 的大地震，地表断裂不足 10km，震源深度 16km，震中烈度Ⅺ度。（《地震工程学》，胡聿贤著，地震出版社 2006 年版）

17. 地球内部发生地震的地方，称之为（　　）。

A. 震中　　B. 震源　　C. 震级

答案：B

依据：1　绪论：1.4.1　有关空间的概念。震源：地球内部发生地震而破裂的地方。（《地震学基础》，宋娟、黄建平编著，石油工业出版社 2018 年版）

18. 我国绝大部分地区的地震是（　　）地震。

A. 浅源　　B. 中源　　C. 深源

答案：A

依据：第二章　地震并不可怕——认识地震：13.　什么是震源深度？我国绝大多数地震为浅源地震。（《地震科普知识百问百答》，地震出版社 2015 年版）

19. 对地震震中的分类描述，以下震中分类不正确的是（　　）。

A. 微观震中　　B. 宏观震中　　C. 极震区

答案：C

依据：第二章　地震并不可怕——认识地震：12. 什么是震中？地面上正对着震源的那一点称为震中，它实际上也是一个区域。根据地震仪记录测定的震中称为微观震中，用经纬度表示；根据地震宏观调查所确定的震中称为宏观震中，它是极震区（震中附近破坏最严重的地区）的几何中心，也用经纬度表示。由于方法不同，宏观震中和微观震中往往并不重合。1900 年以前没有仪器记录时，地震的震中位置都是按破坏范围而确定的宏观震中。（《地震科普知识百问百答》，地震出版社 2015 年版）

20. 地震对地面破坏的程度，称为烈度。它是根据地面的破坏情况来确定的，一般分为（　　）级。

A. 10　　B.11　　C. 12

答案：C

依据：第七章　地震及地球内部构造：第三节　地震的强度。二、地震的烈度。地震对地面破坏的程度，称为烈度。它是根据地面的破坏情况来确定的，一般分为 12 级。（《普通地质学》，夏邦栋主编，地质出版社 1995 年版）

21. 我国自行设计和建设的第一个地震台是（　　），属于地震老八台之一。

A. 重庆北碚地震台

B. 北京鹫峰地震台

C. 南京地震台

答案：B

依据：据北京国家地球观象台网站载：北京国家地球观象台（Beijing National Earth Observatory）（以下简称观象台）隶属中国地震局地球物理研究所，是中国地震局 I 类野外观测台站，其前身是中国人自行设计建造的第一个地震台—鹫峰地震台（1930 年）和北京基准地震台和地磁台（1955 年），是我国第一台自主研制的地震仪（1943 年）、我国第一个地震遥测台网（1966 年）、我国第一个数字化地震台（1986 年）的诞生地。

22. 地震监测设施不包括（　　）。

A. 地震信息检测、传输和处理的设备

B. 仪器和装置以及配套的监测场地

C. 废弃的简易停车棚

答案：C

依据：一、防震减灾法律规定（九）防震减灾法律用语：地震监测设施的名词解释。《中华人民共和国防震减灾法》第九十二条第一项规定，本法下列用语的含义：（一）地震监测设施，是指用于地震信息检测、传输和处理的设备、仪器和装置以及配套的监测场地。

23. 造成烈度异常的原因不包括以下哪种情况（　　）。

A. 软弱场地易加重震害

B. 坚硬场地可减小震害

C. 预警台站距震中的距离

答案：C

依据：一、地震与地震灾害：16. 什么是烈度分布图？什么是烈度异常区？造成烈度异常的原因往往是场地条件：软弱场地易加重震害，形成高烈度异常区；坚硬场地则可减小震害，形成低烈度异常区。这就是地震破坏程度并非随震中距的加大而一致减小的原因。（《地震知识百问百答》，地震出版社 2008 年版）

24. 地震预警与地震预报的最主要区别是（　　）。

A. 地震预警的时间短，地震预报的时间长

B. 地震预警在地震发生之后发布，地震预报在地震发生前发布

C. 地震预警由地震部门发布，地震预报由政府发布

答案：B

依据：第三章　我国的地震灾害及预报：53.　地震预警与预报的区别是什么？地震预警并非地震预报，两者不属同一概念。地震预报是对尚未发生但有可能发生的地震事件事先发出通告；而地震预警是指突发性大震已发生、抢在严重灾害尚未形成之前发出警告并采取措施的行动，也称作震时预警。（《地震科普知识百问百答》，地震出版社 2015 年版）

25. 地震预警时间取决于地震震源、传感器和（　　）。

A. 发震时间

B. 地震烈度

C. 用户场地之间的距离

答案：C

依据：第五章　地震预警新方法：地震预警系统利用现代实时系统处理和传输信息速度比地震波传播速度（3~6km/s）快的能力，在地震波到达可能用户场地之前提供即将到来的地面震动的初始信息。地震预警时间取决于地震震源、传感器和用户场地之间的距离，可能的预警时间范围达 70s。（《地震预警系统》，[意] 保罗 · 盖斯帕里尼等编著，梁建宏等译，地震出版社 2014 年版）

26. 地震时建议寻找三角空间避险，以下不属于三角空间的是（　　）。

A. 储物间　　B. 浴室　　C. 沙发旁

答案：C

依据：第一章　地震遇险紧急救援：二、紧急避震的四个原则。3.　寻找三角空间避险。针对天花板的塌落，我们应该在看准位置后迅速躲靠，即躲靠在支撑力大而自身稳固性好的物件旁边，如铁皮柜、立柜、暖气、大器械旁边，最好靠近狭小的地方，如浴室、储物间。因为这些地方都建有承重墙，能抵抗一般的坠落性重物。（《全民防灾应急手册》，国家减灾委员会主编，科学出版社 2009 年版）

27. 生命线工程不包括（　　）。

A. 通信系统　　B. 排水系统　　C. 供热系统

答案：C

依据：二、防震减灾法规规定（四）破坏性地震应急：生命线工程。《破坏性地震应急条例》第三十八条第四项规定，本条例下列用语的含义：（四）“生命线工程”，是指对社会生活、生产有重大影响的交通、通信、供水、排水、供电、供气、输油等工程系统。

28. 地震灾害发生后，抗震救灾指挥机构应当立即组织有关部门和单位迅速查清受灾情况，提出地震应急救援力量的配置方案，同时应当做好次生灾害的排查与监测预警工作，防范地震可能引发的火灾、水灾、爆炸、山体滑坡和崩塌、泥石流等次生灾害以及（　　）。

A. 传染病疫情的发生

B. 强余震的发生

C. 社会不稳定因素的发生

答案：A

依据：一、防震减灾法律规定（五）地震应急救援：地震灾害发生后采取的紧急措施之一。《中华人民共和国防震减灾法》第五十条第五项规定，地震灾害发生后，抗震救灾指挥机构应当立即组织有关部门和单位迅速查清受灾情况，提出地震应急救援力量的配置方案，并采取以下紧急措施：（五）迅速控制危险源，封锁危险场所，做好次生灾害的排查与监测预警工作，防范地震可能引发的火灾、水灾、爆炸、山体滑坡和崩塌、泥石流、地面塌陷，或者剧毒、强腐蚀性、放射性物质大量泄漏等次生灾害以及传染病疫情的发生。

29. 地震灾后恢复重建应当遵循的方针，以下说法不正确的是（　　）。

A. 国家支持　　B. 社会帮扶　　C. 外国援建

答案：C

依据：二、防震减灾法规规定（五）地震灾后恢复重建：应当遵循的方针。《汶川地震灾后恢复重建条例》第二条规定，地震灾后恢复重建应当坚持以人为本、科学规划、统筹兼顾、分步实施、自力更生、国家支持、社会帮扶的方针。

30. 地震震情、灾情和抗震救灾等信息按照国务院有关规定实行归口管理，统一、准确和（　　）发布。

A. 立即　　B. 审批后　　C. 及时

答案：C

依据：一、防震减灾法律规定（五）地震应急救援：地震相关信息发布。《中华人民共和国防震减灾法》第五十二条第二款规定，地震震情、灾情和抗震救灾等信息按照国务院有关规定实行归口管理，统一、准确、及时发布。

31. 地震灾区的地方人民政府应当组织做好救助、救治、康复、补偿、抚慰、抚恤、安置、心理援助、法律援助和（　　）服务工作。

A. 公共文化　　B. 公共卫生　　C. 公共生活

答案：A

依据：一、防震减灾法律规定（六）地震灾后过渡性安置和恢复重建：震后救助等服务工作。《中华人民共和国防震减灾法》第七十三条第一款规定，地震灾区的地方各级人民政府应当组织做好救助、救治、康复、补偿、抚慰、抚恤、安置、心理援助、法律服务、公共文化服务等工作。

32. 机关、团体、企业和（　　）等单位，应当按照所在地人民政府的要求，结合各自实际情况，加强对本单位人员的地震应急知识宣传教育，开展地震应急救援演练。

A. 街道居委会　　B. 村民委员会　　C. 事业

答案：C

依据：一、防震减灾法律规定（四）地震灾害预防：应急宣传及救援演练。《中华人民共和国防震减灾法》第四十四条第二款规定，机关、团体、企业、事业等单位，应当按照所在地人民政府的要求，结合各自实际情况，加强对本单位人员的地震应急知识宣传教育，开展地震应急救援演练。

33. 按照社会危害程度、影响范围等因素，地震灾害分为（　　）个等级。

A. 3　　B. 4　　C. 5

答案：B

依据：一、防震减灾法律规定（五）地震应急救援：地震灾害级别。《中华人民共和国防震减灾法》第四十九条第一款规定，按照社会危害程度、影响范围等因素，地震灾害分为一般、较大、重大和特别重大四级。具体分级标准按照国务院规定执行。

34. 开展工程场地地震效应评价时，应开展场地地震工程钻孔勘测，要求钻孔间距不大于（　　）。

A. 400m　　B. 500m　　C. 600m

答案：B

依据：《工程场地地震安全性评价》（GB 17741—2025）：8　工程场地地震工程地质条件勘测。当需要开展工程场地地震效应评价时，应开展场地地震工程钻孔勘测，钻孔布设能够控制场地岩土层空间变化和拟建工程结构分布，钻孔间距不大于500m。

35. 中国地震局提出了中国第一个大规模防震减灾领域人工智能基准数据集——“（　　）”，可用于机器学习模型训练和基准测试。

A. 谛听　　B. 白泽　　C. 青狮

答案：A

依据：《防震减灾领域人工智能发展研究专项规划（2023—2035年）》：一、战略环境。（一）发展现状。我国防震减灾领域人工智能科技发展已取得多项成就。人工智能数据集方面，中国地震局提出了中国第一个大规模防震减灾领域人工智能基准数据集——“谛听”，可用于机器学习模型训练和基准测试。

多选题

1. 震前地下水有哪些异常变化：（　　）。

A. 水位、水量的反常变化

B. 水质的变化

C. 水温的变化

D. 翻花冒泡、喷气发响、井壁变形等

答案：ABCD

依据：二、地震灾害是可以预防的：47.　震前地下水有哪些异常变化？①水位、水量的反常变化。如天旱时节井水水位上升，泉水水量增加；

丰水季节水位反而下降或泉水断流。有时还出现井水自流、自喷等现象。②水质的变化。如井水、泉水等变色、变味（如变苦、变甜）、变浑，有异味等。③水温的变化。水温超过正常变化范围。④其他。如翻花冒泡、喷气发响、井壁变形等。（《地震知识百问百答》，地震出版社 2008 年版）

2. 岩石发生相对位移的破裂面称为断层面，根据断层面两盘运动方式的不同，大致可分为（ ）。

A. 正断层　B. 逆断层　C. 平移断层　D. 水平断层

答案：ABC

依据：第十一章　断层概论：第二节　断层分类。二、根据两盘相对运动分类。1. 正断层。正断层是断层上盘相对下盘层面向下滑动的断层。2. 逆断层。逆断层是断层的上盘相对下盘沿断层面向上滑动的断层。3. 平移断层。平移断层是断层两盘顺断层面走向相对位移的断层。（《构造地质学》，朱志澄主编，中国地质大学出版社 1999 年版）

3. 地震发生时如果在室内，应迅速离开以下位置（ ）。

A. 炉灶　B. 煤气管道　C. 水龙头　D. 家用电器

答案：ABD

依据：第一章　地震遇险紧急救援：二、紧急避震四个原则。4. 近水不近火，靠外不靠内。不要靠近炉灶、煤气管道和家用电器，以避免遭受失火、煤气泄漏、电线短路的直接威胁。靠近水源，是保证生命的直接需要。（《全民防灾应急手册》，国家减灾委员会主编，科学出版社 2009 年版）

4. 地震发生时，如遇到化工厂着火、毒气泄漏，要尽量（ ），并尽量用湿毛巾捂住口、鼻。

A. 按风方向往侧跑

B. 顺风方向跑

C. 朝逆风方向跑

D. 绕到上风方向去

答案：CD

依据：第五章　震时的自救与互救：87. 遇到地震引发的有毒气体泄漏怎么办？遇到化工厂等着火，并有毒气泄漏，不要朝顺风的方向跑，要尽量绕到上风方向去；用湿毛巾捂住口、鼻；不要使用明火。（《地震科普知识百问百答》，地震出版社 2015 年版）

5. 地震发生时，室内易于形成避震空间的是（　　）。

A. 炕沿下、结实牢固的家具附近

B. 内墙墙根、墙角

C. 厨房、卫生间、储藏室等开间小、有管道支撑的地方

D. 客厅、大厅等开间大的地方

答案：ABC

依据：第四章　地震灾害的预防与避险：71. 什么是室内的避震空间？由于预警时间短暂，室内避震更具有现实性。而室内房屋倒塌后所形成的三角空间，往往是人们得以幸存的相对安全地点，可称之为避震空间。这主要是指大块倒塌体与支撑物构成的空间。室内易于形成避震空间的地方包括：炕沿下，结实牢固的家具附近；内墙（特别是承重墙）墙根、墙角；厨房、厕所、储物室等开间小、有管道支撑的地方。（《地震科普知识百问百答》，地震出版社 2015 年版）

6. 在野外遭遇地震发生时，应该避开以下环境（　　），躲避地震地质灾害。

A. 公路　　B. 山脚　　C. 陡崖　　D. 河边

答案：BC

依据：第一章　地震遇险紧急救援：三、特殊场所的避震方法。在野外、如果遭遇地震，一般应当尽量避开山边的危险环境，避开山脚、陡崖，以防山崩、滚石、泥石流、地裂、滑坡等。（《全民防灾应急手册》，国家减灾委员会主编，科学出版社 2009 年版）

7. 地震按震级大小可分为几类（　　）。

A. 弱震　　B. 有感地震　　C. 中强震　　D. 强震

答案：ABCD

依据：第二章　地震并不可怕——认识地震：15.　地震按照震级大小可分为几类？地震按震级大小的划分大致如下。弱震：震级小于 3 级，如果震源不是很浅，这种地震一般不易察觉；有感地震：震级小于或等于 3 级、小于或等于 4.5 级，这种地震人们能够感觉到，但一般不会造成破坏；中强震：震级大于 4.5 级、小于 6 级，属于可造成损坏或破坏的地震，但破坏轻重还与震源深度、震中距等多种因素有关；强震：震级大于或等于 6 级，是能造成严重破坏的地震，其中震级大于或等于 8 级的又称为巨大地震。（《地震科普知识百问百答》，地震出版社 2015 年版）

8. 地震预报包括下列哪些类型（　　）。

A. 长期预报　　B. 中期预报　　C. 短期预报　　D. 临震预报

答案：ABCD

依据：二、防震减灾法规规定（二）地震预报管理：地震预报类型。《地震预报管理条例》第三条规定，地震预报包括下列类型：（一）地震长期预报，是指对未来 10 年内可能发生破坏性地震的地域的预报；（二）地震中期预报，是指对未来一二年内可能发生破坏性地震的地域和强度的预报；（三）地震短期预报，是指对 3 个月内将要发生地震的时间、地点、震级的预报；（四）临震预报，是指对 10 日内将要发生地震的时间、地点、震级的预报。

9. 根据地震序列的能量分布、主震能量占全序列能量的比例、主震震级和最大余震的震级差等，可将地震序列划分为（　　）。

A. 主震型　　B. 震群型　　C. 孤立型　　D. 多震型

答案：ABC

依据：第二章　地震并不可怕——认识地震：25.　什么是地震序列？

有哪些类型？在一定时间内，发生在同一震源区的一系列大小不同的地震，且发震机制具有某种内在联系或有共同的发震构造的一组地震，总称为地震序列。一般指的是按时间排列，一次强震发生前后一定时间内（几天、几个月或几年）发生的大大小小的地震。根据各个地震序列中大小地震的比例关系、能量释放特征等，地震序列可划分为主震型、震群型和孤立型三种类型。（《地震科普知识百问百答》，地震出版社 2015 年版）

10. 地震监测预报发布的具体信息是未来可能发生地震的（　　）。

A. 时间　　B. 地点　　C. 震级　　D. 概率

答案：ABC

依据：一、防震减灾法律规定（三）地震监测预报：监测预报信息内容。《中华人民共和国防震减灾法》第二十六条第一款规定，国务院地震工作主管部门和县级以上地方人民政府负责管理地震工作的部门或者机构，根据地震监测信息研究结果，对可能发生地震的地点、时间和震级作出预测。

11. 地震预警系统发挥作用需要具备的条件包括（　　）。

A. 较高密度的地震监测预警台网

B. 准确可靠的自动化处理系统

C. 快速有效的信息发布系统

D. 安全的法律法规和技术标准体系

答案：ABCD

依据：第三章　我国的地震灾害及预报：55. 地震预警系统发挥作用需具备哪些条件？（1）较高密度的地震监测预警台网；（2）准确可靠的自动化处理系统；（3）快速有效的信息发布系统；（4）安全的法律法规和技术标准体系；（5）广泛深入地开展科普宣传和相应的预警演练。（《地震科普知识百问百答》，地震出版社 2015 年版）

12. 针对不具备仪器测定地震烈度条件的地区，应使用宏观调查的方法评定地震烈度。宏观调查的方法包括（　　）。

A. 人的感觉

B. 器物反应

C. 房屋震害

D. 生命线工程震害

答案：ABCD

依据：《中国地震烈度表》（GB/T 17742—2020）：4.2.2　宏观调查的内容包括房屋震害、人的感觉、器物反应、生命线工程震害和其他震害现象，房屋震害应计算平均震害指数。

13. 地震的监测主要是利用各种仪器设备去研究岩石中正在发生的（　　）等方面的物理变化。

A. 地电　　B. 地磁　　C. 地应力　　D. 地壳形变

答案：ABCD

依据：第七章　地震及地球内部构造：第五节　地震预报与预防。一、地震预报。地震的监测主要是利用各种仪器设备去研究岩石中正在发生的各种物理变化，如测量与研究地电（geoelectricty）、地磁（geomagnetism）、地应力（ground stress）的变化及地壳形变（crustal deformation）。因为这些物质性状的变化指示了岩石受力破裂的状况和程度。（《普通地质学》，夏邦栋主编，地质出版社 1995 年版）

14. 下列哪些工程属于可能发生严重次生灾害的建设工程（　　）。

A. 水库大坝工程

B. 核电站工程

C. 存放剧毒生物制品工程

D. 大中型炼油工程

答案：ABCD

依据：一、防震减灾法律规定（九）防震减灾法律用语：可能发生严重次生灾害的建设工程的名词解释。《中华人民共和国防震减灾法》第九十二条第四项规定，本法下列用语的含义：（四）可能发生严重次生灾害的建设工程，是指受地震破坏后可能引发水灾、火灾、爆炸，或者剧毒、强腐蚀性、放射性物质大量泄漏，以及其他严重次生灾害的建设工程，包括水库大坝和贮油、贮气设施，贮存易燃易爆或者剧毒、强腐蚀性、放射性物质的设施，以及其他可能发生严重次生灾害的建设工程。

15. 下列哪些属于生命线工程（　　）。

A. 供电工程系统

B. 交通工程系统

C. 通信工程系统

D. 供水工程系统

答案：ABCD

依据：二、防震减灾法规规定（四）破坏性地震应急：生命线工程。《破坏性地震应急条例》第三十八条第四项规定，本条例下列用语的含义：（四）生命线工程，是指对社会生活、生产有重大影响的交通、通信、供水、排水、供电、供气、输油等工程系统。

16. 抗震措施在较狭义的范围内可以分为（　　）。

A. 抗震规范的制定和执行

B. 地震区划

C. 抗震构造措施

D. 地震预警

答案：ABC

依据：第三篇　结构抗震理论：13.5　抗震构造措施。抗震措施按其包括范围的大小可以分为三大类：最广泛的抗震措施包括社会、行政、经济方向的措施，地震预报预防的措施和工程上的措施；在较狭义的范围内，工程抗震措施包括抗震规范的制定和执行，地震区划和抗震构造措施。最狭义的理解则仅指工程上的构造措施。（《地震工程学》，胡聿贤著，地震出版社 2006 年版）

17. 预报地震的方法分为（　　）。

A. 地震地质法

B. 地震统计法

C. 地震前兆法

D. 地震预警法

答案：ABC

依据： 8　地震预报：预报地震的方法大体有三种：地震地质法、地震统计法、地震前兆法，但三者必须相互结合、相互补充，才能取得较好的效果。（《地震学基础》，宋娟、黄建平编著，石油工业出版社 2018 年版）

18. 开展区域性地震安全性评价，确定区域范围和近场区范围，以下表述正确的是（　　）。

A. 区域范围应不小于目标区边界外延 100km

B. 区域范围应不小于目标区边界外延 150km

C. 近场区范围应不小于目标区边界外延 15km

D. 近场区范围应不小于目标区边界外延 25km

答案：BD

依据：《区域性地震安全性评价》（DB/T 100—2024）：5.1　区域范围确定：区域范围应不小于目标区边界外延 150km。6.1　近场区范围确定：近场区范围应不小于目标区边界外延 25km。

19.《国家地震科技创新工程》下设（　　）计划，是我国地震科技发展的顶层设计方案。

A. “透明地壳”　B. “解剖地震”　C. “韧性城乡”　D. “智慧服务”

答案：ABCD

依据：《国家地震科技发展规划（2021—2035 年）》：四、战略行动。（一）国家地震科技创新工程实施。《国家地震科技创新工程》下设“透明地壳”“解剖地震”“韧性城乡”和“智慧服务”四项计划，从查明中国大陆重点地区地下精细结构，深化地震发生机理认识，发展地震灾害风险防范理论技术，丰富地震安全科技服务产品等四个方面提出了一系列地震科技创新发展任务，是我国地震科技发展的顶层设计方案。

20. 防震减灾公共服务是地震部门使用各种公共资源或公共权力，为（　　）提供地震安全信息和技术的活动。

A. 各级政府

B. 社会公众

C. 行业部门

D. 专项建设或重大活动

答案：ABCD

依据：《中共中国地震局党组关于进一步加强新时代新征程防震减灾公共服务的实施意见》：二、构建“防震减灾 +”服务新格局。（四）健全完善防震减灾公共服务体系。防震减灾公共服务是地震部门使用各种公共资源或公共权力，为各级政府、社会公众、行业部门和专项建设或重大活动提供地震安全信息和技术的活动。

21. 工程场地地震安全性评价工作分为（　　）。

A. I 级工作　　B. II 级工作　　C. III 级工作　　D. IV 级工作

答案：ABC

依据：《工程场地地震安全性评价》（GB 17741—2025）：4 工程场地地震安全性评价工作分级。以场地极罕遇地震动参数（重现期 10000a 或年超越概率 1×10–4）确定、能动断层鉴定为主要工作目标的工程场地地震安全性评价，应确定为 I 级工作。以场地多概率水准地震动参数确定、断层活动性相关场址条件评价为主要工作目标的工程场地地震安全性评价，应确定为 II 级工作。以线状工程沿线场地地震动参数区划、活动断层断错影响评价为工作目标的工程场地地震安全性评价，应确定为 III 级工作。

22. 从防震减灾事业需求和地震科技发展现状出发，未来一段时期，需要重点突破的核心科学问题和关键技术问题包括（　　）。

A. 中国大陆不同类型大地震孕育发生和致灾机理

B. 地震孕育发生过程监测预测理论与技术

C. 地震危险性与灾害风险防范技术

D. 地震预警及应急处置关键技术

答案：ABCD

依据：《国家地震科技发展规划（2021—2035 年）》：三、重点领域及其优先主题。从防震减灾事业需求和地震科技发展现状出发，未来一段时期，需要重点突破的核心科学问题和关键技术问题包括：中国大陆不同类型大地震孕育发生和致灾机理、地震孕育发生过程监测预测理论与技术、地震危险性与灾害风险防范技术、地震预警及应急处置关键技术等。

23. 按测震仪器所能记录地面运动的强度分类，分为（　　）。

A. 微震仪

B. 中强震仪

C. 强震仪

D. 长周期测震仪

答案：ABC

依据：第一章　地震计工作原理：第二节　测震仪器与测震系统。三、测震仪。2. 测震仪的分类。地震仪按测展仪器所能记录地面运动的强度分为：微震仪：微震仪是专门用于观测近距离微小地震的仪器。中强震仪：中强震的概念不很确切，一般指 3—5 级左右的地震。强震仪：强震仪是地震工程研究中获得客观定量数据的主要仪器。（《地震观测技术》，熊仲华主编，地震出版社 2006 年版）

24. 区域性地震安全性评价工作包括（　　）。

A. 目标区断层勘查与活动性鉴定

B. 地震危险性概率分析

C. 场地地震动参数确定

D. 地震地质灾害评价

答案：ABCD

依据：《区域性地震安全性评价》（DB/T 100—2024）：4　基本要求。4.1　区域性地震安全性评价工作应包括下列内容：a）区域地震活动性与地震构造评价；b）近场区地震活动性与地震构造评价；c）目标区断层勘查与活动性鉴定；d）目标区地震工程地质条件勘测；e）地震动预测方程确定；f）地震危险性概率分析；g）场地地震动参数确定；h）地震地质灾害评价。

25. 地震烈度是以（　　）等方法进行综合评定的。

A. 宏观调查　　B. 器物反应　　C. 仪器测定　　D. 破坏程度

答案：AC

依据：《中国地震烈度表》（GB/T 17742—2020）：4.1.1　地震烈度评定可综合运用宏观调查和仪器测定的多指标方法：a）不具备仪器测定地震烈度条件的地区，应使用宏观调查的方法评定地震烈度。b）具备仪器测定地震烈度条件的地区，宜采用仪器测定的地震烈度。

26. 地震区划根据不同的目的和指标可分为（　　）。

A. 地震活动性区划

B. 震害区划

C. 地震动区划

D. 地震烈度图

答案：ABC

依据：第十二章　地震危险性、危害性分析和地震区划：12.5.1　地震区划的目的和内容。从广义上说，地震区划可以有三种不同的目的和指标。第一，地震活动性区划，以地震的发生为指标，包括地震的发生、大小和次数；第二，震害区划，以地震造成的灾害为指标，包括人身伤亡、工程损失和社会经济损失；第三，地震动区划，以地震动的振幅、缬谱和持时三要素为指标，包括这三个要素出现或被超过的概率的区划，有时称为地震动危险性区划。（《地震工程学》，胡聿贤著，地震出版社 2006 年版）

27. 地震活动性主要研究某地区在指定时期内所发生的地震在（　　）等方面的特点。

A. 时间　　B. 空间　　C. 强度　　D. 频度

答案：ABCD

依据：1　绪论：1.2　地震学的主要内容。地震活动性：主要研究某地区在指定时期内所发生的地震在时间、空间、强度、频度等方面的特点。（《地震学基础》，宋娟、黄建平编著，石油工业出版社 2018 年版）

判断题

1. 地震发生后，某一地点地震波记录纵波（P 波）相比横波（S 波）先到达。

答案：正确

依据：第七章　地震及地球内部构造：第二节　地震波与地震仪。纵波的速度快，在地壳中的传播速度为 5.5—7km/s，是最先到达震中的波动。横波只能在固体中传播，在地壳中的传播速度是 3.2—4.0km/s，是第二个到达震中的波动。（《普通地质学》，夏邦栋主编，地质出版社，1995 年版）

2. 浅源地震，其震源深度 <50km。

答案：错误

依据：第七章　地震及地球内部构造：第一节　地震的基本概念。二、地震的类型。浅源地震，其震源深度 <70km。（《普通地质学》，夏邦栋主编，地质出版社 1995 年版）

3. 构造地震又称断裂地震，由地下岩石突然发生错断所引起。

答案：正确

依据：第七章　地震及地球内部构造：第一节　地震的基本概念。

二、地震的类型。构造地震又称断裂地震，由地下岩石突然发生错断所引起。（《普通地质学》，夏邦栋主编，地质出版社 1995 年版）

4. 全球每年发生地震约 500 万次，对于震级低的地震，人类都能感受到地震发生引发的震动。

答案：错误

依据：第七章　地震及地球内部构造：一、地震概况。地震是极其频繁的。全球每年发生地震约 500 万次。但是，大部分地震的震级低，只有通过仪器才能察觉。人们能直接感受的地震每年约 5 万次。（《普通地质学》，夏邦栋主编，地质出版社 1995 年版）

5. 天然地震是地球内部活动引发的地震，主要包括构造地震、火山地震和陷落地震。

答案：正确

依据：第一章　地震与地震灾害：3.　天然地震有几种类型？天然地震按成因不同主要有三种类型：构造地震，由地下深处岩层错动、破裂所造成地震；火山地震：由于火山作用，如岩浆活动、气体爆炸等引起的地震；陷落地震：由于地层陷落引起的地震。（《地震知识百问百答》，地震出版社 2008 年版）

6. 全球分为太平洋板块、亚欧板块、非洲板块、美洲板块、印度洋板块、南极洲板块。

答案：正确

依据：第一章　了解我们的家园——地球：6.　地壳由几大板块组成？ 1968 年法国地质学家萨维尔·勒皮雄提出著名的“板块构造论”的综合模型。此模型将全球划分为六大板块：太平洋板块、亚欧板块、非洲板块、美洲板块、印度洋板块（包括大洋洲）和南极洲板块。（《地震科普知识百问百答》，地震出版社 2015 年版）

7. 全球地震活动主要分布在环太平洋地震带，地中海—印尼地震带，洋脊地震带。

答案：正确

依据：第七章　地震及地球内部构造：第四节　地震的分布。全球地震的分布很有规律，主要集中在三个带，分别是环太平洋地震带：分布于濒临太平洋的大陆边缘与岛屿。地中海—印尼地震带：西起大西洋亚速尔群岛，向东经地中海、土耳其、伊朗、阿富汗、巴基斯坦、印度北部、中国西部和西南部边境、过缅甸到印度尼西亚，与环太平洋地震带相接。洋脊地震带：分布在全球洋脊的轴部，均为浅源地震，震级一般较小。（《普通地质学》，夏邦栋主编，地质出版社 1995 年版）

8. 我国位于环太平洋地震带和欧亚地震带之间。

答案：正确

依据：第一章　地震与地震灾害：21.　我国为什么是多地震国家？我国地处欧亚大陆东南部，位于环太平洋地震带和欧亚地震带之间，有些地区本身就是这两个地震带的组成部分。受太平洋板块、印度洋板块和菲律宾板块的挤压作用，我国地质构造复杂，地震断裂带十分发育，地震活动的范围广、强度大、频率高。（《地震知识百问百答》，地震出版社 2008 年）

9. 地震都是天然形成的，人类不可能制造地震。

答案：错误

依据：1　绪论：1.4.5　地震的分类。按震动的性质，可将地震分为天然地震、人工地震及脉动三类。（《地震学基础》，宋娟、黄建平编著，石油工业出版社 2018 年版）

10. 地球上的地震约 80% 发生在环太平洋地震带。

答案：正确

依据：第七章　地震及地球内部构造：第四节　地震的分布。一、环太平洋地震带。这一地震带集中了世界上 80% 的地震。（《普通地质学》，

夏邦栋主编，地质出版社 1995 年版）

11. 破坏性最大的地震都属于浅源地震，它约占全球地震总数的 90%。

答案：正确

依据：第七章　地震及地球内部构造：第一节　地震的基本概念。二、地震的类型。浅源地震，其震源深度 <70km。破坏性最大的地震都属于浅源地震，它约占全球地震总数的 90%，而且其震源多集中在地表以下 5—20km 的深度范围内。（《普通地质学》，夏邦栋主编，地质出版社 1995 年版）

12. 地震波按传播的方式，分为纵波，横波，表面波。

答案：正确

依据：第七章　地震及地球内部构造：第二节　地震波与地震仪。一、地震波。地震波按传播的方式，分为三类。纵波（P 波）是推进波。波动时质点作前后运动，物质呈疏密交替，质点的振动方向与波的传播方向一致。横波（S 波）是剪切波。其波动时质点的振动方向与波的前进方向垂直。表面波又称为 L 波。它不是从震源发生的，而是由纵波与横波在地表相遇后激发产生的。（《普通地质学》，夏邦栋主编，地质出版社 1995 年版）

13. 发生在板块边界上的地震称为板缘地震，环太平洋地震带上发生的绝大多数地震均属此类。

答案：正确

依据：第一章　地震与地震灾害：20.　什么是板缘地震？什么是板内地震？发生在板块边界上的地震叫板缘地震，环太平洋地震带上绝大多数地震属于此类。（《地震知识百问百答》，地震出版社 2008 年版）

14. 地下水异常属于宏观异常，这种异常一定与地震发生有关。

答案：错误

依据：第一章　地震与地震灾害：48.　地下水异常一定与地震有关吗？不一定。由于地下水很容易受到环境的影响，所以它的异常变化并非一定与地震有关。影响地下水变化的因素有：气象因素、地质因素、人为因素。（《地震知识百问百答》，地震出版社 2008 年版）

15. 发生一次地震，该地震只能有一个烈度。

答案：错误

依据：第七章　地震及地球内部构造：第三节　地震的强度。二、地震的烈度。地震对地面破坏的程度，称为烈度。它是根据地面的破坏情况来确定的，一般分为 12 级。同一次地震在不同地区造成的破坏程度不同，故具有不同的烈度。（《普通地质学》，夏邦栋主编，地质出版社 1995 年版）

16. 发生一次地震，国家统一对外发布一个确定的震级。

答案：正确

依据：第七章　地震及地球内部构造：第三节　地震的强度。一、地震的震级。震级是衡量地震绝对强度的级别。震级的计算是取距震中 100km 处由标准地震仪记录的地震波最大振幅的对数值。（《普通地质学》，夏邦栋主编，地质出版社 1995 年版）

17. 地震震级的大小是由仪器测定和计算得出的。

答案：正确

依据：第一章　地震与地震灾害：11.　什么是震级，它是如何测定的？震级通常是通过地震仪记录到的地面运动的振动幅度来测定的，由于地震波传播路径、地震台台址条件等的差异，不同台站所测定的震级不尽相同，所以常取各台的平均值作为一次地震的震级。（《地震知识百问百答》，地震出版社 2008 年版）

18. 对同一个地震而言，各地震台测定的震级都一样。

答案：错误

依据：第一章　地震与地震灾害：11.　什么是震级，它是如何测定的？震级通常是通过地震仪记录到的地面运动的振动幅度来测定的，由于地震波传播路径、地震台台址条件等的差异，不同台站所测定的震级不尽相同，所以常取各台的平均值作为一次地震的震级。（《地震知识百问百答》，地震出版社 2008 年版）

19. 震级越大，释放的能量越大，造成的灾害也就越严重。

答案：正确

依据：第七章　地震及地球内部构造：震级越大，地震释放的能量确实越多，潜在造成的灾害也往往越严重。地震的破坏力与其释放的能量密切相关，而震级是对这种能量的一种度量。（《普通地质学》，夏邦栋主编，地质出版社 1995 年版）

20. 地震发生后，地震波的纵波传播速度比横波传播慢。

答案：错误

依据：第七章　地震及地球内部构造：第二节　地震波与地震仪。纵波是推进波，在固态、液态及气态的介质中均能传播。纵波的速度快，在地壳中的传播速度为 5.5—7km/s，是最先到达震中的波动。横波是剪切波，只能在固体中传播，在地壳中的传播速度为 3.2—4.0km/s，是第二个到达震中的波动。（《普通地质学》，夏邦栋主编，地质出版社 1995 年版）

21. 对于同一次地震，距离震中位置不同会产生不一样的地震烈度。

答案：正确

依据：第七章　地震及地球内部构造：第三节　地震的强度。二、地震的烈度。同一地震只有一个震级，烈度则随离震中或震源的距离而不同。同一震级的地震在不同的地区造成不同烈度的破坏，而且同一地点、

同一震级的地震，其震源越浅，造成的破坏越大，烈度越高。（《普通地质学》，夏邦栋主编，地质出版社 1995 年版）

22. 作为地球科学的前沿领域，地震预报至今仍属于一个难以突破的世界性难题，目前尚未攻克，正处于科学探索阶段。

答案：正确

依据：第一章　地震与地震灾害：38. 地震能预报吗？地震预报是世界公认的科学难题，在国内外都处于探索阶段，从大约 20 世纪五六十年代才开始进行研究。我国地震预报的全面研究起步于 1966 年河北邢台地震。但是实践表明，目前所观测到的各种可能与地震有关的现象，都呈现出极大的不确定性，所作出的预报，特别是短临预报，主要是经验性的。（《地震知识百问百答》，地震出版社 2008 年版）

23. 地震监测台网的建设，应当遵守法律、法规和国家有关标准，保证建设质量。

答案：正确

依据：一、防震减灾法律规定（三）地震监测预报：监测台网建设。《中华人民共和国防震减灾法》第二十条规定，地震监测台网的建设，应当遵守法律、法规和国家有关标准，保证建设质量。

24. 地震监测台网可依据实际情况，由运维单位随时中止或者终止运行。

答案：错误

依据：一、防震减灾法律规定（三）地震监测预报：监测台网运维。《中华人民共和国防震减灾法》第二十一条第一款规定，地震监测台网不得擅自中止或者终止运行。

25. 国家依法保护地震监测设施和地震观测环境。

答案：正确

依据：一、防震减灾法律规定（三）地震监测预报：地震监测设施和地震观测环境保护。《中华人民共和国防震减灾法》第二十三条第一款规定，国家依法保护地震监测设施和地震观测环境。

26. 任何单位和个人都有权举报危害、破坏地震监测设施和地震观测环境的行为。

答案：正确

依据：二、防震减灾法规规定（一）地震监测管理：单位和个人保护地震监测设施和地震观测环境的权利义务。《地震监测管理条例》第二十五条第三款规定，任何单位和个人都有依法保护地震监测设施和地震观测环境的义务，对危害、破坏地震监测设施和地震观测环境的行为有权举报。

27. 地震监测设施，是指用于地震信息检测、传输和处理的设备、仪器和装置以及配套的监测场地。

答案：正确

依据：一、防震减灾法律规定（九）防震减灾法律用语：地震监测设施的名词解释。《中华人民共和国防震减灾法》第九十二条第一项规定，本法下列用语的含义：（一）地震监测设施，是指用于地震信息检测、传输和处理的设备、仪器和装置以及配套的监测场地。

28. 地震观测环境，是指按照国家有关标准划定的保障地震监测设施不受干扰、能够正常发挥工作效能的空间范围。

答案：正确

依据：一、防震减灾法律规定（九）防震减灾法律用语：地震观测环境的名词解释。《中华人民共和国防震减灾法》第九十二条第二项规定，本法下列用语的含义：（二）地震观测环境，是指按照国家有关标准划定的保障地震监测设施不受干扰、能够正常发挥工作效能的空间范围。

29. 测震技术，就是利用现代观测手段对各种地震信息，特别是随时间变化的动态地震信号进行检测、试验、分析，并从中提取有用信息的一门技术。

答案：正确

依据：第一篇　测震技术：人类对地球的认识，是以观测为基础的。测震技术，就是利用现代观测手段对各种地震信息，特别是随时间变化的动态地震信号进行检测、试验、分析，并从中提取有用信息的一门技术。这种检测和分析为进一步研究提供了可靠的依据。（《地震观测技术》，熊仲华主编，地震出版社 2006 年版）

30. 地震预警不存在错报、误报的可能。

答案：错误

依据：第一章　实时减轻地震灾害的措施：1.3　实现及其相关问题。由于我们要应对复杂的地震过程以及更复杂的社会问题，我们不可避免地要去面对与误报、漏报以及由此导致的混乱的社会反应相关的困难。（《地震预警系统》，[意] 保罗 · 盖斯帕里尼等编著，梁建宏等译，地震出版社 2014 年版）

31. 已经建成的学校、医院等人员密集场所的建设工程，如果未达到抗震设防要求的，应当进行抗震性能鉴定，采取必要的抗震加固措施。

答案：正确

依据：一、防震减灾法律规定（四）地震灾害预防：已建工程的抗震加固。《中华人民共和国防震减灾法》第三十九条第四项规定，已经建成的下列建设工程，未采取抗震设防措施或者抗震设防措施未达到抗震设防要求的，应当按照国家有关规定进行抗震性能鉴定，并采取必要的抗震加固措施：（四）学校、医院等人员密集场所的建设工程。

32. 地震动参数区划图是指以地震动参数（以加速度表示地震作用强弱程度）为指标，将全国划分为不同抗震设防要求区域的图件。

答案：正确

依据：一、防震减灾法律规定（九）防震减灾法律用语：地震小区划图的名词解释。《中华人民共和国防震减灾法》第九十二条第六项规定，本法下列用语的含义：（六）地震动参数区划图，是指以地震动参数（以加速度表示地震作用强弱程度）为指标，将全国划分为不同抗震设防要求区域的图件。

33. 地震小区划图，是指根据某一区域的具体场地条件，对该区域的抗震设防要求进行详细划分的图件。

答案：正确

依据：一、防震减灾法律规定（九）防震减灾法律用语：地震小区划图的名词解释。《中华人民共和国防震减灾法》第九十二条第七项规定，本法下列用语的含义：（七）地震小区划图，是指根据某一区域的具体场地条件，对该区域的抗震设防要求进行详细划分的图件。

34. 次生灾害源是指因地震而可能引发水灾、火灾、爆炸等灾害的易燃易爆物品、有毒物质储存设施、水坝、堤岸等。

答案：正确

依据：二、防震减灾法规规定（四）破坏性地震应急：次生灾害源。《破坏性地震应急条例》第三十八条第五项规定，本条例下列用语的含义：（五）“次生灾害源”，是指因地震而可能引发水灾、火灾、爆炸等灾害的易燃易爆物品、有毒物质贮存设施、水坝、堤岸等。

35. 地震烈度反映的是一定地域范围内地震破坏程度的平均水平，无须由科技人员通过现场调查予以评定。

答案：错误

依据：《中国地震烈度表》（GB/T 17742—2020）：4　地震烈度评定：地震烈度评定可综合运用宏观调查和仪器测定的多指标方法，地震烈度确实反映了某一特定区域内地震破坏的程度，但它并不是简单地通过自动化仪器测量得出，而是需要科技人员通过现场调查和宏观评估来确定。

36. 活动构造是在晚新生代以来形成的，这一时期的构造活动称新构造运动。

答案：正确

依据：第一章　绪论：一、构造地貌学的定义与内容。活动构造是在晚新生代以来形成的，这一时期的构造活动称新构造运动。（《活动构造地貌学》，杨景春、李有利编著，北京大学出版社 2011 年版）

37. 结构抗震设计的优化目的可以概括为“小震不坏、中震易修、大震不倒”。

答案：正确

依据：第十三章　抗震设计原则和构造措施：规范中规定的设计地震动大小和反应容许值是安全与经济综合考虑的结果。因此，结构抗震设计的优化目的可以概括为“小震不坏、中震易修、大震不倒”。（《地震工程学》，胡聿贤著，地震出版社 2006 年版）

图书在版编目（CIP）数据

应急管理（地震）行政执法资格培训参考教材 / 麻晓婧主编. -- 北京 ：中国法治出版社，2025. 5.

ISBN 978-7-5216-5243-7

Ⅰ. D922.14

中国国家版本馆 CIP 数据核字第 2025JL6557 号

责任编辑：秦智贤　应博群　　封面设计：杨泽江

应急管理（地震）行政执法资格培训参考教材

YINGJI GUANLI（DIZHEN）XINGZHENG ZHIFA ZIGE PEIXUN CANKAO JIAOCAI

主编/麻晓婧

经销/新华书店

印刷/北京虎彩文化传播有限公司

开本/710 毫米×1000 毫米　16 开　　印张/ 18.25　字数/ 183 千

版次/2025 年 5 月第 1 版　　2025 年 5 月第 1 次印刷

中国法治出版社出版

书号 ISBN 978-7-5216-5243-7　　定价：88.00 元

北京市西城区西便门西里甲 16 号西便门办公区

邮政编码：100053　　传真：010-63141600

网址：http：//www.zgfzs.com　　**编辑部电话：010-63141799**

市场营销部电话：010-63141612　　**印务部电话：010-63141606**

（如有印装质量问题，请与本社印务部联系。）